福建江夏学院学术著作资助出版

U0654533

"孤儿作品"使用难题及其解决路向研究

陈晓屏 著

Wuhan University Press
武汉大学出版社

图书在版编目（CIP）数据

"孤儿作品"使用难题及其解决路向研究 / 陈晓屏著．－武汉：武汉大学出版社，2023.7

ISBN 978-7-307-23706-3

Ⅰ.孤…　Ⅱ.陈…　Ⅲ.著作权法－研究－中国　Ⅳ.D923.414

中国国家版本馆CIP数据核字（2023）第062107号

责任编辑：周媛媛　冯红彩　　责任校对：牟　丹　　版式设计：文豪设计

出版发行：武汉大学出版社　　（430072　武昌　珞珈山）

（电子邮箱：cbs22@whu.edu.cn 网址：www.wdp.com.cn）

印刷：三河市祥达印刷包装有限公司

开本：710×1000　1/16　　印张：21.75　　字数：301千字

版次：2023年7月第1版　　2023年7月第1次印刷

ISBN 978-7-307-23706-3　　定价：98.00元

目 录
CONTENTS

第一章 绪 论

一、选题背景与研究意义

数字技术的兴起极大地改变了作品的创作、保藏、传播和利用样态，成就了以海量数字化文献为基础的新兴研究范式和文化服务模式。21 世纪以来，各国纷纷对早期的文艺作品、史料文献等进行了大规模系统性的数字化转录，随之而来的一个重大挑战是开放数据过程中的知识产权法律风险问题。在现行知识产权制度框架下，无论使用主体是营利性抑或公益性组织还是个人，在对数字资源进行进一步的利用和传播前都必须获得权利人的授权许可。然而，现当代文化遗产中普遍存在的版权信息缺失，尤其是作品"孤儿化"现象，极大地增加了权利清算的难度和成本，严重制约了数据开放的广度，限制了开放数据利用的空间。至今，包括大英图书馆、中国国家图书馆等在内的众多世界一流的文化记忆机构（cultural memory institutions，以下简称记忆机构）尚无法全面开放其数字馆藏。因此，探索适合于数字信息时代公共文化服务模式的授权许可机制和版权清算路径，对于鼓励文化资源整合、创造性转化和文艺作品的衍生创作，满足多元社会需求，提升公共文化服务的数字化水平，以及增强人民群众在文化生活方面的获得感都具有重要意义。

2000 年前后，西方学术界开始有限地探讨孤儿作品问题。其社会背景是西方国家——尤其是美国取消了著作权取得与保护的一切形式要件，并且大幅地延长著作权保护期。不过，在这一波理论与政策论辩中，孤儿作品问题更多是被当作论证前述立法变革不合理性的一个论据。到 2005 年前后，互联网巨头谷歌的"数字图书馆计划"使业界对数字技术与文化资源的结合既满怀期许，又深感不安，很快在美国和欧洲等地引发了旷日持久的法律纠纷。记忆机构在对海量馆藏资源进行数字化复制和开放获取时面临的合法性障碍，不仅在学术圈内引发探讨，而且被提升到国家 / 区域数字化战略及文化遗产传承的政策层面加以研究。目前，西方国家在解决孤儿作品问题的理论研究和法律实践方面已经取得了一定成果，形成了"延伸性著作权集体管理""权利限制""强制许可""合理使用 + 责任限制"等几种有代表性的制度模式，这几种制度模式各有特点和利弊。

国内学界对孤儿作品及其使用难题的关注大多始于 2008 年的"谷歌图书馆计划"诉讼案，并在《中华人民共和国著作权法》（以下简称《著作权法》）第三次修订过程中形成学术热点。[1] 目前，研究孤儿作品使用问题较多的学科有法学、图书情报学和新闻出版传播学。我国在《著作权法》第三次修订过程中首次对孤儿作品问题作出正面回应：从 2012 年《著作权法（修改草案第二稿）》到 2014 年面向社会公开征求意见的《著作权法（修订草案送审稿）》中，都曾就孤儿作品的数字化使用作出原则性规定。不过，有关努力最终仍未被立法机关采纳。至今，包括中国国家图书馆在内的众多记忆机构尚无法全面开放其数字馆藏。从整体来看，我国在数字化馆藏方面的开放程度和开放比例落后于欧美日韩等国家的水平，

---

[1] 2019 年 8 月 1 日，笔者在中国期刊网上查找篇名中包含"孤儿作品"的期刊论文，得到 134 条结果。观察这些论文的刊出时间分布可以发现，自 2013 年起发文数量有明显增长，2013—2018 年，年均发文数为 17 篇。

这与制度保障的缺失不无关系。

本书研究的意义包括以下三点。

其一，推进孤儿作品著作权法律问题的研究，丰富相关理论。目前，学界围绕孤儿作品的研究已有诸多论述，角度各异，但系统阐述和深入探讨著作权法基础理论的成果还比较少。唯有充分释明孤儿作品使用难题的内涵、表现、实质及成因，才能形成对相关法律现象及其背后深层次矛盾的理性认识，也方能准确把握著作权法应有的价值立场和制度精神，甄别域外立法例隐含的政策导向，合理借鉴域外法律实践经验。

其二，为完善立法及配套运行机制建言献策。从当前我国乃至世界主要国家的文化事业、新兴技术、法律制度等相关维度来看，在缺少制度支撑的情况下技术手段独木难支；我国应当本着"制度为主、技术为辅"的基本路向，继续围绕如何在当下解决孤儿作品使用难题，充分听取社会各方意见、凝聚共识，在考察域外制度模式运行成效的基础上，建立本土的制度方案。

其三，助力数字强国战略和社会主义文化强国建设。当前，推动数字文化产业的高质量发展已被上升到国家战略性新兴产业发展规划的顶层设计层面。孤儿作品的数字化及后续利用是实现传统文化资源的创造性转化的重要途径，揭示孤儿作品使用的法律风险，探寻孤儿作品使用难题的制度性对策，是"加大数字文化产业政策保障力度""优化数字文化产业市场环境"[1]的应有之义。

二、文献综述

西方国家的孤儿作品研究往往由官方（包括政府机构自行开展的研究，委托学者或学术科研机构、团队开展的研究）与民间齐头并进，官方研究

---

[1] 2017 年《文化部关于推动数字文化产业创新发展的指导意见》（文产发〔2017〕8 号）。

重在对产业实践和数据的收集与分析，民间研究重在对相关理论的深耕；西方国家政府部门的立法调研报告往往成为二者的集大成者，是我国学术界重要的参考文献来源。

在我国，针对孤儿作品使用著作权法律问题的研究绝大多数是学者个人所为，而仅凭个人掌握的资源很难开展大范围的数据调查，这直接导致我国在孤儿作品存量和使用状况方面所呈现的数据信息相对匮乏。另外，分析素材和佐证材料的缺乏进一步造成国内学者在孤儿作品法律问题研究过程中对域外研究成果的倚重。

（一）本领域的基本范畴与核心概念

对于是否袭用美国学者创制并上升为立法语言的"孤儿作品（orphan works）"一词，域内外学界还有一定分歧。绝大多数学者不反对在学术交流中使用该术语，不过，除美国和欧盟外，鲜有其他国家、地区将其作为立法用语。明确反对这种表述并建议采用其他术语替代前者的见解主要有：其一，美国学者认为孤儿作品的隐喻不能正确反映围绕这类作品的形成和使用所发生的社会关系的属性特征，建议用"hostage works"（人质作品）代替；[1] 其二，我国有学者认为用"无主作品"一词更能恰当地反映"orphan works"的内涵外延。[2] 笔者认为，孤儿作品这种隐喻构词在知识产权法上的运用及其影响值得研究，孤儿作品是否等同于无主作品也需要进一步辨析和厘清。

撇开名称之争，学者对"孤儿作品（orphan works）"的概念内涵也存在不同看法。除美国立法议案和欧盟指令的定义——"经查找权利人身

---

[1]　LOREN L P. Abandoning the orphans: an open access approach to hostage works [J]. BERKELEY TECH. L. J. , 2012 (27): 1435.

[2]　汤妮燕. 我国无主作品著作权保护的司法困惑与破解路径 [J]. 河北法学, 2015(1): 182–190. 肖少启. 我国无主作品著作权保护的路径选择与制度构建 [J]. 政治与法律, 2016(8): 112–125.

份依然无法明确或虽可明确身份但无法联系的作品"之外，还包括仅指作者身份不明的作品、作者身份不明或者作者下落不明的作品、作者身份不明的作品和经查找无法确定权利人的作品等几种不同的定义。这里的"作品"系版权作品已是共识；另一个共识是"经查找无果"系主观认定，而非客观上穷尽一切方法后的结论。[1]

现有研究对"孤儿作品"的基本范畴和核心概念内涵还不甚明确、统一，这常导致表述和论证有失准确，比较典型的表现有如下两种。

一种表现是论者同时在规范意义上和一般意义上使用"孤儿作品"一词。例如，有学者将孤儿作品分为"真正的孤儿作品""表见的孤儿作品""伪称的孤儿作品"三类。[2]依其解释可知，此处作为上位概念的"孤儿作品"并非规范意义上的孤儿作品，而被称为"表见的孤儿作品"才是规范意义上孤儿作品，这显然在逻辑上无法自洽。此外，"真正的孤儿作品"与"表见的孤儿作品"的区分在于权利人客观上是否还有现身的可能，这与孤儿作品认定的主观性是矛盾的。

另一种表现是用"孤儿作品问题"（orphan works problem）笼统地指称"与孤儿作品相关的著作权法问题"，以至于在具体语境中，这一概念有时表达的是孤儿作品现象（或者说作品孤儿化现象）之意；有时用作"孤儿作品"的同义语；有时用来指称因无法获取授权而造成的孤儿作品合法使用障碍；甚至在同一语篇中兼有两种以上含义，不加说明地、交替错杂地被使用。[3]以一篇由数位美国知名学者合署的、引用率很高的论文作为分析语料，文中有这样的表述："（本文）这部分将论证：孤儿作品问题

---

[1] 王迁.孤儿作品刍议 [J]. 中国版权，2013(1): 31.

[2] 周艳敏,宋慧献.版权制度下的"孤儿作品"问题 [J]. 出版发行研究，2009(6): 67.

[3] HANSEN D R, HASHIMOTO K, HINZE G, et al. Solving the orphan works problem for the United States [J]. Columbia Journal of Law & the Arts, 2013(37): 4−5, 12−14.

不仅真实存在，而且规模、数量十分庞大，亟待从政策上加以解决。""孤儿作品问题是过去数十年来美国版权法修改的必然结果……立法上的这些重大改革被公认为是孤儿作品问题的催化剂。"该文作者还将美国 1976 年版权法带来的一系列制度变化——权利的自动取得、保护期的延长、权利标志要求的放松、权利续展登记的取消等，作为"孤儿作品问题"的成因来加以论述。显然，以上提及的"孤儿作品问题"指的是作品孤儿化现象。该文还写道："今日，越来越多实证研究向我们揭示了孤儿作品问题的规模、复杂性和严峻性，尤其是图书馆和档案馆在数字化建设过程中，欲对其馆藏文化遗产资料进行网络公开传播时所遇到的那样。"[1] 按照上下文的逻辑，此处的"孤儿作品问题"除了指孤儿作品的大量存在以外，更是指前者给大规模数字化利用带来的障碍。国内不少论著也存在这种情况。

经具体研读可知，"孤儿作品问题"范畴实际上包括"作品的孤儿化现象"与"孤儿作品使用难题"两个维度。本书也在全称语境下使用"孤儿作品问题"一词，并尽量在文中精确使用"作品孤儿化现象"和"孤儿作品使用难题"来分别指称对应的范畴。

（二）作品孤儿化现象的发生机制

大多数研究对作品孤儿化现象成因的论述比较粗略，有些只用寥寥数语带过，未作讨论；篇幅较长的著述（以硕博论文或专著为主）着墨较多。[2] 从具体内容来看，孤儿作品的形成是著作权制度和其他社会等多因素共同作用的结果，这一点已有广泛共识。其中，制度因素被认为是最主要的原

[1] HANSEN D R, HASHIMOTO K, HINZE G, et al. Solving the orphan works problem for the United States [J]. Columbia Journal of Law & the Arts, 2013(37): 3.

[2] HUANG O. U. S. copyright office orphan works inquiry: finding homes for the orphans [J]. Berkeley Tech. L. J, 2006(21): 268-276. 董皓. 多元视角下的著作权法公共领域问题研究 [D]. 北京：中国政法大学, 2008: 113-115. 田村善之. 日本现代知识产权法理论 [M]. 北京：法律出版社, 2010: 212-214. 马海群, 高思静. 孤儿的作品版权困境及解决路径 [J]. 图书情报工作, 2011(9): 88.

因，但大多也止于对"著作权保护的自动取得"与"著作权保护的长期性"两个方面，其他制度因素未得到充分论述。[1]有学者指出技术发展与应用、社会变革与政局动荡、文化观念与法治观念等非制度性因素对作品孤儿化具有引致和加剧的作用，但仅仅点到为止，缺乏具体论述，也未作系统全面的梳理。[2]多伦多大学的 Ariel Katz 教授指出，应当从权利人与使用者的行为选择上寻找作品孤儿化的原因[3]，这与兰德斯和波斯纳的法经济学分析思路是一致的[4]。Katz 的见解对准确理解孤儿作品成因至关重要。总体而言，现有研究停留在对各种原因要素的列举上，缺少对作用机制的分析，未揭示诸多原因或因素如何具体导致大量作品被孤儿化，这也就难以透彻地阐释这种现象。

（三）孤儿作品的使用方式

类型化考察是深化认识的重要途径。通过对孤儿作品的使用方式进行类型化，能够更清晰地看出各类具有现实意义的作品使用方式在现行著作权法中所处的地位，尤其是哪些作品使用方式的合法性亟待通过专门立法

---

[1] BRITO J, DOOLING B. An orphan works affirmative defense to copyright infringement actions [J]. Michigan Telecommunications and Technology Law Review, 2005(12): 82. SAGE J. Revenue streams and safe harbors: how water law suggests a solution to copyright's orphan works Problem[J]. Boston University Journal of Science & Technology Law, 2010(16): 298. BUNCE A. British invasion: importing the United Kingdom's orphan works solution to United States copyright law [J]. Northwestern University Law Review, 2013(108): 258.

[2] 彭双五. 试析"孤儿作品"的保护与利用 [J]. 江西社会科学, 2013(5): 157. 王迁. 孤儿作品刍议 [J]. 中国版权, 2013(1): 31. 张艳冰. "孤儿作品"著作权保护研究：以《著作权法》第三次修改为视角 [J]. 邵阳学院学报（社科版）, 2013(10): 45.

[3] KATZ A. The orphans, the market, and the copyright dogma: a modest solution for a grand problem [J]. Berkeley Technology Law Journal, 2012(27): 1304.

[4] 威廉·M. 兰德斯, 理查德·A. 波斯纳. 知识产权法的经济结构 [M]. 金海军, 译. 北京：北京大学出版社, 2005: 280-281.

加以确认。

比较深入的讨论来自美国学界。美国联邦版权局在 2006 年版《孤儿作品报告》中将孤儿作品使用活动归结为四类：后续创作使用，即将他人的版权作品作为原始素材，并加入自己的智力劳动，形成新的具有独创性的表达；大规模接触性使用，即使用者通过复制、传播等手段让公众得以接触、获取大量作品；爱好使用，即 "特定作品的热衷者或者其他特定领域的业余爱好者或专家" 对相关作品的使用；私人使用，即单一或少数个人为私的目的而进行的使用行为。[1] Matthew Sag 教授提出，以作品使用 "是否以向公众提供替代性的表达为目的（purpose）" 为依据将其分为 "表达性使用和非表达性使用"。他认为，数字技术研发和应用中的 "非表达性使用" 具有极强的正当性，应当通过判例法予以确认；这样一来，各种以孤儿作品为对象的数字技术应用，只要满足 "非表达性" 合理使用的标准就取得了合法性，可以自由无偿使用。[2] 这些分类均旨在为法律规制提供清晰的框架。

欧洲对孤儿作品的使用方式的讨论较少。这主要是欧洲国家大多唯欧盟指令马首是瞻，而后者对孤儿作品使用难题对策的研究、制定始终是以实施数字战略和传承、复兴欧洲文化的公共政策为宏旨和导向的，其对孤儿作品使用的讨论是以公共文化职能机构实施数字保藏和网络传播为基础框架的，没有再分类的必要。

我国学界对这一问题涉及不多，深入的探讨更少。邵燕博士在专著中对孤儿作品使用行为的分类与 Matthew Sag 教授类似。[3] 图书情报学界的相关讨论均以公共图书馆数字化使用为出发点和立足点，没有形成与宏观论域对应的理论框架。

[1] Register of Copyrights. Report on orphan works[R]. Washington: U. S. Copyright Office, 2006: 36−39.

[2] SAG M. Orphan works as grist for the data mill [J]. Berkeley Technology Law Journal, 2012(27): 1517−1542.

[3] 邵燕. 孤儿作品著作权问题研究 [M]. 北京：法律出版社, 2017: 137−159.

笔者认为，既然"孤儿作品问题"的核心是孤儿作品的使用难题，解决问题的对策势必也要围绕使用行为的合法化和规范化展开；全面认识使用主体的性质、使用行为的方式和性质，是研判规制必要性和规制方式的基本前提。

（四）孤儿作品使用制度的模式选择

美国学者热衷于研究如何利用制定法和普通法上的各种抗辩事由为孤儿作品使用者争取责任豁免：除了有着成熟的判例法基础并在现实中已有胜诉先例的合理使用外[1]，这样的抗辩依据还包括美国版权法第108条关于图书馆、档案馆使用的例外；懈怠抗辩[2]；默示许可[3]；反向占有取得；等等[4]。当然，美国学界的主流观点还是通过专门立法对符合条件的孤儿作品使用者进行责任限制，以此解决孤儿作品使用难题。[5]学者们讨论了

---

[1]　URBAN J M. How fair use can help solve the orphan works problem [J]. Berkeley Technology Law Journal, 2012(27): 1379－1432.

[2]　LOREN L P. Abandoning the orphans: an open access approach to hostage works [J]. Berkeley Technology Law Journal , 2012(27): 1469.

[3]　GLORIOSO A. Google books: an orphan works solution? [J]. Hofstra Law Review , 2010(38): 971－1016. LU B. The orphan works copyright issue: suggestions for international response [J]. Journal of the Copyright Society of the USA,2013(60): 701. HICKEY K J. Consent, user reliance, and fair use [J]. Yale Journal of Law & Technology, 2014(16): 397.

[4]　BIBB M L. Applying old theories to new problems: how adverse possession can help solve the orphan works crisis [J]. Vanderbilt Journal of Entertainment and Technology Law,2009(12): 149. MEEKS K M. Adverse possession of orphan works [J]. Loyola of Los Angeles Entertainment Law Review , 2013(33): 1. POMERANTZ A L. Obtaining copyright licenses by prescriptive easement: a solution to the orphan works problem [J]. Jurimetrics, 2010(50): 195.

[5]　BRITO J, DOOLING B. An orphan works affirmative defense to copyright infringement actions [J]. Michigan Telecommunications and Technology Law Review, 2005(12): 75－116.

2006 年和 2008 年几次失败的立法尝试，分析了草案有关条款给利害相关方带来的影响并提出修改建议。[1] 欧洲学者则探讨了发源于北欧的 "延伸性集体管理制度" （Extended Collective Licenses, ECL）在解决文化遗产数字化利用版权问题中的优势和不足。[2] 美国联邦版权局和部分学者支持在大规模数字化授权领域尝试引入 ECL，仅用于网络用户对特定类型作品的非营利性使用 [3]，但这项试点方案在公开征求意见时收到诸多消极反馈，以致联邦版权局于 2017 年 9 月宣告取消该试点方案。在加拿大和澳大利亚，ECL 也没有被立法者采纳。

---

[1]　SHERMAN D B. Cost and resource allocation under the orphan works act of 2006: would the act reduce transaction costs, allocate orphan works efficiently, and serve the goals of copyright law? [J]. Virginia Journal of Law & Technology, 2007(12): 4−48. SAGE J. Revenue streams and safe harbors: how water law suggests a solution to copyright's orphan works problem [J]. Boston University Journal of Science & Technology Law, 2010(16): 298. HANSEN D R, HASHIMOTO K, HINZE G, et al. Solving the orphan works problem for the United States [J]. Columbia Journal of Law & the Arts, 2013(37): 1−66. 有学者比较了英美两国立法方案，认为可相互取长补短。BUNCE A. British invasion: importing the United Kingdom's orphan works solution to United States copyright law [J]. Northwestern University Law Review, 2013(108): 243−292. 也有学者建议区分不同类型作品的使用行为，建立复合型的规制框架。VAN GOMPEL S. The orphan works chimera and how to defeat it: a view from across the atlantic [J]. Berkeley Technology Law Journal. , 2012(27): 1347−1376.

[2]　TRYGGVADÓTTIR R. Facilitating transactions and lawful availability of works of authorship: online access to the cultural heritage and extended collective licenses [J]. Columbia Journal of Law & the Arts, 2018(41): 515.

[3]　PALLANTE M A. Orphan works, extended collective licensing and other current issues [J]. Columbia Journal of Law & the Arts, 2010(34): 23−34. Register of Copyrights. Orphan Works and Mass Digitization: A Report of the Register of Copyrights[R]. Washington: U. S. Copyright Office, 2015: 7−8, 72−105. MATTINGLY F X. If you don't use it, you lose it: what the U. S. could learn from France's law on out-of-commerce books of the 20th century [J]. Indiana International & Comparative Law Review, 2017(27): 277−314.

法、德等国为了解决大规模绝版图书数字化需要，确立了推定集体管理制度。与 ECL 一样，该制度并非专为孤儿作品而设，而是明确将适用范围限定为某一时期内本国出版的、现已绝版的图书；只不过由于绝版书与孤儿作品在外延上有所重叠，而这些立法例又没有明确排除对孤儿作品的适用，因此常被当作"孤儿作品立法"来看待——美国联邦版权局在其2015 年版《孤儿作品报告》中就将法、德用以解决绝版书数字化问题的单行立法当作孤儿作品问题立法加以介绍。一些学者在介绍域外立法时从《孤儿作品报告》中获得"第三手资料"，故有类似阐述。

在我国学界，支持采取法定许可和强制许可制度来解决孤儿作品授权难题的人较多。图书馆业界人士偏爱效率较高、适用成本低的法定许可，但认为从利益平衡出发，该模式只适合公共图书馆等文化机构的数字化使用。[1]法学界人士则认为由行政机构审查授予强制许可的方式更有利于平衡权利人与使用者的利益，也可依托既有的行政资源，也有可操作性，且可一体适用于公益性和营利性主体的使用行为。[2]一些学者主张采取引入ECL 来解决海量作品的授权问题。[3]还有学者认为理想化的模式是复合型的，即针对不同的作品使用样态（区分标准包括使用主体、使用方式、作

---

[1] 王本欣，曲红．图书馆孤儿作品利用的法定许可制度研究：以著作权法第三次修改为背景 [J]．图书情报工作，2013(8): 77–82. 苏红英．图书馆以默示许可方式开展在线扶贫信息服务的版权使用规则：结合我国立法、司法和国家图书馆实践的分析 [J]．图书馆，2016(2): 11–14. 苏红英．勤勉检索：数字技术环境中图书馆利用孤儿作品的前置程序：基于国际社会立法比较的思考 [J]．图书馆，2016(6): 32. 潘霞．我国公共图书馆孤儿作品利用的版权法适用 [J]．图书馆，2018(6): 72.

[2] 赵锐．论孤儿作品的版权利用：兼论《著作权法》(修改草案) 第 25 条 [J]．知识产权，2012(6): 62. 王迁．孤儿作品刍议 [J]．中国版权，2013(1): 33. 刘宁．试论我国孤儿作品的著作权法律保护 [J]．电子知识产权，2013(7): 245.

[3] 周艳敏，宋慧献．版权制度下的"孤儿作品"问题 [J]．出版发行研究，2009(6): 68. 胡开忠．构建我国著作权延伸性集体管理制度的思考 [J]．法商研究，2013(6): 20. 肖少启．我国无主作品著作权保护的路径选择与制度构建 [J]．政治与法律，2016(8): 123.

品形态等）分别采取合理使用、法定许可、强制许可、ECL 等授权机制。[1]

这部分研究的不足主要有两点：其一，在评介孤儿作品使用难题各种规制方案时，规范分析和实证研究都显得不够充分。一个突出表现是由于大量参考了美国版权局《孤儿作品报告》对各国立法例的评介，在事实陈述和主观评价方面存在偏颇和失准之处。其二，由于缺少基础理论和价值导向的指引，在对域外立法进行评述、借鉴以及对我国规制模式选择时存在盲目性和随意性。

（五）关于"勤勉查找"的研究

在主流规制模式中，除了 ECL 模式之外，都以"勤勉查找"[2]作为合法使用或者责任限制的前提条件。"勤勉"是个指称范围模糊的形容词，作为查找有效性的认定标准应该如何加以定义，成为权利人和使用者的利益诉求的交叉点。我国学者对勤勉查找的研究主要表现为对欧盟、美国、英国、加拿大、日本等国家或地区的在先立法作了较多译介。[3]

[1] 董皓. 多元视角下的著作权法公共领域问题研究 [D]. 北京：中国政法大学，2008: 131. 管育鹰. 欧美孤儿作品问题解决方案的反思与比较：兼论我国《著作权法》相关条款的修改 [J]. 河北法学，2013(6): 142. 欧阳爱辉，谭泽林. 大数据时代图书馆孤儿作品利用的版权保护模式研究 [J]. 图书馆建设，2016(9): 4-9. 邵燕. 孤儿作品著作权问题研究 [M]. 北京：法律出版社，2017: 160.

[2] 有的立法例中表述为"尽力查找"。此处为简化表述，权且以前者统称之。

[3] 寒瑞卿，于佳亮，马炳和. 探寻孤儿作品版权问题的解决之道：欧洲 ARROW 项目的实践与启示 [J]. 图书馆建设，2011(10): 37-40. 赵力. 数字化孤儿作品法律问题研究 [D]. 武汉：武汉大学，2013: 35. 许辉猛. 数字图书馆建设背景下孤儿作品查找机制研究 [J]. 图书馆论坛，2014(12): 49. 苏红英. 勤勉检索：数字技术环境中图书馆利用孤儿作品的前置程序：基于国际社会立法比较的思考 [J]. 图书馆，2016(6): 30-33. 关文倩. 孤儿作品合理勤勉检索制度研究 [D]. 杭州：浙江工商大学，2017. 在此有必要一提的是，美国联邦版权局 2006 年版和 2015 年版《孤儿作品报告》是我国学者研究勤勉查找的重要信息来源。Register of Copyrights. Report on orphan works[R]. Washington: U. S. Copyright Office, 2006: 8-9. U. S. Copyright Office. Orphan Works and Mass Digitization: A Report of the Register of Copyrights[EB/OL].http://copyright.gov/orphan/reports/orphan-works 2015.pdf.

现有研究的不足在于，不少论文对勤勉查找的讨论仅是对一种或几种域外立法文本的呈现和比较，未进一步探究不同孤儿作品规制模式下查找规则和勤勉判断标准的差异、成因及对相关各方的影响，也就难以提出与我国制度现状相适应的立法建议和设计，往往仅是"建议我国借鉴某一域外立法"，却没有说明个中理由。

（六）孤儿作品的使用费问题

使用费数额的确定方式因具体制度模式的差异而存在"个案确定"和"法定标准"的分野。主流观点认为使用费只能是一种"合理补偿"；具体金额应当参照同类作品使用权交易的市场价格来确定，同时考虑使用行为是否产生了营利性收入。部分学者从市场失灵和公平原则的角度论证了孤儿作品使用费应当参考市场同类价格并有所降低。[1]

关于 2014 年《著作权法（修订草案送审稿）》中规定的提存机制的探讨相对较少，因为提存仅存于强制许可模式，所以主要见于对加拿大、日本等国孤儿作品制度的译介。[2] 力主减轻公共文化机构负担的学者对费用提存较为抗拒，认为待权利人现身主张再支付的做法更合理，且建议效仿美国免除非商业性使用者的补偿义务。[3] 有学者认为在无人主张的情况下应将提存资金返还使用者。[4] 也有学者基于加拿大实践指出，该国的"提

---

[1] 邵燕. 孤儿作品著作权问题研究 [M]. 北京：法律出版社，2017: 185-187. 潘霞. 我国公共图书馆孤儿作品利用的版权法适用 [J]. 图书馆，2018(6): 72.

[2] 王本欣. 孤儿作品利用强制许可模式的通用性与差异性：以日本和加拿大著作权法为例 [J]. 图书馆论坛，2016(6): 52-53. 陈晓屏. 加拿大孤儿作品强制许可制度研究 [J]. 图书馆建设，2020(2): 32-39, 47.

[3] 曲红，王本欣. 中国情境下孤儿作品利用的制度设计 [J]. 图书馆学刊，2017(11): 21. 潘霞. 我国公共图书馆孤儿作品利用的版权法适用 [J]. 图书馆，2018(6): 71.

[4] 周艳敏，宋慧献. 版权制度下的"孤儿作品"问题 [J]. 出版发行研究，2009(6): 68. 陈豪. 美国联邦版权局 2015 年孤儿作品法案解读与启示 [J]. 图书馆杂志，2018(4): 17.

存"实为预付，但有其合理性，且"以预付为原则，后付为例外"的做法有利于打消公共文化机构的顾虑。[1]

（七）我国孤儿作品使用制度的建构和完善

我国著作权法第三次修订进程中，自第二稿至送审稿一直采用"查找无果—申请核准—提存—许可使用"的模式来解决孤儿作品数字化使用的授权障碍。这种模式类似于知识产权法上的强制许可制度，故被学界称作"强制许可"或"准强制许可"模式。此后也出现了不少以"（准）强制许可"模式为框架的探讨。少数学者主张建立针对公共图书馆的作品数字化使用法定许可制度，并就具体制度设计提出了建议。[2] 也有青睐 ECL 的学者对我国如何应用 ECL 解决海量孤儿作品授权障碍做了初步探索。[3] 除了孤儿作品专项立法以外，一些学者还将研究延伸至合理使用、著作权登记、著作权集体管理、著作权数据库建设等其他相关制度和机制，提出建立完善关联制度以充分激发制度间的合力。[4]

现有研究的不足在于：其一，（准）强制许可制度设计的重点大多集中在"勤勉查找"和"合理补偿/费用提存"方面，对其他组成部分（如复出权利人的权利限制、使用者的署名和标志义务等）的讨论较少。其二，由于现有研究未能准确揭示孤儿作品使用难题的实质、对成因缺乏明确认识，许多立法建议只是对外国立法例和实践做法的照搬、堆砌，将不同制度模式下的法律文本抽离出来再"共治一炉"，缺乏系统性，造成一方面主张采用法定许可，另一方面建议对补偿数额采取个案计算等情况。其三，

[1]　陈晓屏. 加拿大孤儿作品强制许可制度研究 [J]. 图书馆建设 , 2020(2): 32.

[2]　苏红英. 图书馆以默示许可方式开展在线扶贫信息服务的版权使用规则：结合我国立法、司法和国家图书馆实践的分析 [J]. 图书馆 , 2016(2): 11-14.

[3]　邵燕. 孤儿作品著作权问题研究 [M]. 北京：法律出版社 , 2017: 240-242.

[4]　关文倩. 孤儿作品合理勤勉检索制度研究 [D]. 杭州：浙江工商大学 , 2017: 41-45. 邵燕. 孤儿作品著作权问题研究 [M]. 北京：法律出版社 , 2017: 217-242.

虽然现有研究均以数字网络时代为语境，但技术利器的作用似乎仅限于"提出问题"，而其在"解决问题"方面的作用没有被寄予足够的关注。如果不由分说地认为强制许可制度等规制模式在勤勉查找、行政审核、许可发放和费用收付等方面效率过低，又不能或不去代表法律与技术进行对话，将法律上的需求和期待传达给技术领域，与置身前数字时代又有何异？

　　总体而言，当前学界对于孤儿作品使用难题的理论认识和对策研究还存在进一步完善的空间。自《著作权法（修订草案送审稿）》公布以来，一直没有实质进展，这与个别条款相关的利益争夺和多方博弈有关，也说明各界对某些法律问题的认识还没有达成统一。《著作权法（修订草案送审稿）》第五十一条，即关于孤儿作品使用制度的规定，条文本身过于原则、粗略、缺乏可操作性；若不能辅以具体实施办法和配套措施，这一匆匆而来的条款即便得以颁行也将流于形式。[1]

三、研究框架

　　本书循着"孤儿作品—孤儿作品使用难题—域外法律对策—技术对策—我国著作权法上相关规定和制度的既往沿革及未来路向"的基本思路展开。全书除绪论和结语之外分为五章。

　　第二章围绕基本范畴"孤儿作品"展开，研究了作为法律符号的孤儿作品、作为规范性概念的孤儿作品以及作为社会现象与法律事实的孤儿作品。第一节回顾了"孤儿作品"表述的出现，被概念化和规范化，成为部分国家、地区的立法用语，并为我国学界普遍接受的历程；揭示了孤儿隐喻的法律文化根源及其隐含的意识形态和政策立场。第二节对规范意义上的孤儿作品进行了界定。第三节分析了导致作品孤儿化现象形成、加剧的因素及其作用机制。

---

[1] 管育鹰. 欧美孤儿作品问题解决方案的反思与比较 [J]. 河北法学，2013(6):
141.

第三章围绕核心范畴"孤儿作品使用难题"展开。第一节论述了孤儿作品使用难题在数字时代凸显的原因；以域内外数字化项目的经验数据为例，不完全地展现了孤儿作品的潜在规模及其给社会效益造成的损耗；对数字时代作品的使用行为进行类型化分析。第二节以新制度经济学的理论成果阐释了孤儿作品使用难题的实质，剖析了孤儿作品使用难题的成因，指出著作权制度安排和权利义务的不对称结构是其根源所在。第三节从文化遗产保藏、传播和再利用，实现文化多样性与文化民主，充实和繁荣公共领域，推动数字图书馆建设进程等角度阐述了数字技术应用的社会文化价值；论证打破了制约海量作品数字化使用的制度瓶颈——孤儿作品使用问题的必要性。

第四章是关于孤儿作品制度形态的比较法研究。从世界范围来看，当前在实践和理论上比较成熟的孤儿作品制度样态包括以北欧国家为代表的"延伸性集体管理"制度、欧盟选择的"权利限制"模式、以加拿大为代表的"孤儿作品强制许可"制度和美国版权局多年来致力推动的、从立法上对侵权责任加以限制并允许使用者合理使用抗辩的做法。第一节至第四节分别对四种孤儿作品使用制度的内容、运行机制予以介绍，并对在数字时代背景下解决孤儿作品使用难题的合理性与弊端进行了分析和评价。第五节对前述制度模式进行了横向比较和综合评述。

第五章将视域从制度路向转向技术路向，重新检视了区块链、人工智能和众包等三种炙手可热的前沿技术和新兴方法在解决孤儿作品使用难题方面的运作机理与现实可操作性。这三种方案构想都试图依靠信息化、智能化技术赋能，以"找资源""降成本""提效率"为突破口，改变馆藏权利清算的低效闭环格局，最终破解孤儿作品使用难题，然而技术自身的局限以及所处制度环境中相关法律规范的缺位从根本上制约了技术赋能的空间和积极效果。

第六章回归我国著作权法的语境。第一节梳理了2020年《著作权法》

第三次修正案通过以前立法上与孤儿作品相关的规定，指出这些规则和制度远远不能解决孤儿作品使用难题。第二节对 2014 年《著作权法（修订草案送审稿）》以及 2020 年通过的《著作权法》第三次修正案上相关条款的修改情况进行评述。第三节在前面几章的研究基础上对我国孤儿作品制度建构提出建议。建议沿袭 2014 年《著作权法（修订草案送审稿）》确立的"准强制许可制"框架，就其适用范围、有效查找的界定、规范及审查标准，许可费用的确定与给付，报酬请求权时效的设定，停止使用请求权的限制适用，使用者的署名和标志义务等内容进行了细致的建构。

第二章　作品孤儿化现象：从修辞学、认知语言学到法学

第一节　"孤儿作品"法律符号的提出、使用及其话语意识

一、"孤儿作品"称谓的起源考据

随着社会的发展，信息单元不断增加，与无限丰富的客观世界相比，用于指示这些对象的词汇量是有限的。因此，吸收外来词汇或借用已有词汇来扩充出新词，是语言演化流变中广泛存在的现象。法律语言，尤其是学术法律语言也不例外。本书的关键词"孤儿作品"、金融法领域的术语"洗钱"和知识产权领域的术语"专利蟑螂"都是典型的例子，它们都属

于外来语词中的借形词。[1]术语的创制都运用了隐喻，给人以简洁精练、生动新颖、由浅入深之感，虽有明显的舶来特征，在汉语中找不到根源，却不影响国人的接受度——"洗钱"已经为《中华人民共和国刑法》采用，成为立法语言；"专利蟑螂"和"孤儿作品"虽未出现在正式法律规范文件中，但作为学术语言已经在知识产权行业和学术圈内被广泛、默契地使用，称得上是"合理的存在"了。

"孤儿作品"译自英文"orphan works"一词。据其他学者考究，该词最早出现在1993年美国一篇有关早期影片保存现状的文章中，用来指称因著作权人不明或者商业价值不高，无力负担保存费用，以致载体衰败毁损而有灭失之虞的影片。[2]美国联邦版权局1999年发布了《关于版权与远程数字教育的报告》，其中称"随着著作权保护期的大大延长，并得益于数字技术发展，更多年代久远的作品将被呈现在公众面前，或将使'problem of orphan works'（孤儿作品问题）尖锐化"。不过该报告没有进一步就此展开论述。[3]

最早使用"orphan works"的学术论文是发表于2000年Jane Ginsburg教授等关于延长版权保护期合宪性问题的研讨记录，其中指出版权保护期

---

[1] 法律语言学将外来语词分为译词和借词,译词是指意译的外来语词;借词又分为借音词和借形词,前者是音译的语词,后者是由外语中直接"拿来"的语词。参见刘红婴的《法律语言学》一书,由北京大学出版社,于2007年出版,第76页。以上三个中文法律术语分别是对英文中的"orphan works""money laundry""patent troll"的借形词。

[2] 这些影片数量较大,但多不是出自好莱坞制片公司,其主要包括新闻影片、纪录片、一些风格激进的独立制作影片、因著作权保护期延长而尚未进入公共领域的默片,以及某些倒闭的制片公司的作品。LOREN L P. Abandoning the orphans: an open access approach to hostage works [J]. Berkeley Technology Law Journal, 2012(27): 1439−1440.

[3] Register of Copyright. Report on Copyright and Digital Distance Education [R]. Washington: U. S. Copyright Office, 1999: 24.

的延长将使更多濒危作品（如早期影片等）沦为"孤儿作品"，无法得到及时有效的保存。[1] 准确而言，该文中所使用的表述是"orphaned works"（孤儿化作品）；该表述并不是参与研讨的学者们的"原创"，而是援用 Eldred v. Reno 一案的裁判书。[2] 早期所使用的 "orphan works" 的内涵与如今通行的概念内涵存在差异，例如在 Kahle v. Ashcroft 案中，原告方对 "orphan works" 的界定是"仍处于著作权保护之下的，但因绝版等原因而无法为公众广泛获取的图书"。[3]

"orphan works" 一词的概念化和规范使用出自美国联邦版权局 2006 年发布的《孤儿作品报告》，其中称："孤儿作品一词描述的是这样的现象，即使用者欲就尚在保护期内的作品向其权利人寻求使用许可，但是无法确定也无法联系上作品权利人。"[4] 2012 年通过的《欧盟议会和理事会关于孤儿作品特定许可使用的指令》的英文版也使用了"orphan works"一词，并将其界定为："经过勤勉查找后，如果某一作品或者录音制品的权利人仍无一人的身份能够确认，或者虽有一人以上身份能够确认，但无一能够取得联系的，该作品或录音制品应当被认定为孤儿作品。"这两个定义仅在措辞表述上略有不同，实质内涵基本一致，均以著作权人无法确定或无法联系为核心特征，这也是当前学界对孤儿作品的主流界定。

---

[1]　GINSBURG J G, GORDON W J, MILLER W F, et al. The constitutionality of copyright term extension: how long is too long? [J].Cardozo Arts and Entertainment Law Journal, 2000(61): 666.

[2]　Eldred v. Reno, 74 F. Supp. 2d 1(D. D. C. 1999). 此案就是因著作权保护期延长而引发的违宪审查诉讼。该案从联邦地区法院上诉到联邦最高法院，以原告败诉告终。"orphaned works"的表述三次出现在被申请人即美国司法部提交给最高法院的辩论摘要 (Brief for the Respondent) 中。See Eldred, et al. , Petitioners, v. Ashcroft, No. 01-618. August 5, 2002.

[3]　Kahle v. Ashcroft, N. D. Cal. Nov. 19, 2004.

[4]　Register of Copyrights. Report on orphan works[R]. Washington: U. S. Copyright Office, 2006: 1.

综上所述，孤儿作品一词起源于英文语境，经由学术圈和官方文件中的使用而被移植到其他语种的法言法语中。

二、孤儿作品符号中的隐喻建构

认知语言学认为，隐喻不是可有可无的修辞手法，而是人类认知外部世界的重要方式和手段。语言机制和思维能力的局限性让人们本能地依赖熟知的、有形的、具体的对象来描述和认知陌生的、无形的、抽象的事物，即"以其所知，喻其所不知，而使人知之"。[1] 无论是社会科学还是自然科学，在建立理论模型时常常要借助隐喻，因为抽象概念的形成总是以直观表象的经验观察为起点。

20世纪80—90年代，西方语言学者先后提出了"概念隐喻观"理论和"概念整合"理论，对"隐喻认识"这种语言和思维现象的发生机理作出了解释。简单来说，隐喻建构的过程是施喻者提取源域（source domain）的属性特征投射到目标域（target domain）上，在两个概念之间架设相似性结构的抽象思维过程。[2] 任何一个概念都可以从不同的角度来概括或描述，当施喻者选择将源域中一些为人熟知的属性特征映射到目标域时，受喻者很容易识解两个概念域之间的匹配关系，推导出隐喻的含义。[3] 如果施喻者选择将源域中的冷僻属性特点映射到目标域，两个概念域之间的相似性结构就需要借助语境和语用推理才能得到充分的诠释和理解。不过，这样的隐喻不仅可能产生"化庸常为神奇"的修辞效果，而且能借此启发人们从新的维度去审视熟悉的对象，赋予日常事物新的意义。[4]

---

[1] 刘向. 白话说苑：古典名著今译读本 [M]. 长沙：岳麓书社，2001: 143.

[2] LAKOFF G, JOHNSON M. Metaphors we live by [M]. Chicago: University of Chicago Press, 1980: 3−4.

[3] 例如，四海皆有的金句："时间是金钱。"

[4] 赵冬生. 概念整合理论观照下的隐喻认知阐释 [J]. 江西社会科学，2012(6): 226.

孤儿作品这个法律符号的提出也包含一个概念隐喻的建构过程。施喻者在孤儿概念的部分特征——父母缺位，与作品著作权人不明或者失联的特征之间建立了抽象的相似性结构，使两个不同范畴的概念连接在一起，在此基础上形成新的认知——著作权人不明或者失联的作品犹如人类孤儿一般，因缺少"监护"和"照管"而易受外界侵害，有必要予以特别保护并通过制度性努力使其重新回到著作权人的控制下——最终完成孤儿作品隐喻的意义建构。

三、孤儿隐喻识解所依赖的法文化语境

隐喻作为语言现象、认知机制和语义生成机制，归根结底是一种文化行为。文化意识为隐喻建构和识解过程中的联想提供了参考框架和心理基础，文化因素为隐喻的领悟设定了审美观念和价值取向，不同文化背景下的人对客观世界的认知不尽一致，形成了异质的隐喻认知结构。其中具体语境（包括上下文和话语情境）和文化语境是隐喻识解的出发点；而脱离语境，仅凭生物本能和纯粹的心理机制，许多隐喻将无法理解。

如果说孤儿作品隐喻建构基于作品权利人缺位与人类孤儿父母缺位之间的相似性，那么有体财产在物权人缺位的情况下也具有相似的抽象结构。[1]然而，无论是在日常语境抑或法律语境下，用孤儿喻指无主的有体财产远未成为一种普遍接受和采用的表达。[2]诚然，与物权相比，知识产权更易受到侵害，因为知识产权的价值形成需要相当的智力与资本投入，掠夺这种价值不但容易且成本低廉。[3]不过，以"知识产权比物权更为脆弱"

---

[1] 例如，罗马法中"先占"制度的对象：无主动产。

[2] 笔者于2019年9月1日在知网进行检索。先以"物权法""财产法"为主题，在其下输入"孤儿"进行全文检索，检索结果为零；又以"物权法"或"财产法"加"孤儿"进行全文检索，虽有若干文章，但内容均与本文所谈论的情形无关。而以同样方式对专利法和商标法中孤儿隐喻的使用情况进行检索，结果亦然。

[3] 李琛. 论知识产权法的体系化 [M]. 北京：北京大学出版社，2005: 148.

来解释其与孤儿的天然相似性，也同样不够充分，在专利、商标领域中并未发现这种隐喻用法。

"权利人不明或失联的作品是孤儿"不是一个社会上约定俗成的、耳熟能详的喻指搭配；或者说，这个表达在日常语境中很难引起受众的共鸣。若这一表述被简化为"作品是孤儿"，更会使人摸不着头脑。实际上，这个非常规映射关系的成立必须依赖著作权法文化语境下的一个关键信息——"作者乃作品之父"的隐喻——作为"跳板"，来完成从源域向目标域的跨越和并联。

著作权属于近代历史范畴，近代社会的财产、文化观念等意识形态是著作权制度产生的基础。通说认为，著作权制度是以浪漫主义、个人主义的作品观为基础的，因为只有把作品归结为个人创造，将作者的个人天赋作为作品的源头，作品是作者私人财产的理念才能得以确立。

西方古代文艺观深受柏拉图"模仿说"影响，认为艺术都是对自然的模仿，目的是"遵循美的规则"，而非彰显作者的个性；艺术仅是一种"制造的技巧"，而不具备创造性的内涵。在中世纪，"创造"是专属基督教神学的范畴，指的是上帝"无中生有（ex nihilo）地将存在性赋予事物的行为"。[1] 从文艺复兴时期开始，"西方文化的关注中心从神转向人，人们开始意识到人的独立、自由和创造力的价值"。[2] 但此时的"创作"是"'技艺'与'灵感'的怪异混合物"[3]——技艺是一种习得性的知识体系，而灵感来自神或缪斯的点拨，二者都是"外在于作者的因素"，因此"作

---

[1]　李琛.著作权基本理论批判 [M]. 北京：知识产权出版社，2013: 60, 130-131.

[2]　同 [1]60.

[3]　WOODMANSEE M. The genius and the copyright: economic and legal considerations of the emergence of the "author" [J]. Eighteenth Century Studies, 1984(17): 427.

品的本源仍在作者之外"。[1] 在这样的文艺观念里，著作权制度无从产生，因为只要作品被视为对自然的模仿或者再现，那么作品之间的相同或者相似也就可以被解释为源自被模仿对象的同一性，任何特定主体都没有资格对这样的作品主张权利。[2]

18—19 世纪，浪漫主义思潮席卷欧洲，文艺观从前近代的"模仿论"全面转变为近代的"表现论"。[3] "创作"的内涵在这个时期发生了显著变化：一方面，"灵感"在创作中的重要性提升，"技艺"属性式微；另一方面，灵感的源泉被内化为作者的天赋。[4] 这样一来，"作者"被建构为一个凭借才华与智识而独立地做出原创性贡献的"天才"也就不足为奇了。[5]

在当时主流意识形态的影响下，智力劳动被认为优于体力劳动；智力劳动的成果也有别于普通财产，是作者思想的具化和人格的外化；"作者—作品"的关系被视为"类似于父子血缘关系的密切联系"。《鲁滨孙漂流记》的作者、英国作家笛福曾写道："书是作者的财产，是他创造力的产儿（the child of his inventions），是他脑力的结晶（the brat of his brain）；如果他出售了财产，那么它就成为购买者的权利；如果没有，那

[1] BOYLE J. In Re Shakespeare: the authorship of Shakespeare on trial [J]. American University Law Review, 1988(37): 633-634.

[2] 李琛. 论知识产权法的体系化 [M]. 北京：北京大学出版社, 2005: 97.

[3] RANDALL M. Pragmatic plagiarism: authorship, profit and power [M]. Toronto: University of Toronto Press, 2001: 72.

[4] WOODMANSEE M. The genius and the copyright: economic and legal considerations of the emergence of the "author" [J]. Eighteenth Century Studies, 1984(17): 427.

[5] BOYLE J. In Re Shakespeare: the authorship of Shakespeare on trial [J]. American University Law Review, 1988(37): 630.

仍是他自己的，就像他的妻子和孩子是他自己的一样。"[1]在法国著作权法上，至今仍将彰显作者身份的署名权称为"paternity right"，该词的本义为"父权"。有学者指出，著作权的权利关系与近代资产阶级父权制社会的家庭权力关系之间确实存在某种同构性。[2]还有学者指出，"自然权利"理论和大陆法系国家的"人格主义"见解等版权理念构造也在很大程度上受到"该种（'父子'）理论之辐射与荫蔽"。[3]

　　隐喻理解过程的核心是源域向目标域的映射以及相似性的确立。这个心理活动的过程不是在"真空状态"下发生的，它必然要受到包括主体对隐喻的熟悉度、知识结构等主观因素和上下文语境、情境语境和文化语境等客观因素的综合影响。[4]在一些情况下，对新隐喻的理解是以对传统隐喻的理解为基础的。[5]正如马克思的"经济基础"与"上层建筑"隐喻脱胎于他关于"社会是一栋建筑"的隐喻，"孤儿作品"隐喻是脱胎于"作者乃作品之父"的隐喻。只有人们的认知结构中包含"作者乃作品之父"的观念，"父（母）亲缺位"的特征才能勾起受喻者的联想，对"孤儿"和"孤儿作品"这两个不同范畴之间的相似性做出积极的心理回应。这也

[1]　HATHCOCK A M. Confining cultural expression: how the historical principles behind modern copyright law perpetuate cultural exclusion [J]. American University Journal of Gender, Social Policy and the Law, 2017(25): 246.

[2]　女权主义学者 Shelley Wright 认为，近代西方资产阶级家庭的关系结构是父权主义社会结构的缩影；作者—作品的关系与父权制家庭关系也具有某些构成要素方面的共性。WRIGHT S. A feminist exploration of the legal protection of art[J]. Canadian Journal of Women and the Law, 1994(7): 69. HAIDT J. The emotional dog and its rational tail: a social intuitionist approach to moral judgment [J]. Psychology Review, 2001(108): 814, 835.

[3]　黄汇. 版权"隐喻"与公共领域的式微 [J]. 电子知识产权，2009(7): 14.

[4]　王小潞，徐慈华. 影响隐喻认知的主客体因素 [J]. 外语与外语教学，2008(7): 1.

[5]　LAKOFF G, TURNER M. More than cool reason: a field guide to poetic metaphor [M]. Chicago: The University of Chicago Press, 1989: 80.

就是孤儿隐喻只在著作权语境下得到应用的原因。

四、孤儿隐喻的话语策略和孤儿作品法律符号的话语意识

西方古典修辞学认为修辞是一门劝说的艺术。在亚里士多德时代，修辞的主要意义是为政治演说辩论服务，通过装点、修饰基本话语表达来强化语言的感染力和论点的说服力。[1]

20世纪的语言学者普遍承认，隐喻是有意图的修辞交际，说话者通过语言选择，将自己的意识、态度、观念传达给受众，劝说受众"以自己的方式来看待事情"，进而诱发思想或行动上的"合作"。现实中，商业广告和政治宣传话语就大量运用了隐喻的劝说功能。"批评隐喻分析"理论进一步指出，隐喻是一种意识形态输出的话语策略；隐喻在用于劝说目的时是设喻者有意识的语言选择。批评隐喻分析法（critical metaphor analysis）作为一种研究范式，就是要在特定的语篇和语境中揭示隐喻劝说的意图和动机，评判设喻者创造的文化并反思社会文化，进而重塑价值观。[2]

"知识产权法在私人产权与公共领域之间的界线，是一种法律上的人为设定（legal artifact），而非自然存在的现象。"[3] 知识产权客体形而上的特点和权利语言的模糊性决定了知识产权保护的范围从来都不是客观、确定的，而是一种政策上的选择，是不同利益团体游说争取的目标。这些利益团体在进行观念输出时也常使用隐喻，这不仅是为了消除专业性话语带来的陌生感与隔膜，而且是为了使己方的政策主张得到社会认同。

正如有学者指出的，滥觞于18世纪的两个重要隐喻——"作品乃作

---

[1] 束定芳. 亚里士多德与隐喻研究 [J]. 外语研究, 1996(1): 15.

[2] 李克, 王湘云. 布斯的隐喻观与西方修辞学 [J]. 中南大学学报 (社会科学版), 2014(5): 263−264.

[3] 保罗·戈斯汀. 著作权之道：从谷登堡到数字点播机 [M]. 金海军, 译. 北京：北京大学出版社, 2008: 10.

者之子"和"作品犹如作者之地产"——为作品的财产化、财产属性的绝对化以及权利人争取更长久的保护提供了正当理据，从此成为"支配著作权机制的理论支柱"。[1]除此之外，诸如"窃贼"（thief）、"海盗"（pirate）、"寄生虫"（parasite）、"搭便车者"（free-rider）、"不劳而获"（to reap where one havn't sown）等隐喻说法，亦为知识产权界人士耳熟能详。这些隐喻取代了"未经许可使用作品""未经许可进行复制、传播""从创造活动中获取正外部性"等中性表达，使艰深的法律概念变得形象、通俗，在一定程度上减轻了人们抽象思维的负担。更重要的是，这些隐喻式表达无不是借助那些为人所熟悉的简化意象，激活人们记忆认知中与之相关的价值观以及寄寓在这些意象下的负面情感反应，使人们将未经许可使用他人作品与侵犯普通财产权的行为相提并论，进而对打击这种侵权行为的必要性和紧迫性感同身受，为相关利益集团的政策主张提供道德上的正当性。这种策略的实质是一个团体通过对话语的操纵，形成对其内部群体的"肯定表征"和对外部群体的"否定表征"。如田村善之教授指出的，在国际舞台上，这些带有自然权利论色彩的话语常常成为发达国家"劝导发展中国家履行强化知识产权保护的义务花招"。[2]

西谚云"比喻总是跛脚的"，意在告诫人们，通过比喻获得的认知总是不全面的。这是由于比喻固有的"强调 - 遮蔽"的双重机能，即在凸显本体的某些特征的同时遮蔽其他特征。正像"盲人摸象"的寓言故事揭示的那样，任何事物都可以从不同角度加以描述，但人类有限的认知能力与认知规律决定了在每一次隐喻映射的过程中，都存在一个"聚焦"（highlighting）机制，即当源域（喻体）向目标域（本体）映射时，目标域的众多特征中只有一部分进入"焦点"而成为映射对象，其他特征则被

---

[1] 黄汇. 版权"隐喻"与公共领域的式微 [J]. 电子知识产权, 2009(7): 13-16.
[2] 田村善之. 田村善之论知识产权 [M]. 李扬, 许清, 洪振豪, 等译, 北京: 中国人民大学出版社, 2013: 33.

隐藏或抑制了。20世纪著名语言学家K. A. Burke认为，隐喻是一种"辞屏"（terministic screen），就像用镜头与滤镜捕捉和呈现画面一样，无法完整、真实地反映拍摄对象的全貌，只是有选择地把观众的注意力导向了某个方向或者对象的某种特征，与此同时也就背离了其他方向，忽略了其他特征。在认识到隐喻的局部性、有选择性的基础上，认知语言学研究借用了心理学领域的发现[1]，提出了"闭合完型"理论，认为虽然从源域到目标域的映射是不完整的，但人们会根据已有的知识经验自行推导出剩余的部分。这一思维倾向正是话语操控者所需要的，他只需将隐喻的动机隐藏在剩余部分就可以让受众自行推导得出。[2]

孤儿是一种跨文化的普遍的社会现象。在人们的经验中，孤儿一词已经成为一个充满情感色彩的存在。言及孤儿，人们总是报以最深切的同情与怜悯，希望他们不必流离失所或者受到伤害。用父母死亡、失联或者遭父母遗弃的孤儿来喻指经过查找仍无法辨认权利人身份或者虽可确认身份却无法取得联系的作品，能够巧妙唤醒人们对一系列经典孤儿形象的记忆。"这种记忆是情感的范畴化"，它一旦成为人们的先入之见，就会引导人们通过自行联想与推理去补齐隐喻映射中缺失的信息：孤儿作品就如同孤儿一样，因权利人（监护人）缺位而导致合法权益容易受到侵害，例如违背权利人的意志使用未公开的作品、掠夺作品价值而不支付合理报酬（这些人就像狄更斯笔下的工场主，支付极低的工资来榨取童工的廉价劳动力）。[3]孤儿作品也如同孤儿一样需要各界力量的救助，当务之急就是

[1] 这一发现在心理学上被称为"闭合法则"，即人具有"将事物看作有边界的完整单位"的先天思维趋势，当看到物体的不完整部分时，可以很快地使其恢复原状，同时也倾向于在假想的"闭合框架"内寻找解决问题的方案。

[2] 吴建伟. 政治隐喻的说服机制与知觉过程 [J]. 华东理工大学学报（社会科学版），2016(6): 128.

[3] 这种叙事笔法可能对孤儿作品立法产生某种未必性的影响，主要体现为直觉地将商业性主体和营利性使用排斥在孤儿作品使用制度适用范围之外。

寻找其权利人（父母），在查找无果的情况下，应当由行政主管机关、司法机关等负责对作品使用者的许可请求或者使用行为进行审查（正如国家为孤儿指定监护人）。这背后的话语意识是，著作权是一种绝对化的私权，在任何情况下都应当受到尊重和保障；作品与权利人的"分离"无论是对权利人的个人利益还是对社会公共利益都是有害的，因为它阻碍了对他人作品的合法正当使用；为了消除这种异常状态，国家、社会应当发挥积极作用，保护权利人对作品的合法利益不受侵害，同时通过制度性努力重建作品与作者之间的信息关联（正如"亲子团圆"是最圆满的结局）。

美国联邦版权局在 2006 年版《孤儿作品报告》中的态度与其采用"孤儿作品"这个符号的含义一致。尽管报告曾将孤儿作品带来的消极影响归结为对"作品的创造性和有效益的使用"的阻碍，但它仍然指出，在选择和建构规制方案时应当牢牢把握如下原则，即"首先应当尽可能促使使用者查找权利人，并对此提供便利和帮助，以便实现使用者与权利人的直接自主谈判，在此基础上取得授权并确定使用费"。[1]

从世界范围来看，除了北欧国家采取的 ECL 和法国"20 世纪绝版图书数字化法案"[2] 设立的"推定著作权集体管理"制度以外，[3] 绝大多数孤儿作品制度以使用者在使用以前履行勤勉查找义务作为给孤儿作品定性和允许使用的前提条件；在查找无果时，最普遍采取的做法就是由行政机关或其指定的集体管理组织来充当孤儿作品的"临时监护人"，向符合法

---

[1]　Register of Copyrights. Report on orphan works[R]. Washington: U. S. Copyright Office, 2006: 8.

[2]　Loi n° 2012−287 du 1er mars 2012 relative à l'exploitation numérique des livres indisponibles du XXe siècle.

[3]　这两个制度本身非为解决孤儿作品问题而设。ECL 是为了解决特定类型作品的大规模许可使用带来的交易成本问题；法国法案是为了解决大规模绝版书数字化出版的交易成本问题而设。因此，这两个制度均未明示排除对孤儿作品的适用，因此，符合条件的孤儿作品可在上述制度框架内得到利用。

定条件的使用者发放使用许可，并要求使用者提存使用费，以待著作权人现身。这样的制度设计十分契合孤儿隐喻的"剧本"及其对相关主体的定位，尤其是权利人在其中扮演的无辜又无可奈何的"父母"角色。他们被假定为对问题的产生没有任何过错，也无须承担作为"父母"的义务。[1] 只要使用费标准设定得足够合理，并赋予权利人重新现身时主张停止使用的权利，那么这套孤儿作品制度几乎不会给权利人造成任何损失。相反，孤儿作品问题所带来的社会成本完全转嫁给了其他主体，主要包括行政主管部门、司法机关、使用者以及最终消费者。

当然，这并不是说各国／地区采取的对策方案在实践中起不到积极的规制效果；恰恰相反，强制许可和合理使用等可以成为化解孤儿作品使用难题的制度工具。笔者想指出的是，在接受和使用孤儿作品这个新颖简洁的符号时，应当注意避免不自觉地受到自然权利论和个人本位财产观的影响，甄别版权内容产业强国对外输出的"强化保护"政策意识，正确看待并充分认识过度保护孤儿作品著作权可能给激励创新和增进公众文化福利的消极影响。卡多佐法官曾言："要慎重对待法律中的隐喻，它可能以解放思想为初衷，却往往在最终束缚了思想。"[2] 应当认识到，作品是信息产品，天然具有公共产品属性；而在信息产品上确立排他的财产权，实际上就是对权利人之外的人行为自由的限制，是社会公众为获得更加丰富的

––––––––––––––

[1] 美国版权法专家 David Nimmer 在其谷歌图书馆侵权一案 (Authors Guild v. Google, Inc.) 提交的法庭之友意见书中指出，"美国版权法让著作权人在'袖手以待，冷眼观之'(sit back and do nothing) 的同时又不必担心自己的财产权会因他人未经许可的使用而受到侵害"。这一观点得到了法官 Denny Chin 的认同，却受到了 Ariel Katz 等学者的批评，后者认为 Nimmer 之所以倒向权利人，是其作为亚马逊法律顾问的立场使然；亚马逊与谷歌在数字图书市场领域处于竞争关系，如果谷歌胜诉 (也就是说数字图书馆项目得以实施)，那么亚马逊的电子书和二手绝版图书销售将受到严重挤压。

[2] BERKEY V. Third Avenue Railway Company, 244 N. Y. 84, 155 N. E. 58, 50 A. L. R. 599(N. Y. 1926), at 94.

知识信息而不得不付出的代价。立法者经过审慎的政策权衡，将这一代价限制在维持社会再创造动力的必要范围内；在此范围之外，应当优先维护信息自由，保障社会成员对信息的充分接触和利用，实现个人利益与社会利益的平衡。

目前，除美国和欧盟外，大多数国家（地区）没有在立法或其他规范性法律文件中使用"孤儿作品"的表述。一方面，不少国家出台相关法律的时间早于"孤儿作品"这个法律符号的提出，更重要的是，各国立法者很可能有意识地避免采用如此修辞化的法律概念。例如，加拿大版权法采用的表述是"权利人下落不明的作品"[1]；日本著作权法称之为"著作权人不明或者其他类似原因，付出相当努力仍无法取得联系的"作品[2]；韩国著作权法称之为"无法找到著作权人或其住所的作品"[3]；印度版权法以"作者的身份或下落不明"或"权利人无处可寻"的作品来指称这一范畴[4]。我国《著作权法（修订草案送审稿）》第五十一条就是专为解决孤儿作品使用难题而设，该条款亦未使用"孤儿作品"一词，而是表述为"著作权人身份不明的""著作权人身份确定但无法联系的"的作品。较之"孤儿作品"，这些立法语言要烦琐、拗口得多，被置于长句中或者在上下文中接连、频繁出现时，会影响语篇的连贯性与可读性，而"孤儿作品"这种名词性短语组合形式能使学术交流变得更为顺畅。自 2008 年前后，中国知网上开始出现以孤儿作品为研究对象的学术论文，至今已十年有余，"孤儿作品"已经成为法学、出版、传媒、图书情报等各行业领域的学术用语和工作用语。为保证学术话语的顺畅，本书也采用"孤儿作品"的表述。不过，从立法的规范性和严谨性来说，孤儿作品不宜被作为我国的立法语言。

---

[1]　加拿大版权法第 77 条。

[2]　日本著作权法第 67 条第 1 款。

[3]　韩国著作权法第 50 条第 1 款。

[4]　印度版权法第 31A 条。

第二节　孤儿作品的认定

一、以作品受著作权法保护为前提

只有处于著作权保护之下的作品才有必要遵循"先授权后使用"的法则，才能使权利人的缺位成为授权使用的障碍。判断某一对象是否受著作权法保护，应当考虑以下两个方面。

（一）具备"可著作权性"

在英美版权法国家，未经申请注册的"作品"是不享有版权的，其内涵与外延类似于我国著作权法语境下的"文学、艺术和科学领域的表达"。因此，在英美法国家，规范意义上的孤儿作品除了要处于版权保护期内以外，还必须满足独创性、固定性等其他法定的可版权性要件。

在我国，"作品"本身就是对著作权法保护的对象（权利客体）的统称，即具备了"处于文学、艺术和科学领域""独创性""能以有形形式复制"等可著作权性要件。[1] 严格来说，"不受保护的作品"的说法在逻辑上是自相矛盾的。因此就我国而言，强调孤儿作品应满足"受著作权法保护"

---

[1]　我国现行《著作权法》未就作品作出明确定义。《中华人民共和国著作权法实施条例》(以下简称《著作权法实施条例》) 第二条将作品定义为"文学、艺术和科学领域内具有独创性并能以某种有形形式复制的智力成果"。《著作权法(修订草案送审稿)》基本沿用了该条例中的定义,仅将"能以有形形式复制"改为"能以某种形式固定"。

的前提条件，主要是要求该作品仍处于著作权保护期内。[1]

（二）不包括著作权保护期届满的作品

理论上说，孤儿作品与公共领域作品在概念外延上不存在交集。如果有证据表明该作品已逾保护期，那么该作品就归属于公有知识领域，作品上原有的著作财产权将不复存在，授权许可也就无从谈起。[2]通常而言，当作者或权利人信息不明时，作品完成时间、发表/发行时间、作者是否已故和故于何时等相关问题大多不明时，核实作品的权利状态就会有较大难度。在现实中，被确认为"孤儿作品"的对象域中可能包含客观上的公共领域作品。

二、以权利人身份不明或者无法联系为核心要件

权利人的身份无法确认或者虽能确认权利人的身份却无法与之取得联系，是孤儿作品概念内涵的核心，自然也是认定孤儿作品的核心要件。

（一）具有决定性意义的是著作权人，而非作者的身份与状态

创作作品的人即作者，是该作品的原始著作权人，是著作权法的基本法理和一般原则，也是孤儿作品认定过程的起始假定（default starting position）。换言之，作者与著作权人的身份原则上是统一的，但法律上

---

[1] 英美国家与我国的著作权法，对"作品"概念内涵的界定存在差异。在我国，"作品"是指符合著作权保护要件的表达，严格来说，没有"不受保护的作品"这样的说法。在欧美一些国家，"作品"并不想当然地受著作权保护，它必须满足独创性、固定性等要件；欧美国家的"作品"相当于我国语境中的"文学、艺术和科学领域的表达"，因此在这些国家，"孤儿作品"除了应处于著作权保护期内以外，还要符合其他法定的可著作权性要件。

[2] 以加拿大的孤儿作品强制许可制度为例，截至2019年1月，被版权委员会驳回的23项申请中有6项系因相关作品已逾保护期而遭到驳回。

的特别规定和实践中的某些情形会打破这种统一性。[1]此时,只有著作权的所有者——包括权利的继受取得者和专有许可的被许可人,才有资格授权他人以某种方式使用作品。可见,对作品的"孤儿"属性起决定作用的是著作权人——而非作者——的身份与状态。

域外立法例和大多数学者的论述均认为孤儿作品不仅指权利人身份无法确认的作品,而且应当包括权利人的身份得以确认但无法与之取得联系的作品。因为仅仅明确权利人的身份却无法将获取使用许可的意思传递给他,也无法与之协商取得授权,就依然难以实现合法使用。

有学者认为,作者身份明确但下落不明者,可以通过著作权集体管理制度来解决授权问题,不存在单独创设孤儿作品使用制度的急迫性;相对于"下落不明",作者"身份不明"的问题更棘手也更紧迫,故应将孤儿作品限定为"作者身份不明的作品"。[2]笔者认为这种意见值得商榷。一方面,作者与权利人往往不统一,以权利人为查找对象更具实际意义。因为确认作者/权利人的身份不仅是为了在使用该作品时对其姓名予以标注以保障其人格利益[3],而且是为了向其征求使用许可。另一方面,只有当法律明确规定某些作品使用方式可直接适用延伸性集体管理或推定集体管理等使用权交易获得许可时,使用者才无须考虑作品权利人的联系方式。但是,包括我国在内的大部分国家或地区没有确立以著作权集体管理为基础的使用权交易机制,不宜当然认为"直接向权利人征求许可"是一个可以忽略的环节。

---

[1] 例如,已故作者的著作权(除署名权外)因继承或遗赠被他人合法取得;作者向他人转让著作财产权或者以专有许可方式授权他人使用作品;法律规定由法人或其他组织取得著作权(作者一般仅享有署名权)的情形,如我国《著作权法》第十八条关于"特殊职务作品"权属的规定;等等。

[2] 董慧娟. 孤儿作品的利用困境与现行规则评析 [J]. 中国出版, 2010(18): 36–37.

[3] 有些作者因不愿公开真实身份而刻意使用假名、匿名发表作品。

（二）"身份不明与无法联系"认定的主观性

王迁教授指出："著作权法只能从主观上界定'孤儿作品'"，即经过"尽力查找"著作权人依然无果的，就可认定该作品为孤儿作品。尽力查找的目的不是为了"求真"，而是为了获取合法使用的授权。如果不计成本、穷尽一切方式，确实会有更多的权利人最终被查找到，甚至于"世界上也基本无'孤儿作品'可言"。但是，这种操作方式对绝大多数人是毫无意义的。[1]

这一点基本成了各国立法和理论界的共识。欧盟《孤儿作品指令》就在定义中使用了"经过勤勉查找后，如果……，该作品或录音制品应当被认定为孤儿作品"的表述方式，表明孤儿作品的认定取决于勤勉查找的过程与结果。法国《知识产权法典》第 L113-10 条对孤儿作品的界定是："经过勤勉的、可证实的正式查找……权利人的身份仍无法确定或者虽可确定身份却无法取得联系的已发表作品。"美国档案协会 2009 年发布的《有关孤儿作品使用的最佳操作》指出，当潜在使用者履行了对以下范围的查找：查找对象本身包含的、能够提示身份的信息，与查找对象密切相关的文档材料中包含的、能够提示身份的信息，以及与查找对象属于同一系列、同一分组下馆藏作品中包含的能够提示身份的信息；如此查找后仍无法确认作者或权利人身份的，该查找对象可被认定为"匿名作品"（anonymous works）；除非有相反证据，可进一步推定其为孤儿作品。[2] 可见，无论最终能否找到权利人，只要根据各国法律规定，履行了查找义务而无果的，就可以认定为孤儿作品。当然，如果使用者怠于查找或者为了逃避付费等，

---

[1] 王迁. "孤儿作品"制度设计简论 [J]. 中国版权，2013(1): 30-31.

[2] Society of American Archivists. Orphan Works: Statement of Best Practices[Z]. 2009.

佯称著作权人无法确认或联系，则以"伪称孤儿作品"掩盖侵权之实。[1]

三、孤儿作品不包括拒绝授权的作品

实践中，一些作品使用者提出，虽然找到了权利人，但如果权利人对使用者的协商请求不予回应、拒绝协商或者拒绝授权，使用者同样无法获得使用许可，实现使用目的，故应当将这类作品也纳入孤儿作品制度范畴。但这一主张遭到包括美国《孤儿作品报告》和加拿大版权委员会的《孤儿作品强制许可手册》等官方意见的明确驳斥。[2] 著作权法之所以为孤儿作品的使用开辟特殊路径，原因在于著作权交易的当事人之一——权利人（供应方）在事实上缺位，相关市场无法自发形成；将尽力查找权利人作为确认孤儿作品和允许使用的必要条件，意在尽可能地"发现权利人"，推动双方通过正常的协商谈判达成许可使用。因此，仅当确实查找不到权利人时才以其他授权机制取代市场交易机制，消除作品使用的障碍。交易不成或拒绝交易是一种正常的市场现象。权利人缺乏协商或授权的意愿是其自主行使私人财产权的表现。只有当著作权交易无法通过合同方式实现，将严重影响作品的传播与利用，或者出于公共利益的原因确有利用作品的必要的，法律才会进行干预，例如采取强制许可或法定许可等非自愿性许可，限制权利人的私人自治。因此，无论是文义解释还是目的解释，都不应将"孤儿作品"的外延覆盖权利人拒绝授权的作品，否则就会架空授权使用法则，动摇著作权的私人财产权属性。

---

[1] 周艳敏, 宋慧献. 版权制度下的"孤儿作品"问题 [J]. 出版发行研究, 2009(6): 66.

[2] See Register of Copyrights. Report on orphan works[R]. Washington: U. S. Copyright Office, 2006. DE BEER J, BOUCHARD M. Canada's "Orphan Works" Regime: Unlocatable Copyright Owners and the Copyright Board[R/OL].(2009–12–01) [2018–03–01]. https: //cb–cda. gc. ca/about–apropos/2010–11–19–newstudy. pdf.

四、复数权利主体的孤儿作品认定

一般认为，如果同一作品有两个以上著作权人，只有当无任何一人的身份能够确认并取得联系时，该作品才构成孤儿作品。例如，欧盟《孤儿作品指令》第 2 条第 1 款规定："如果经过勤勉查找并按本指令第 3 条予以记录后，作品或录音制品的权利人仍无一人的身份能够确认，或者虽然一个以上的权利人身份能够确认，却无一人能够取得联系的，该作品或录音制品即孤儿作品。"

对于上述命题以及有关立法表述，应当作如下理解。

著作权是一个内容丰富的权利束，除了著作人格权因具有人身专属性而不得转让、继承和放弃外，著作财产权的权能均可全部或部分地移转给他人，造成同一作品上权利碎片化和权利主体多重化。在个案中，同一作品的多个权利人之间的关系不尽相同。例如，美术作品原件转让后，原件持有人依法享有展览权，但其他权项并未随载体转让而转让，依然由作者享有。又如，作者将小说的中文出版发行权转让给版权运营公司，又将改编权和摄制权转让给制片人，将英文版的译制权独家许可给外国出版社，其他未处分的著作财产权仍归本人所有。在上述情况下，同一作品虽有两个以上权利人，但各人所控制的范围几乎不存在交叉。[1] 上述命题以及有关立法所称的"（同一）作品的两个以上权利人"显然并不是指这些在权利内容上无交叉的权利人，因为他们分别、独立地享有著作权之下的部分权项，均无资格就其他权利人所享有的权项进行授权。现实中，为特定使用目的而进行的著作权交易——无论是采用权利转让、独占许可还是非独占许可的形式，通常只以部分权项为交易标的。例如，要创建在线数字图书馆，只需取得已出版作品的数字复制权和信息网络传播权。21 世纪前

---

[1]　在极少数情况下，未公开的美术作品原件持有人会因行使展览权而踏入作者的发表权控制范围，但法律上通常推定作者在转让原件时已包含许可前者发表作品的意思。

出版的图书的复制权和信息网络传播权常常分属不同主体，这是因为当时的出版合同大多未就数字出版权和网络传播作品的使用权作出约定或者约定不明确、不规范，导致出版社取得了图书的复制发行权，而信息网络传播权仍在作者或其继承人手中。[1] 多年后，欲对这些图书进行数字网络出版的主体，就必须分别从不同权利人手中取得相应的权项。仅查找到复制权主体或者信息网络传播权主体无法实现权利清算。

可见，唯有当著作财产权被两个以上主体共有时，才可能导致部分权利人行使权利的行为对其他权利人发生法律效力。这主要是指以下两种情况。

一是两个以上主体因继承著作财产权而形成共同共有关系。例如，当画家去世后，其作品的著作权由配偶和子女依法定继承规则共同继承，在财产权尚未分割时，上述继承人之间为共同共有关系。原则上，权利的许可、转让等重大处分事项必须取得共有人一致同意，仅取得部分共有人的同意而使用作品者仍可能面临侵权责任风险。[2] 对此，如果无一人能被找到，自当认定为孤儿作品；如果能查找到一个以上、但非全部权利人的，则不应认定为孤儿作品，这主要是考虑到这些权利人之间的关系和联系更为紧密，可以从已找到的权利人处着手（请求权利人协助联系或者提供线索）查找其他权利人；仍找不到其他权利人时，则遵循相关规定获得使用许可。

二是两个以上主体就合作完成的作品形成的共同共有关系。原则上，凡实施了共同创作行为的人都是该作品的作者，就作品整体共同享有著作权（包括著作人格权和著作财产权）。我国著作权法将合作作品区分为"可

---

[1] 陈晓屏. 绝版书数字化利用的著作权对策：以法国"20世纪绝版书数字化法案"为视角 [J]. 出版发行研究, 2019(12): 62.

[2] 例如，在"齐良芷、齐良末等诉江苏文艺出版社"案中，被告江苏文艺出版社认为，齐白石纪念馆在委托其出版齐白石艺术随笔前就已取得了齐白石长子之四子、齐白石三子之九子的知情授权；作为原告的9名齐家后人则认为无论是纪念馆还是个别继承人的"授权""同意"都不具有处分财产权的法律效力。

分割使用"和"不可分割使用"两种，其著作权归属和行使方面的规则以及作者（权利人）之间的法律关系不尽相同，不能一概而论。

所谓可分割使用，指的是一部合作作品中由某一合作作者创作的部分在篇章结构上相对独立于他人创作的部分，具有独立的价值，且可以单独使用。[1] 根据我国《著作权法》第十四条和《著作权法实施条例》第九条，合作作品中可以分割使用的，由各个作者就其创作的部分单独享有和行使著作权，只是在行权时不得侵犯合作作品的著作权；不可分割使用的，各个作者共同合作作品的著作权，遵循协商一致原则行使著作权，无法达成一致时，任何一方不得阻止他方行使除转让权以外的其他权利，但所得收益应当在所有合作作者之间合理分配。据此，可以得出这样的推论：对于可分割使用的合作作品，即便合作作者无法就权利行使达成一致，也不适用《著作权法实施条例》第九条后半部分，而应按照《著作权法》第十四条之规定，各个作者只能单独就其独创部分行使著作权，不得擅自行使他人创作部分的著作权。例如，某歌手要演唱一首歌曲，必须分别向词曲作者征求许可；如果词作者不同意将歌曲交由该歌手演唱，曲作者就不得单方授权。如果该歌手只找到了词作者，却找不到曲作者或其权利继受者（包括通过前者提供的线索依然无法查找到），那么能够独立行使歌曲完整著作权的权利人依然缺位，在此情况下，歌曲旋律部分以及包括词曲在内的整体都应该认定为孤儿作品。也就是说，对于可分割使用的合作作品，应当将无法查找到相应著作权人的那部分创作成果认定为孤儿作品；若全体权利人皆无法找到的，则可认定该合作作品为孤儿作品。

对于不可分割使用的合作作品（如两人协同完成的绘画），根据《著作权法实施条例》第十一条，合作作品不可以分割使用的，合作作者对著

---

[1] 王迁.著作权法[M].北京：中国人民大学出版社,2015.

作权的行使如果不能协商一致，任何一方无正当理由不得阻止他方行使。[1] 因此，只要有一名权利人的身份得以确定并取得联系，该作品就不属于孤儿作品，而只有当无一人能被找到时才构成孤儿作品。

以上仅是对复数权利主体的孤儿作品认定的学理分析，不排除现实中立法者根据政策需要对孤儿作品做更为宽泛的认定。例如，2014年英国版权法修订时[2]，将前述欧盟指令照搬进国内法中，规定"在履行了条例四规定的勤勉查找以后，仍有一名或一名以上权利人无法被确认身份，或者虽可确认身份但无法取得联系的，该作品即孤儿作品"[3]，同时又紧随其后作出规定，"当所涉作品的权利人数在一名以上且在履行了条例四规定的勤勉查找以后，仍有一名或一名以上权利人无法被确认身份，或者虽可确认身份但无法取得联系的，该作品也为本法意义上的孤儿作品"[4]。如此规定固然极大地简化了复数权利主体的孤儿作品认定方面的麻烦，但也极大地削弱了共同共有权利人对作品的控制力，可能反而会在一些情况下引发不必要的争议，恐怕不会得到广泛的认同和仿效。

---

[1] 原因在于作品不仅是作者的个人财产，而且具有公共文化属性，著作权制度的宗旨决定了作品应当尽可能地被公之于众，并通过传播利用发挥社会效益。

[2] 2020年英国脱欧之后，将原先为履行欧盟成员义务而纳入国内法的条款均予以删除，其中就包括2014年增加的孤儿作品许可使用条款，目前尚未出台替代性规范。由于这种修法动因与法条内容的正当性与合理性无涉，因此本书仍在一些章节中引用英国法为例，特此说明。

[3] The Copyright and Rights in Performances(Licensing of Orpnan) Regulations 2014, regulation 3(4).

[4] The Copyright and Rights in Performances(Licensing of Orphan) Regulations 2014, regulation 3(5).

第三节 作品孤儿化现象的成因考察

考察作品孤儿化现象的成因有助于从宏观上估测孤儿作品的存量，认识孤儿作品使用难题的严峻性；通过识别作品孤儿化原因中的可控因素和不可控因素，可以预测作品孤儿化现象的发展趋势，研究防控孤儿作品规模增长的对策。

以往研究已经认识了作品孤儿化现象的发生和加剧与特定时期、特定法域的法律制度、技术发展水平、文化传统等因素之间存在的因果关系。在本节中，笔者对以往研究中忽视和遗漏的若干因素进行了补充论述，具体阐释了各因素与作品孤儿化现象之间的因果作用机制，并着重指出权利人在给定约束条件下经"理性算计"而作出的行为决策——权利信息宣示方面的消极不作为是导致作品孤儿化的决定性原因。

一、制度因素

这里的"制度"特指法律、法规、政策等正式制度；而经济学所说的"制度"外延更广，除了包括正式制度以外，还包括惯例、习俗、文化等"非正式制度"——这些被笔者归入"社会实践因素"中阐述。

（一）著作权自动取得原则导致权利客体泛滥和权利信息缺失

著作权自动取得是指作品一经创作完成就自动取得著作权，权利的取得和行使不以发表或者履行任何手续为条件。该原则被认为是对自然法观念的体现，即著作权不是政府赋予的权利，而是基于作者的智力劳动和创造性贡献产生的"合乎自然法的权利"。[1]《伯尔尼公约》和世界贸易组织（World Trade Organization, WTO）《与贸易有关的知识产权协议》

---

[1] 李琛. 论知识产权法的体系化 [M]. 北京：北京大学出版社, 2005: 100.

（Agreement on Trade-Related Aspect of Intellectual Property Rights， 以下简称 TRIPs），均明确禁止成员国以行特定手续（formality）为条件，给外国作品的权利人行使权利或寻求司法保护制造障碍。[1]这里的"手续"特指"国内法上规定的权利保护要件意义上的行政义务——未履行这些义务件将导致丧失版权"[2]，包括向指定的公共机构办理作品登记、呈缴样本以及在作品原件或复制件上加注权利标记等中的一项或者数项[3]。由于《伯尔尼公约》和 TRIPs 成员国甚众，权利自动取得已成为当前国际通行的原则。

从法经济学角度来看，不以行政手续为权利取得条件具有一定合理性。由于"独创性"门槛较低，事实上具备可著作权性的表达数量繁多，如需经行政手续才能确权和赋权，制度成本将无限放大，超过保障交易安全和促进交易便捷而带来的收益。[4]同时，权利取得与保护的自动性使数量众多的作品在创作完成后能够及时地获得法律保护，有效地对抗侵权行为。

版权法体系的国家信奉的是功利主义法哲学，认为在限期内赋予作者以排他性独占权利是社会对文化价值缔造者给予的奖励和报偿，其在立法沿革过程中一度对版权的取得和行使施加一定行政手续性义务也不足为奇。1710 年，英国《安妮女王法》就以向出版商公会办理登记规定为取得作品版权的形式要件。[5]美国 1790 年和 1802 年版权法都将"出版发行、办理版权登记和呈缴样本"规定为作品取得版权保护的条件[6]；1909 年版

---

[1] 《伯尔尼公约》第 5(2) 条；TRIPs 第 9 条。

[2] 吴伟光. 著作权法研究：国际条约、中国立法与司法实践 [M]. 北京：清华大学出版社，2013: 33.

[3] 《伯尔尼公约 (1971 年巴黎文本) 指南》2. 6(a).

[4] 熊琦. 著作权激励机制的法律构造 [M]. 北京：中国人民大学出版社，2011: 159.

[5] Statute of Anne, 1710, 8 Ann. c. 19(Eng.).

[6] 根据 1790 年《版权法》第 3 条，作者或权利人还应当在向州务卿交存复制件后两个月内，将版权登记的情况"在一份以上在美国印制发行的报纸上连续刊登四周以上"。

权法将该条件更改为"出版发行、加注版权标志和呈缴样本"，未履行程序要件的作品一经公开，就将落入公共领域[1]。自 1976 年版权法颁行后，上述程序要求逐步被放松、削减，至 20 世纪 80 年代末，美国加入《伯尔尼公约》后则取消了对源于其他成员国的作品以行政手续作为提供版权保护条件的规定[2]；只是源于本国和非成员国的作品仍以版权登记作为向联邦法院起诉的前提条件——登记须先于起诉，但无须先于侵权行为发生。[3]

以行政手续作为版权取得条件的积极作用也是不容否认的。首先，这些强制性程序要件是甄别作品价值的试金石，迫使作者主动就是否寻求著作权保护作出选择。[4]其次，版权登记、样本呈缴和版权标志具有重要的信息传递功能。正如美国联邦最高法院布莱克大法官指出的，这些程序要件"旨在完整翔实地记录那些主张版权的作品信息，使公众随时得以通过查阅这些信息来了解独占性权利的范围和边界"。[5]最后，版权登记、样本呈缴以及复制件上的版权标志等同于"禁止侵入"（no trespassing）的标志，可对潜在侵权人起到一定的警示和威慑作用。

著作权自动取得原则对作品孤儿化现象产生和加剧的作用机制表现为：一方面，该原则在宽泛的独创性标准基础上，进一步降低了表达获取著作权保护的门槛，导致著作权领域充斥着大量市场价值不高的表达；另一方面，该原则极大地弱化了权利人主动宣示权利的激励水平，造成著作

---

[1]　未出版发行的作品如欲获得联邦法的保护，应当向版权局办理登记，并提交复制件；既未发行又未登记的作品只能依据州法获得保护。

[2]　《〈伯尔尼公约〉实施法案》依然鼓励权利人自愿登记并加注版权标志，为这类作品提供更强有力的司法保护。例如，根据《美国版权法》第 401 条第 4 款，侵权者无法就附有版权标志的作品主张无过错侵权来减轻其赔偿责任。

[3]　若登记先于侵权行为的发生，权利人有权在诉讼中主张法定赔偿和律师费补偿，意在鼓励权利人及早办理登记。参见《美国版权法》第 411~412 条。

[4]　保罗·戈斯汀. 著作权之道：从谷登堡到数字点播机 [M]. 金海军，译，北京：北京大学出版社，2008: 14.

[5]　Washington Publication Co. v. Pearson, 306 U. S. 30, 48-49(1939).

权交易市场整体上权利信息披露不足。假如创作者必须履行登记等手续并支付费用才能取得著作权并获得公力救济的资格，当某项表达的预期收益低于权利宣示和权利管理的成本时，那么创作者将通过实际行动——不按规定办理手续——放弃取得著作权。如此，就不至于使这类表达先被动地成为"作品"，又被动地沦为孤儿作品；它们将直接进入公共领域，成为人类所共享的文化资源。

与授权使用相关的作品信息是权利人实施作品登记、样本呈缴和版权标志等行为产生的外部效益。统一的、标准化的权利信息宣示将大大降低使用者的信息搜寻和分析成本，降低总交易成本，推动作品价值的开发利用；作品权利信息的缺失会增加使用者查找权利人，推算作品保护期，以及推断权利人是否同意特定使用方式的难度。在这个意义上，著作权自动取得和保护也是导致下文将阐述的另一制度因素——"著作权归属与变动的非公示性"的原因之一。

（二）著作权保护的长期性和计期的复杂性造成大量作品游离于公共领域之外

1. 著作权保护的长期性

被认为近代首部著作权法的英国《安妮女王法》，将书籍等文字印刷品复制权的保护期设定为 28 年，期限届满后任何人均可复制该作品。[1] 此后 300 年来，著作权保护期呈现显著的延长趋势。进入 20 世纪，随着众多国家先后加入《伯尔尼公约》和 TRIPs，知识产权领域的国际协调不断加强，关于著作权法保护期的规定也趋向一致。根据上述国际公约和协定，原则上，成员国赋予自然人作者的著作权保护期不得少于作者有生之年外

---

[1] 该保护期分为两个 14 年，即使已全部转让给出版商的版权亦将在第一段保护期届满后复归作者所有，意在避免使作品版权与出版商公会的成员资格绑定，防止其享有永久性垄断权。

加死后 50 年。[1] 到 20 世纪晚期，版权产业较发达的西方国家进一步将保护期延长至作者终身外加死后 70 年 [2]，并通过缔结双边、多边协定的方式迫使版权产业不算发达的发展中国家采用同样的保护期 [3]。根据人的寿命和写作出版规律，这些国家的自然人作者通常能享受长达 120 年左右的著作权保护期。[4] 经济和版权产业并不发达的墨西哥有着世界上最长的著作权保护期规定——作者终身加死后 100 年。

一些国家立法上的特殊规定，还导致部分著作权人享有较一般情况下更长的保护期。例如，英国版权法规定，创作于 1915 年 1 月 1 日以前的未出版作品，版权保护期统一于 2039 年 12 月 31 日届满；创作于 1915 年 1 月 1 日之后的未出版作品，版权保护期则于其创作完成当年起第 125 年的 12 月 31 日届满。《俄罗斯联邦民法典》第 1281 条第 3 款规定，作者死后才发表的作品保护期截止至该作品发表后第 70 年，"前提是该作品

---

[1] 参见《伯尔尼公约》第 7 条第 1 款；TRIPs 第 9 条第 1 款。之所以将保护期规定为"作者死后 50 年"，一般认为这是为了使作者的直系亲属在纪念他（她）的期间也能够通过作品取得收益。

[2] 1993 年，欧共体通过了名为《协调版权与特定邻接权保护期》的指令，率先将保护期延长至作者死后 70 年。美国为了维持版权产品进出口的国际收支平衡，在 1998 年通过了《松尼·波诺版权保护期延长法案》，将版权保护截止时间延长了 20 年。更直接的原因是迪士尼公司于 1928 年获得版权的第一代"米老鼠"动画的保护期将在 2003 年届满，不甘将利益拱手让出的迪士尼公司对国会展开积极游说，最终如愿以偿。

[3] 例如，2004 年美国与哥斯达黎加、多米尼加、萨尔瓦多等国签订的《中美洲—多米尼加—美国自由贸易协定》，其中要求对版权的保护期不少于作者终身加死后 70 年。

[4] 澳大利亚生产力委员会 (Productivity Commission) 关于本国知识产权安排的调研报告中曾举一例：如果一部作品创作完成于 2016 年，作者时年 35 岁，假设其于 85 岁去世，该作品的著作权保护期将于 2136 年才届满。Australian Government Productivity Commission. Intellectual Property Arrangements: Productivity Commission Inquiry Report(No. 78)[R]. Canberra: Australian Government Productivity Commission, 2016. 8.

在作者死亡后的 70 年内发表"。据此推算，这类作品的最长保护期为"作者有生之年 + 死后 70 年 + 发表后的 70 年"；若该作者在 20 岁时创作完成作品，并于 80 岁去世，实际享有的保护期就超过了大多数欧美国家，可达到 200 年以上。该条第 4~5 款还规定："作者受到镇压并于死后恢复名誉的，专有权保护期为自其恢复名誉之年下一年 1 月 1 日起算的 70 年。""作者在卫国战争期间工作或参加战争的，本条规定的专有权保护期延长 4 年。"法国为了缅怀第二次世界大战中阵亡的军士和平民死难者，于《知识产权法典》第 L123-10 条作出规定，将被有关部门确认为"为国捐躯"者的作品著作权保护期额外延长 30 年。据此推算，逝于 1945 年的法国记者、作家 Georges Valois 的作品保护期将持续到 2045 年 12 月 31 日为止。

正所谓"窥一斑而见全豹"。基于上述事实与分析，有理由推断，目前尚有大量完成或者出版于 20 世纪的作品仍处在著作权保护期内。欧盟委员会于 2010 年公布的一份孤儿作品存量形势评估报告指出，对于自 19 世纪后半叶到 20 世纪末这段时期内创作完成或者公之于众的作品，都有确认著作权状态的必要，因为这些作品可能还受到著作权保护，而不能十拿九稳地假定它们已经流入公共领域；只有早于 19 世纪 70 年代的作品，通常才可推定其已逾保护期——须知在英国一些档案机构的收藏中，仍有一些完成于 1859 年的未出版作品依然处在保护期内，要到 2039 年才会进入公共领域。[1]

William Patry 教授指出，真正能够从长期的保护期中获得实益的只有极少数权利人；延长保护期产生的代价却被转嫁到了其他社会公众身上，增加了他们获取作品和利用作品进行后续创作的成本——他们本可以更早

---

[1] VUOPALA A. Assessment of the Orphan works issue and Costs for Rights Clearance[R]. European Commission DG Information Society and Media Unit E4 Access to Information, 2010. 10.

地从公共领域中无偿获得在先创作成果带来的福利。[1]Laurence Lessig 教授、Christopher Sprigman 教授和 Edward Lee 教授等主张重新回归版权续展登记的制度，利用"维持版权的税收"机制来激励权利人区分有存续价值和无存续价值的版权作品，主动将尚在保护期、但缺乏商业价值的作品提早送入公共领域。[2]

2.著作权保护期推算的复杂性

首先，著作权保护期的起算点和期间长短会因权利主体类型的不同而有所区别。

单个自然人作者的著作权保护期遵循一般计期规则，不再赘述。

合作作品的著作权保护期截止至最后死亡的那名合作作者死后第 50 年或第 70 年年末。[3]这意味着要推算合作作品的保护期就必须确认合作作者的身份，查明其中是否仍有在世者；若各合作作者均已死亡，则要确认最后死亡者的卒年。这显然比计算一般作品保护期更为困难。

法人或者其他组织视为作者的作品以及由法人或者其他组织享有（除署名权外）著作权的职务作品，著作权保护期不应少于作品首次发表后 50 年；若作品自完成起 50 年内未发表的，该保护期不应少于作品完成之年起 50 年。[4]通常，发展中国家会按照国际公约、协议规定的最低标准来设定保护期；发达国家则往往会高于最低标准。以美国为例，1976 年的版权法规定雇用作品（works made for hire）和法人作品的保护期截止于作

[1] PATRY WILLIAM. How to fix copyright[M]. New York: Oxford University Press, 2012: 189-201. 是故，Patry 教授主张通过合理使用制度为使用年代久远的、已退出商业领域的作品的行为提供免责依据。

[2] LAWRENCE L. Free culture: the nature and future of creativity [M]. New York: Penguin Press, 2004: 25. SPRIGMAN C. Reformalizing copyright [J]. Stan. L. Rev., 2004(57): 500-502. LEE E. Copyright, death, and Taxes [J]. Wake Forest L. Rev., 2012(47): 3-4.

[3] 《伯尔尼公约》第 7 条第 2 款。

[4] TRIPs 第 12 条。

品创作完成后第 100 年年末或者出版后第 75 年年末；1998 年《松尼·波诺版权保护期延长法案》将上述期限分别延长了 20 年。

对于匿名或假名作品，作者系自然人还是团体组织，依然在世抑或已经死亡以及何时死亡等情况往往不易确认，无法适用上述自然人 / 法人或其他组织的规定。根据《伯尔尼公约》，此类作品的保护期为合法公开之日起 50 年；除非有充分证据表明该作品的作者已死去 50 年以上。[1] 美国版权法规定，匿名或者假名作品的保护期终止于出版后第 95 年年末；尚未出版的，保护期终止于创作完成后第 120 年年末。[2] 德国规定，若因为作品系匿名或者假名发表而导致作者身份和死亡时间不能确定的，保护期从作品发表之日起算；尚未发表的作品自其创作完成时起算。[3] 在我国，作者身份不明的作品保护期终止于作品首次发表后第 50 年年末；待作者身份确定后，再根据具体情况适用有关规定。[4]

其次，著作权保护期的起算点和期间长短还因权利客体类型的不同而异。

《伯尔尼公约》就一些特殊的著作权客体的保护期作出特别规定，主要包括第 7 条第 2 款关于电影作品保护期的起算点规定，以及第 7 条第 4 款关于摄影作品和实用艺术作品的最低保护期限规定。例如，1996 年通过的《世界知识产权组织版权条约》第 9 条将摄影作品的保护期延长至与一般作品相同。因此，目前对包括我国在内的缔约国来说，摄影作品的保护期无异于其他作品。

最后，一些国家通过立法溯及既往地延长著作权保护期。对此，波斯纳和兰德斯批判性地指出，现行保护期已经过长，再溯及既往地、一揽子地延长既有作品的保护期，徒增使用者的成本，而不能带来抵消性的社会收益。因为时间上距离创作活动发生时越是久远，延续著作权保护对激励

---

[1] 《伯尔尼公约》第 7 条第 3 款。

[2] 美国版权法第 302 条第 3 款。

[3] 德国著作权法第 66 条。

[4] 中国《著作权法实施条例》第 18 条。

作者创作所起的积极作用就越是微弱。[1] 大多数作品，尤其是广告宣传画、摄影作品、图书和电影，商业寿命周期是很短暂的，还有许多作品，如家庭活动录影、儿童涂鸦、私人书信等，基本没有商业价值可言；它们的价值更多体现在"作为将来知识财产的一种公共领域输入资源"。[2] 然而，现行著作权保护期的设置却未能反映这一现实。

尽管著作权保护期的起算点和时长因作品起源国、作品类型和权利主体种类而存在差异，著作权保护的长期性与计期的复杂性是现代著作权立法的共性，其对作品孤儿化现象的发生与加剧的作用机制表现为：第一，著作权保护期过长导致大量已经退出市场、淡出公众视野的作品长期徘徊在公共领域之外——这些作品是孤儿作品的主要来源。第二，使用者难以准确推算作品的保护期，出于谨慎和守法，他们划定的孤儿作品范围可能远大于客观实际的范围。第三，在漫长的著作权保护期内，宏观层面的国际和国内法律、政策，中观层面的行业、产业实践状况，微观层面的权利人生产、生活情况都存在变化的可能。这些变化将不同程度地改变权利人实施权利管理和权利信息宣示的成本－收益衡量，进而影响其行为选择。

（三）作者身份的推定性与署名方式的任意性弱化了署名的权利信息功能

大陆法系著作权理论认为，作者在创作作品时将自己的精神或人格融入作品，因此作品是作者人格的外化，作者应当就此享有权利。署名权是作者表明其创作者身份的权利，也是其行使著作财产权的基础。

英美法传统上将著作权视为纯粹的经济权利，但不意味着这些国家的作者就没有作品归属意识。恰恰相反，由于缺少著作人格权保护，导致他

---

[1]　兰德斯与波斯纳指出，大多数作品的经济价值在首轮保护期(28年)届满时就已消磨殆尽。参见 [美] 威廉·M. 兰德斯，理查德·A. 波斯纳. 知识产权法的经济结构 [M]. 金海军，译. 北京：北京大学出版社，2005: 300−306.

[2]　[美] 威廉·M. 兰德斯，理查德·A. 波斯纳. 知识产权法的经济结构 [M]. 金海军，译. 北京：北京大学出版社，2005: 283.

们向版权法之外——例如美国各州的合同法、规制商业标识使用与商业竞争的《兰哈姆法》——寻求对署名利益的保护。[1] 在《伯尔尼公约》的影响下，[2] 英美法国家陆续在立法上有限地承认作者享有署名权和保护作品完整权等人格利益。[3] 这并不是说这些国家在著作权理论上接受了"作者与作品之关联属人格要素"的观念。这种变化有着浓厚的利益权衡色彩，包括平衡弱势的作者与强势的出版传播产业的利益，维护社会文化遗产和公序良俗，为在作者死亡后继续保护其署名利益、维护其作品不受歪曲窜改提供法律依据。[4]

理论上，创作作品的人是作者；但创作多是非公开的个人行为，根据实际创作活动确认作者身份不具有可操作性。作品的本质是无体化的符号组合，无法像有体财产那样以实际占有来公示其归属。根据署名来推定作者和原始权利人不失为一种符合效率的安排。根据《伯尔尼公约》第15条第1款，在无反据的情况下，其名字以通常方式出现在作品上即视为该作品的作者；"即使作者采用的是假名，只要根据该假名可以毫无疑问地确定作者的身份"，也适用上述推定规则。对因推定导致的法律认定事实与客观实际不符的"错误"，允许主张者提出反证来推翻。当前，各国对作者身份的认定大多采取法律推定模式。例如，法国规定："若无相反证明，以其名义发表作品者为作者。"[5] 我国也有类似规定："在作品上署名的自然人、法人或者非法人组织为作者，且该作品上存在相应权利，但有相反证明的除外。"[6]

现行的署名规范是一种赋权性规范，除法律规定采取实名制的情况外，

[1] FROMER J C. Expressive incentives in intellectual property [J]. Virginia Law Review, 2012(98): 1745-1824.

[2] 《伯尔尼公约》第6条第2款。

[3] 参见英国《版权、设计与专利法案》第77~79条，美国版权法第106A条第1款。

[4] 李琛. 著作权基本理论批判 [M]. 北京：知识产权出版社，2013: 174.

[5] 法国知识产权法典第L113-1条。

[6] 中国《著作权法》第十二条第1款。

以署名来表明创作者身份是作者的权利而非义务；法律也不干涉作者行使署名权的方式，作者可以根据自身利益考量（如喜好、隐私、政治立场等）决定是否以及采取何种形式署名。当作者署假名或匿名来隐藏身份时，"以署名推定作者身份"的规则适用就会遇到困难。

同时，法律承认在某些情况下使用他人作品，即使未在原件或复制件上为作者署名，也不构成对其署名权的侵害。德国联邦法院就在若干判例中确认，使用方式的特殊性、合同约定和交易习惯决定了在一些情况下无法按作者预想的方式为其署名，例如剧本作者可以要求在影片片头或片尾署名，但不能要求把自己的名字写在电影海报或者预告片中；室内装潢设计师不能要求把自己的姓名写在装修好的房间内。[1] 日本著作权法第 19 条第 3 款规定："按照作品的使用目的和方式不存在损害作者主张创作者身份利益的危险时，只要不违反惯例，可以省略作者姓名的表示。"我国《著作权法实施条例》第十九条也将"当事人另有约定"和"由于作品使用方式的特性无法指明的"规定为使用者"指明作者姓名义务"的例外。如此，作者身份等权利信息与作品相分离，必须借助其他信息来源才能确认。

原则上，作者是原始著作权人，找到作者本人即可向其征求许可；即使其他主体依法取得原始或者经继受取得了著作权，若能先找到作者，往往也可顺藤摸瓜地找到权利人。然而，署名方式的任意性极大地弱化了署名的信息功能，增加了潜在使用者查找著作权人的成本，这是造成作品孤儿化的间接原因。

（四）著作权的可分割性和可转让性使权属复杂化

随着技术的发展，著作权客体的种类和作品使用方式不断推陈出新，带动新的作品消费群体形成，成就新的利润增长点；立法者在时机成熟时对这种利益进行确认，上升为法权。从近代著作权制度建立伊始的印刷出

---

[1]　雷炳德. 著作权法 [M]. 张恩民，译. 北京：法律出版社，2005: 275.

版权，到今日十余种具体权能，著作权的内容得到了极大的充实，却也使著作权变得日益"碎片化"。[1]许多权项对应的使用方式不是普通的自然人作者能够自力实施的，如广播权。在现代社会专业分工生产模式下，将不同权项交由不同主体实施，才能充分开发利用作品的价值。如李琛教授等指出的，"作者"只是一个便于操作且易于获得社会认同的产权起点；一旦将作品投入市场，它就会服从于资本，通过自愿交易的形式流转至最能有效开发其价值的人手中。

基于两大法系对著作权本质的不同认识和法哲学差异，著作权能否转让、能否部分转让，主要有三种立法模式。

其一，自由转让模式。英美版权法将版权视为经济性权利，可以如同一般财产般自由转让。美国版权法第 201 条第 4 款规定："版权包含的任何专有权利……可以以任何方式或者直接根据法律规定而全部或部分地转让，也可以通过遗赠或者按照法定继承作为个人财产移转。"[2]英国《版权、设计与专利法》第 90 条第 1 款规定，"版权可以像动产一样以转让、遗嘱处分或执行法律规定的方式发生移转"；同条第 2 款进一步明确，"版权的转让或其他移转"均可以以部分专有权利和部分版权存续期为标的。

---

[1] 权利的碎片化是指一个版权作品上存在多个具体权利，这些权利可能属于同一主体，但每项权利都有各自的内容和边界。参见吴伟光.著作权法研究：国际条约、中国立法与司法实践 [M].北京：清华大学出版社，2013: 508.

[2] 美国一度只允许将版权整体转让。1909 年，法律不允许私人协议对权利束进行切割处分，权利人只能将完整的权利束转让给他人；若协议约定只转让部分权项，在法律上将被视为许可而非转让，被许可人不享有独立的诉权。这种权利的不可分割性是与该时期对于权利取得的程序要件相呼应的。根据 1909 年法，作品在出版发行时必须加注版权标志，若允许拆散权利束，归不同主体所有，则同一作品上纷繁复杂的权利来源将使权利标志失去可操作性和指示意义。1976 年，版权法取消了权利不可分割性原则，基于权利转让协议和使用许可协议而取得排他性专有权的受让方和被许可人不必再借助或者联合原权利人，即可独立地提起侵权诉讼。

其二，限制转让模式。这种模式以部分大陆法系国家关于著作权的"人格—财产二元论"为基础。"二元论"认为，著作权包含著作人格权和著作财产权两类性质截然不同的权利。前者的本质是永恒的，不可转让、不可继承、不可放弃，故不能作为合同标的转让[1]；后者可以由权利人自主支配、使用和处分，基于合同、继承、赠与或其他法定原因移转给第三人。法国、日本、韩国以及我国采用这种模式。这种模式的立法例通常允许对著作财产权进行整体转让，也允许部分、分批地转让给不同对象。

其三，禁止转让模式。该模式建立在以德国为代表的"人格—财产一元论"基础上。在"一元论"中，作者的物质利益与思想利益之间的结合要比"二元论"更为紧密：财产性权能与人格性权能是"统一权利的双重功能"，始终作为一个整体产生、消灭和被继受；既然人格权不能转让，财产权又不可与之分离，因而也不能转让。在德国法上，著作权具有不可转让性；法条中可能涉及的任何权利让与，都应当被理解为使用权（用益权）的授予，而非处分式的转让。例外是因继承而把全部的权利转让给继承人或者受遗赠人。[2]

从整体来看，当前各国均在事实上承认著作财产权的可分割性和可转让性，造成权利束支离破碎、权利主体林立的状况。多个权利主体的存在使权利信息呈几何式增加，极大地增加了查找成本。漫长的著作权保护期在一定程度上增加了权利归属发生更迭变化的概率，加上如下文将指出的，现行法对权属更迭不设强制公示要求，导致大量作品因查找不到权利人沦为"孤儿"。莱斯格教授曾言，如果制片商要使用一段陈年影片，就必须先找到权利人——准确来说，是复数的权利人。权利碎片化和权利主体多

---

[1]　仅有发表权等有限的、与财产性权利行使密切相关的权项可能因法律规定或继承等原因，由作者以外的人取得。

[2]　雷炳德. 著作权法 [M]. 张恩民，译. 北京：法律出版社，2005: 27-28, 360-365.

重化使影视作品的授权成本格外高昂，以至于大多数老旧的影视作品最终只能积压在储藏室里等待著作权保护期届满——或许保护期尚未届满，载体就已湮灭了。[1]

（五）著作权归属与变动的非公示性

明确著作权的归属是知识信息产品市场化的起点，也是实现著作权制度的基本功能——确认和分配作品市场化所产生的利益的必要条件。

"著作权属于实际创作作品的人"是著作权法的基础法理。通常，在没有发生著作权转让的情况下，作者就是著作权人——对近代著作权制度而言，这是最具可操作性和最易被社会接受的产权安排。[2]进入现代工业社会以后，作品生产愈发依赖有组织的社会分工。以作者个人为中心的权属规则已不能反映现代社会的集体创新模式。"投资者不再打着浪漫主义的旗号躲在创作者的身后，而是更多以实用主义的态度来构建著作权的主体制度。"[3]现代著作权法除了允许当事人就权利归属作出约定以外，还设置了法人作者、职务作品、电影作品、计算机程序作品等特殊安排，"以各种名义对传统的作者概念进行了修正甚至否定"，"用'权利人'的概念将'作者'逐步架空"[4]。例如，英国版权法不再强调作者与作品之间的"内在联系"，而是将作者视为对作品"作出必要安排"者。[5] 1988年的英国《版权、设计与专利法》第 9 条第 1 款规定，"作者是指创作作品的人"；第 2 款则将创作作品的人解释为包括录音制品的制作者、电影的制片者与导演、广播制作者、出版物版式设计的出版者、对计算机自动

[1] LESSIG L. Free culture: the nature and future of creativity [M]. New York: Penguin Press, 2004: 224.

[2] 李琛. 著作权基本理论批判 [M]. 北京: 知识产权出版社, 2013: 28.

[3] 熊琦. 著作权法中投资者视为作者的制度安排 [J]. 法学, 2010(6): 84.

[4] 崔国斌. 否弃集体作者观: 民间文艺版权难题的终结 [J]. 法制与社会发展, 2005(5): 8.

[5] 李明德, 管育鹰, 唐广良.《著作权法》专家建议稿说明 [M]. 北京: 法律出版社, 2012: 346.

生成作品的产生做了必要安排的人等在内。又如"雇佣作品"制度。英国《版权、设计与专利法》第 11 条第 2 款规定，除另有约定外，雇员于受雇期间所创作的文学、戏剧、音乐、艺术作品的原始权利人为其雇主。美国版权法第 201 条第 2 款规定，除有相反约定外，雇佣作品的雇主或者其他创作作品的主体被视为作者，享有作品的一切权利。日本著作权法第 15 条关于"职务作品"的界定和规则与美国雇佣作品规则相似。我国《著作权法》未使用"雇佣作品"的概念，但实际上将其内涵分解为三类作品，即第十一条第三款规定的"法人或者非法人组织视为作者"的作品，第十八条规定的"职务作品"（还进一步分为一般职务作品和特殊职务作品）以及第十九条规定的"委托作品"，并分别设置了不同的权属规则。

如前文所述，著作权原始取得遵循自动取得原则，而具有重要权利公示功能的著作权登记和权利标志只能任由作者自愿实施，导致权利信息大量缺失，使用者进行作品权利清算（包括确认著作权状态和查找权利人）的成本很高。立法上关于作者身份认定和权利原始取得的特别制度则加剧了权利清算的难度。[1]

除了原始取得以外，著作财产权还可能因为转让、排他性许可、赠与（包括遗赠）、继承、法人或其他组织变更、终止后的权利继受等事由被继受取得。与一般财产权、专利权、商标权的让与和继受相比，著作权的变动缺少有效的公示制度支持，第三人难以知悉。这是由著作权客体的性质、特征与权利取得条件决定的。

一方面，权利人无法通过"占有"客体来表征权利的归属；著作权移转时，双方当事人也无法以"交付"作为交易关系的外观。另一方面，现代著作权法禁止对权利的取得、行使和保护施加程序条件，因此著作权未能像专利权和商标权那样在事实上建立普遍、统一、稳定的权属公示体系。

---

[1] 相对来说，这点在英美法上更为明显。因为大陆法国家大多持"作者权"的法哲学理念，无论创作关系如何，著作权（至少是初始著作权）在绝大多数情况下归属于作者；而英美法国家将著作权视作激励创作、传播和投资的工具，在制度设计上很少受到作者自然人属性的束缚。

虽然大多数国家对著作权转让规定了必要的形式要件——订立书面合同，但大多数国家又没有强制当事人进行合同登记或备案。在因"一权二（多）卖"引发的纠纷中，法院只能依据几份权利转让协议生效时间的先后以及协议中关于权利转让条件的成就时间先后来确认最终权利的归属。第三人在交易以前无法确保自己取得的权利是安定的。

大规模作品数字化项目主要涉及作品的复制权和信息网络传播权。信息网络传播权的归属即使对照作者与出版社之间的出版合同，也很难明确。因为在数字网络时代之前（大致为 21 世纪初以前），许多出版合同根本没有涉及网络传播使用；即使涉及，在表述上也不规范，与后来出台的法律规定存在差距，用现在的法律法规去判断当时的合同条款是否有效、权利归属于何方，难度较大。在司法实践中，法院对早期合同条款的理解莫衷一是。例如，在 Random House, Inc. v. Rosetta Books, LLC 案中，法院认定原出版合同中关于"以图书形式印制、出版或销售"的授权约定不能涵盖数字出版和网络传播。[1] 而在 Harper Collins Publishers LLC v. Open Road Integrated Media, LLP 案中，法院审查了小说家与原出版社签订于 1971 年的出版合同后认为，其中关于授权出版社"以图书形式出版"小说的约定应当解释为小说家将电子书出版权部分转让给了出版社。[2] 有法国学者指出，这种约定不明或者未约定的情况在 2002 年以前的图书出版合同中普遍存在，导致今日绝版图书的数字化面临很大的权利清算障碍。[3] 更不用说，还存在诸如不为人知的补充协议，根据法律规定或因一方当事人行使解除权而终止合同（从而使原先授予的许可使用权复归原主），权利归属适用雇佣作品和委托作品等特殊规则，这些都会增加以后的使用者

---

[1]　283 F. 3d 490(2d Cir. 2002).

[2]　7 F. Supp. 3d 363, 371(S. D. N. Y. 2014).

[3]　BENSAMOUN A. The french out-of-commerce books law in the light of the European orphan works directive [J]. Queen Mary Journal of Intellectual Property, 2014(4): 217.

进行权利清算的难度。有时连当事人也因为不确定自己是否有资格授权，而不敢签署包含担保条款的授权协议。

由于著作权法未设置强制公示机制，在缺乏其他激励驱动的情况下，（新旧）权利人不会主动就权利取得、转让或许可协议办理登记或以其他方式对外公示。这一点与著作权自动取得原则对作品孤儿化的作用机制类似。那些不是为谋取特定利益而创作的作品[1]，其作者及其他权利人很可能缺乏清晰的权利意识，即便认识到自身权利的存在，也大多看淡权利，不会花费额外成本办理公示登记。商业性的权利转让虽然与当事人的利益密切相关，但这不意味着当事人会选择登记、备案等手段来维护自身利益。现实中许多转让协议是在非公开甚至保密的状态下进行的，第三方很难从外部查知权利的归属与流转情况，这也就造成大量作品因权属状况复杂而不透明沦为孤儿作品。

二、社会实践因素

导致作品孤儿化现象发生和加剧的外部因素，有些来自法律制度层面，也有些来自法律制度之外，如经济环境、社会条件、技术水平、文化传统、行业惯例等。

（一）权利主体及其身份信息的变更增加了查询及核实信息的难度

在漫长的保护期内，自然人权利人发生更名、迁址、死亡以及享有著作权的法人或其他组织因解散、合并、分离、破产而消灭等现象时有发生，有时导致权利主体的身份信息和联系方式发生变化，有时造成著作权的分割、让渡与继受取得，引起权利主体的变更和增减，使权利归属变得复杂难辨，增加了使用者查找的难度。

---

[1]　不限于商业目的或营利性目的，还包括晋升职称、获取科研业绩等。

（二）技术条件制约了权利信息的获取

传统信息存储技术的不发达降低了早期信息的可获取性。在前数字时代，作品及其信息档案本身都以有形载体的形式存储，不仅易损毁变质，而且对存储空间和环境温湿度等有一定要求；一旦因自身属性或不可抗力而毁损，将难以复原。20世纪后期，随着磁盘、光盘等电子存储的出现，部分档案被转录到更为轻便的介质中。然而，随着技术的快速更新，电子存储格式又被淘汰，相应的读取设备停止生产，若不及时转换格式重新保存，存储内容就可能无法读取。概言之，前数字时代的信息存储成本很高，作品及其权利信息都可能由于保存不力而损毁灭失。

长期以来，权利信息管理技术的不发达使许多作品受限于表现形式或载体特性，无法进行恰当的权利标注（包括省略权利信息内容或者变通标注方式），极易造成权利信息的缺失和差错。以摄影作品为例，摄影技术诞生的时间远远早于数字水印技术，在数字水印技术普及前的很长时期内，为了避免传统方式署名破坏画面的完整性，人们经常有意不在摄影作品上署名。尽管在一些作品发表或者使用的场合，人们会有意识地为作者署名，但由于摄影创作简便快捷，作品数量庞大，绝大部分摄影作品的权利信息并没有得到重视和彰显。加之绝大多数摄影作品是以作者之外的人、景、物为表现对象的，表达内容本身缺乏能够提示作者身份的信息，无怪乎摄影作品成为公认的孤儿作品"重灾区"。[1] 不少视觉艺术作品也存在审美需要与创作信息无法兼顾的问题。又如，口述作品、即兴舞蹈和音乐作品的创作手法和表现方式决定了它们没有"原件"，但并不妨碍人们通过笔记、录音、录像对其加以同步或非同步的固定。不过，当固定行为的实施主体不是作者本人或受其委托授权的人时，因固定而形成的复制件上就未

---

[1] VUOPALA A. Assessment of the orphan works issue and costs for rights clearance[R]. European Commission DG Information Society and Media Unit E4 Access to Information, 2010.

必包含规范、完整的权利信息。大英图书馆的录音制品档案馆在对 20 世纪收录的录音制品 / 作品进行权利清算时发现，许多文档形式的信息（如录音带上贴的标签）已经脱落或者残缺不可辨认，而一些制作于国外（如英国在非洲的殖民地）的录音制品上附带的文档信息则因语言问题而难以识别。[1]

即便在信息存储和权利信息管理实现数字化以后，由于权利信息是人为编辑和添加的，失误也在所难免。在互联网的去中心化传播过程中，这些数字化的权利管理信息很容易被窜改或者删除，导致后来接触该作品的使用者根据错误信息作出行为选择。[2]

（三）自然灾害、政局动荡和意外事件使权利信息得不到妥善保存

从 20 世纪初至今，上至国际国内的各种战事、政局变化等重大社会事件，地震、洪灾等自然灾害，下至场馆搬迁、管理不善、人事变动都可能造成一部分作品信息档案毁损灭失、作品原件不知所终，进而使作者和权利人的身份无法考据。欧洲各国孤儿作品现象的普遍存在与欧洲作为两次世界大战的主战场不无关系。在两次世界大战期间，大量文化遗产被劫掠、转移、破坏，作品信息未得到妥善保藏，大批著作权人下落不明或者

---

[1] VUOPALA A. Assessment of the orphan works issue and costs for rights clearance[R]. European Commission DG Information Society and Media Unit E4 Access to Information, 2010.

[2] 在 Agence France Presse v. Morel 案中，摄影师 Morel 将他拍摄的数幅海地地震的照片发表在自己的推特主页上，短短数分钟后，就被另一名推特用户 Lisandro Suero 复制并发布在主页上，后者还在照片下作出了版权归属于自己的声明。法新社为了报道海地地震而向 Suero 购买了这些照片的"版权"，并将它们许可给 Getty Images(世界上最大的版权图片分销商之一)。后者又将这些照片许可给 CNN、CBS 等新闻机构。这些新闻机构在使用上述照片时，均将 Suero 注明为作者。Morel 发现后遂向法新社提起侵权诉讼。See Agence France Presse v. Morel, 769 F. Supp.2d 295, 299(S.D.N.Y. 2011).

成为战争死难者；如果当下尚存的作品仍未逾保护期，则很可能已经沦为孤儿作品。

（四）合同约定、交易习惯及行业惯例可能妨碍权利信息的标注

除了作者享有署名权，著作权人一般也有权在作品原件或复制件上标识权利符号，但并不意味着作者和权利人在任何情形下均可凭自身意愿实现这种标注，作品创作信息和权利信息的标注在交易实践中会受到一定限制。

一方面，作者的署名权虽然是专属于作者的人格权利，不可让渡、不可继承、不可放弃，但不妨碍实践中通过合同约定对署名权的行使及其外在形式作出特别约定。只要合同约定不违背效力性强制规定，如民法的诚信原则、公序良俗原则等，双方就可以本着公平、自愿原则对署名权加以限制。

另一方面，署名权的行使还应当遵循各行业领域的交易习惯来处理。[1] 例如，交易习惯通常不支持房屋建筑设计师、室内装潢设计师在建筑物内外进行署名或权利标志。

（五）著作权集体管理提供的授权覆盖面十分有限

著作权集体管理机制作为一种应对大规模许可的制度工具，用于解决权利人难以直接与使用者商谈许可条件和收取费用的问题。[2] 它通过作品使用权许可的集中发放来降低使用者对作品的搜寻成本，使用者只需在集体组织的作品库中搜索所需作品，也可以不经搜索、直接采取"一揽子"许可方式获得作品库中所有作品的使用许可。随着集中许可机制的发展成熟，各个环节都形成了格式化的运作方式，还可以进一步降低协商缔约环

[1] 雷炳德.著作权法 [M]. 张恩民，译.北京：法律出版社，2005: 276.

[2] 王迁.著作权法 [M]. 北京：中国人民大学出版社，2015: 388.

节上的成本。[1]因此，如果作者或权利人将著作权委托给集体管理组织管理和代行，或者委托集体收费协会（collecting society）发放许可和代为收费，那么使用者可以直接从这类集体组织处获取许可，从而大大降低交易成本。同时，集体组织对成为其会员或者委托收费的权利人的身份信息与联系方式都有记录和保存，使用者可以向集体组织查询或者请求其协助查找权利人。

当然，如果权利人自己能够直接发放许可并收取许可费，就无须委托给诸集体管理组织。通常将权利人难以直接行使并收费的权利称为"小权利"（small right）。歌曲、MV 的表演权、广播权、出租权以及文字作品的复制权等均属于小权利，因为使用主体众多且分散，只能通过集体管理才能有效地实现许可和收费。而权利人可以自行管理和行使的权利则被称为"大权利"（grand right）。例如，作者将纸质出版权或者数字出版权许可给出版社，将改编权和摄制权许可给电影公司，由于标的是单一、特定的作品，使用者一方数量很少，许可的价格和条件也需要通过协商来确定，因此双方有动力和能力实施一对一的谈判。而那些不为商业目的而创作的作品（如业余爱好者的摄影作品、网友自制的混录剪辑视频或音乐作品）以及为私人使用而非公开传播而创作的作品（如书信、备忘录、日记、协议、遗嘱等）可能无意主张著作权，也就没有加入集体管理的需求。总体来看，加入集体管理的作品和权利人只是整体中的一部分，甚至不是多数，因此集体管理组织在作品权利信息查询功能和集中许可方面的功能必然受到限制，从而使一部分作品因查找权利人无果而成为孤儿作品。

（六）数字网络技术对作品传播具有"双刃剑"作用

数字网络技术给作品的创作、存储和传播带来颠覆性的影响。在媒体充裕的网络时代，创作、复制和传播摆脱了有形载体和传统出版发行渠道

---

[1] 熊琦. 著作权延伸性集体管理制度何为 [J]. 知识产权, 2015(6): 21.

的约束，私人只需借助一台联网的终端设备（计算机、平板电脑或手机等）就能够参与信息的生产、加工和传播。"私人对传播技术的掌握，以往由特定中心出发的单向传播模式转变为数字时代的平行互动传播，每一个连接到网络的个体都可以成为创作者、传播者和消费者。" [1]

从创作环节来看，由于著作权取得门槛条件低，具备一定程度独创性的文字、图片、短视频等都可以获得著作权保护，网络上充斥着海量的作品，其中绝大部分是不具有商业、营利目的的"用户业余创作"（user generated content，UGC）。与专业化、职业化作者相比，UGC 作者缺乏足够的权利管理和保护意识；他们的创作和传播意图具有更多的利他主义色彩和分享性质，对于其他网民私人使用——包括不规范的使用和侵权性使用也比较宽容，容易造成作品被使用和转载后丢失权利信息。[2]

从复制和传播环节上看，网络的最大优势就是传播的便捷性和低成本，但是与传统有形载体作品相比，非物质化的数字形态使作品包含的内容更易被裁剪、权利信息更容易被剥离和窜改。如今，借助各种计算机软件，公众不仅可以轻松地实现传统的复制，还可以对文本、图片或视频等各类著作权素材进行截图、截屏、录屏等操作。在这些操作过程中，人们往往有意无意地只保留了所需的表达内容，而没有对作者、作品来源等进行同步复制转发，导致权利信息随着作品被不断传播扩散而愈发难以溯源。

---

[1] 熊琦. 著作权激励机制的法律构造 [M]. 北京：中国人民大学出版社，2011: 68.

[2] 从加拿大版权委员会的"孤儿作品强制许可"实践来看，确实存在网络原创性内容为使用者所需，多方查找仍无法确认权利人的情况。例如，申请人 Anita Hardley 申请就 2013 年发布在 CBC 新闻网上的一则匿名评论授予强制许可。该评论所在的页面已经无法访问，CBC 新闻网也没有保留这些内容；根据 CBC 网站的政策声明，论坛中发布的评论的版权归属于创作者而非 CBC，因此它无权给予使用许可；在向文字作品的版权集体管理组织查询后得知，该段评论未进行版权登记，据此，版权委员会认定其构成孤儿作品。又如，申请人 Hany Quichou 欲在纪录片中使用三段于 2012 年发布在 YouTube 上的原创视频片段，但几经查找均无法确认这些视听作品版权所有者，故向版权委员会提交强制许可申请。

当然，数字网络技术也为作品信息的共享和检索提供了极大便利。在欧美国家，官方和民间组织都创建了各类可公开访问的数字化作品（作者）信息库，并且相互关联，互通有无，及时搜罗更新，方便使用者查找。但是从实践来看，这不足以消除因权利信息缺失或过时而造成的孤儿作品现象，亦无助于阻止数字网络环境下制造出源源不断的新孤儿作品。

（七）社会著作权意识薄弱导致作品创作和使用过程中权利信息容易缺失

孤儿作品的大量形成与国民整体的著作权意识和法律修养水平有一定关系，主要表现为作者的权利管理和维权的意识不强，对署名方式的法律后果和著作权登记的重要性认识不足；使用者、消费者对他人权利不够尊重，对行为的侵权性缺乏足够的认识，在复制、传播及其他使用过程中没有做到为作者署名和标明作品来源，更有甚者故意将他人权利信息抹去，导致作品的来源信息明晰度与传播时间长度和空间范围广度成反比，给查找和溯源造成了较大困难。我国法治建设起步较晚，知识产权制度建立更是最近几十年的事情，尽管成长的速度很快，但毕竟缺乏长期的法律文化熏染和社会观念积淀，因此这项社会因素在我国表现得较为突出。

三、权利人的行为选择

在当代，知识创作与传播实现了高度的社会分工，与著作权客体利用有关的信息分散地掌握在众多主体手中，无法自发地以集中整合的形式出现。诸如作者和权利人的身份、作品完成和公开的时间、权利归属和变动，以及是否为委托作品、职务作品等，均由权利人掌握，具有非公开性和不易获取性。公众往往要付出一定成本才能获取这些信息。每一个潜在使用者用于搜寻和分析信息的成本累加在一起（假设他们之间无法有效地共享信息），对社会来说将是一笔不菲的费用。而权利信息的公示能够让潜在使用者以较低的成本获取必要信息，降低作品使用权交易的成本，推动交易达成。[1] 不过，无论是在作品载体上加注权利标志、实施数字化权利管理信息，还是向有关机构办理著作权登记，都会给权利人带来相应的成本。权利人选择实施权利信息管理，主动进行权利宣示，也是一种"投资"。在没有法律义务强制的情况下，只有预期效用超过将时间和其他资源用于其他活动所带来的效用时，权利人才会选择这项"投资"。[2] 因此，当作品的市场需求量低、交易不频繁或者许可使用收益预期较低时，权利信息公示所需的成本除去当期支出后，可能已经所剩无几甚至得不偿失，无法带来明显的收益，权利人也就缺乏实施权利管理和信息公示的动力。这是大多数图书等出版物在绝版之后更易沦为孤儿作品的原因。既然这些出版物的市场行情已经不被出版商看好，不复重印、再版，那么继续维持权利信息的有效公示状态，也就不能给权利人带来多少实益，只是徒增花费和不便而已。

兰德斯与波斯纳在对美国著作权续展登记进行了实证研究后指出，著作权登记和续展的成本从绝对数额上看是十分适度的，甚至可以说是很低的。[3] 即便如此，在首个保护期（28年）届满以前办理续展的作品比例仍然很低，很大程度上印证了一个论点，即大多数作品的预期经济价值很

[1] 熊琦. 著作权激励机制的法律构造 [M]. 北京：中国人民大学出版社，2011: 158-159.

[2] 有研究显示，2012年陕西省、上海市等地取消了著作权登记收费，与没有实行免费登记的地区以及中国版权保护中心相比，前者的登记数量激增；而重庆市的著作权登记数量更是在2012年取消收费后超过此前10年的登记量总和。参见柯林霞. 完善我国版权登记收费标准体系初探：美国版权登记费用立法的启示 [J]. 出版发行研究，2014(4): 67-68. 这从一个侧面表明，权利人是理性的、逐利的；其行为选择是由行为成本-收益预期决定的。

[3] 这里的成本包括以单件作品或者作品集合（如汇编作品）为单位而支付的金钱成本和因办理手续带来的不便和遵循其他条件造成的成本。仅就金钱成本而言，在2000年时版权登记费用仅为30美元；1910—2000年的平均登记费用仅为20.48美元。

低，少数有经济价值的作品，其价值在若干年后也消耗几尽了。[1]换言之，绝大多数作品的商业寿命远远短于法定的保护期限。自愿登记制带来的好处，[2]只对那些认为其作品仍保持着一定商业价值的权利人起到激励作用，而与大多数权利人"无关"。[3]

著作权法属于私法范畴，与合同法、物权法等一样，是通过私人行使权利的行为来间接地实现制度目标的。法律虽然赋予著作权人以排他权，但在法律施行中对哪些侵权行为采取法律措施，对哪些行为加以容忍，在很大程度上取决于权利人的理性计算。只有当行权的预期效用大于行权成本时，权利人才会选择行权；而在作品价值被市场发现以前，"人们宁愿将权利置于公共领域，也不会去实现它"[4]。这是大量作品——尤其是私人书信和笔记、业余创作、绝版作品以及短效作品（如广告海报、宣传单、小册子等）等逐渐孤儿化的根本原因，也是孤儿作品使用难题形成的基本前提。

前文提及的各项制度因素和社会实践因素绝大部分会在一定程度上影响权利公示和权利信息管理的成本-收益水平，进而影响权利人的理性计算与最终行为决策，但它们都不是导致作品孤儿化的决定性因素或者充分条件。一旦其他相关因素发生变化，特定作品的权利公示和权利信息管理

---

[1]　因此，在 1883—1964 年办理版权登记的作品中，只有不到 11% 的作品在首轮保护期届满以前办理了续展手续。LANDES W M, POSNER R A. Indefinitely renewable copyright [J]. University of Chicago Law Review, 2003(70)：473.

[2]　例如，作品登记可以作为著作权有效性的证明；登记证上记载的事实具有表面证据效力；在美国司法体系下，如果涉诉作品系来源于美国和非《伯尔尼公约》成员国，办理著作权登记是向联邦法院提起侵权诉讼的前提条件，登记时间早于侵权行为时，原告权利人还可主张适用法定赔偿，并要求侵权人补偿律师费。

[3]　威廉·M.兰德斯，理查德·A.波斯纳.知识产权法的经济结构[M].金海军，译.北京：北京大学出版社,2005:299-317.

[4]　谢晓尧.倾听权利的声音：知识产权侵权警告的制度机理[J].知识产权，2017(12):33.

的成本－收益之比就可能发生改变，从而打破原本暂时的均衡状态。例如，一个籍籍无名的音乐作品偶然被网友发现，为其作词、演唱并将演唱视频上传至网络后"爆红"（姑且不论该网友行为的侵权问题），连带乐曲本身也成为当下的"网红"[1]，引发市场需求。在这种情况下，乐曲作者和／或权利人就有强烈动机公示身份信息，让自己处于"找得到"的状态。

美国作家公会主席 Roy Blount 认为，（谷歌图书计划所涉的）孤儿作品的数量规模或许没有人们估测的那么庞大，因为其中包含一定比例的"伪孤儿作品"，而"一旦（按照谷歌与美国作家公会、出版商协会等达成的和解方案设立的）图书权利登记处开始向权利人寄出版税支票，那些图书就会纷纷褪去孤儿的表象"[2]。换言之，由于作品预期收益极低，任何需要投入些许成本的权利管理和信息公示行为都会被著作权人认为是不划算的，因此放任它们处于信息缺失的状态。一旦有部分权利人从谷歌那里获得使用报酬，就会向其余处于"隐身"状态的权利人释放这样的信号——作品权利信息公示的收益-成本之比已经发生了变化，只需耗费一点成本，向图书权利登记处申报权利信息，即可获得身份登记并据此获得作品使用费。

或许有人会如此质疑：姑且不论这样的人有多少，但事实上必定有某些权利人由于缺乏法权意识、缺乏经济头脑或者仅仅因为疏漏，而没有对作品进行有效的权利管理或者实际行使权利[3]，很难将这些情况解释为"经过权利人的理性算计"，因为算计和决策必然是一种有意识的行为。

---

[1] 当然，网友的行为也涉嫌侵犯该音乐作品的复制权、表演权和信息网络传播权。

[2] MCCAUSLAND S. Googling the archives: ideas from the Google books settlement on solving orphan works issues in digital access projects [J]. Journal of Law, Technology and Society, 2009(6): 388.

[3] 例如，根据作者与出版商之间订立的合约，在作品绝版脱销后达到一定年限的，版权重新归于作者，而作者本身并未意识到这一点。

诚然，这类情况不在少数，不过我们可以借用波斯纳和兰德斯之言予以回应："忽视是内生性的"，这种粗心大意本身就是证据，证明相关作品的价值低于公示其存在与归属的全部成本——这个成本中包括去认识和了解有关作品权利状况以及学习如何管理和行使权利的成本。[1]

四、作品孤儿化现象是内因与外因交互作用的动态结果

以 TRIPs 为标志，知识产权的国际保护从国际化阶段进入全球化阶段[2]，"传统国际公约的弹性逐渐被削弱，代之以更为划一的标准和更强的约束力"[3]。密切的国际协调带来的直接后果是法的融合与移植，相关制度因素也随着国际规则的内国法化而渗透到各国立法中，使当代各国著作权法在宏观层面上呈现出较大的共性。

社会实践因素在作品孤儿化中发挥的作用既有历时性的，也有共时性的；同一法域在不同时期、不同法域在同一时期面临的社会实践因素存在差异，因此微观视野中作品孤儿化现象的成因总是呈现出一定的差异性和多样性。

不过，制度因素和社会实践因素均非造成作品孤儿化的充分必要条件。它们与作品孤儿化现象之间是一种贡献性因果关系，即作为给定的外部环境和条件，影响后者发生的盖然性。从经济学角度看，个别权利人不愿或者不能实施积极的权利管理，都可归因于行为成本超过预期收益所致。换言之，对作品孤儿化现象具有支配性、决定性作用的因素是权利人在给定的外部条件约束下最大化个人效用的动机和行为。制度因素和社会实践因

---

[1]　威廉·M.兰德斯、理查德·A.波斯纳.知识产权法的经济结构 [M].金海军,译.北京：北京大学出版社,2005: 34.

[2]　SELL S K. Private power, public law: the globalization of intellectual property [M]. Cambridge: Cambridge University Press, 2003. 转引自李琛.知识产权法的体系化 [M]. 北京：北京大学出版社,2005: 86.

[3]　李琛.知识产权法的体系化 [M]. 北京：北京大学出版社,2005: 86-87.

素都是通过影响权利人成本-收益算计间接地影响其行为决策。这也就解释了，为何各国大多设有著作权登记机制，接受并鼓励权利人自愿登记，但作品孤儿化现象不仅没有消失，而且在继续产生。尽管著作权登记和集体管理等不具有强制性，但仍有大量权利人自愿办理登记，自主或委托他方实施积极的权利管理。同时这也印证了一种看法，即绝大多数孤儿作品是缺乏显见和潜在的价值的，至少在权利人看来，作品的主观价值（不限于市场价值）不足以驱使其积极地进行权利信息公示和权利管理，因此也就有理由推定，在不损害作者或权利人的著作人格权的前提下使用孤儿作品，通常不会给权利人的预期利益造成实质损害（现实中往往也为权利人所容忍），属于"无害性使用"（harmless use）。[1]

由于上述各项原因或因素并非一成不变，反而相互作用，因此孤儿作品这个集合的规模大小和具体构成也是动态变化着的。一部分曾被确认为"孤儿"的作品因权利人现身或者被找到而实现了"去孤儿化"，同时又有源源不断的作品汇入这个范畴。作品孤儿化现象不是单纯的"历史遗留问题"，它不会因时间的推移而自行消失；时间只能将一定时期内的孤儿作品"消化"在公共领域中，却不能阻止新的孤儿作品产生。作品孤儿化现象也不是单纯的技术问题，不会随着技术的进步迎刃而解；技术既能为追溯和查找信息服务，也能用于隐藏和屏蔽信息。孤儿作品的产生源于人的行为选择，无论是改革法律政策、改进相关技术、改变行业习惯，还是培育著作权文化，归根结底都是要为权利人实施权利信息公示和权利管理创造足够的激励（包括正向与反向激励）。

有必要说明的是，数字技术的出现及其在社会生活各领域的应用对作品孤儿化的影响主要体现在以下两个方面。

一方面，数字技术便利了作品版权信息的记载和存储。这不仅指用数

---

[1] GORDON W J. Harmless Use: gleaning from fields of copyrighted works [J]. Fordham Law Review, 2009(77): 2426.

码设备录入和存储各种版权信息，还包括在 20 世纪 90 年代互联网背景下诞生的数字权利管理技术到近年来炙手可热的区块链技术在确权方面的重要应用。创作者和权利人可以借助这些技术将自己同作品"绑定"在一起，使权利信息轻易不会灭失或被窜改。而这些技术的叠加运用又简化了版权登记的流程，降低了登记成本，增强了权利人公示的意愿，在一定程度上减少了"主动型"作品孤儿化现象的发生。

另一方面，数字技术便利了作品版权信息的检索和提取。这得益于数字技术的发展和普及，越来越多的数据、信息和情报以数字化形式呈现，人们可以借助搜索引擎和检索工具对海量信息进行更为精确、快捷的筛查，大大提升了查找和联系作品权利人的工作效率和成功概率，从而减少了"被动型"作品孤儿化现象的发生。

如前文所言，在作品孤儿化问题上，技术并不总是起到积极作用，而是一柄"双刃剑"；技术以外的绝大多数原因或因素，以及它们之间的作用机制并未因世界迈入了数字时代而发生实质性的改变。质言之，作品孤儿化的现象是一定制度条件和社会实践条件下权利人行为选择的结果；鉴于决定性的内在因素以及绝大多数的外部条件都没有发生变化，因此用"前数字时代—数字时代"对该现象加以区分没有意义。

尽管如此，本书第三章将要阐述的另一个核心范畴——"孤儿作品使用难题"却具有鲜明的数字时代特征，是文化遗产的丰厚积淀与数字化浪潮猛烈激荡的产物。

第三章 孤儿作品使用难题：实践观察、法理剖析与解决必要性

作品孤儿化现象是造成孤儿作品使用难题的必要前提，若消除这种现象——对现有的孤儿作品进行有效的"去孤儿化"并防止新的孤儿作品产生，使用难题便无从谈起。另外，孤儿作品的存在不是造成孤儿作品使用难题的唯一原因和充分条件。试想，如果某件作品明示作者允许公众自由使用，或在作品上注明了采用非营利组织知识共享（creative commons，CC）提供的"CCO协议"条款[1]，又或使用者采用的使用方式本身就不属于著作权控制范围，即便权利人身份或下落不明，也不会给后续使用造成侵权之虞。又如，个别国家立法上对孤儿作品采取"加速到期"的做法，作品在被宣告为孤儿作品后或者满一定期限后归入公共领域[2]，也可以有

---

[1] 如果作者或其他权利人在公开的作品上附加了"CCO 1.0"标志，就相当于宣告"放弃所有他在全世界范围内基于著作权法对作品享有的权利"，将该作品献给公共领域，供全人类无偿自由使用。

[2] 例如，津巴布韦著作权法第27条规定："如果通过合理查找无法确定作者的身份，或者合作作品的任一方作者的身份，且可以合理地推定 (i) 作品的版权保护期已经届满，或者 (i) 作品使用行为发生之年与作者死亡之年相距已超过50年及以上的，则该使用行为不构成侵权。"

效地避免孤儿作品的闲置与流失。在这些情况下，作品的孤儿化现象虽然没有得到消除，但也"不足为虑"了。[1]不过，对绝大多数国家和地区来说，在今后一段时期内，导致作品孤儿化现象的制度因素和相当一部分社会实践因素不会有很大的改变。这意味着，如果不采取额外措施（例如，极大地改进著作权登记的便利度、免除相关费用等），大部分权利人将时间和资源用于进行权利公示的预期效用不会发生明显变化，换言之，作为"上游问题"的作品孤儿化现象难以消除。也正因如此，必须寄希望于其他路径来克服作品使用的障碍。在当前理论与实践中均是通过创新交易机制来化解"下游问题"——孤儿作品使用难题。

应当看到，既然作品孤儿化现象的存在不是导致作品使用难题的充分原因，那么只有充分揭示既往研究中忽视的原因及其作用机制，才能深化对孤儿作品使用难题的认知，完善孤儿作品著作权法律问题的理论体系，为评价和检验既有问题解决方案的合理性和有效性提供重要视角，并为我国孤儿作品使用制度奠定理论基础。

---

[1]　这些做法不是解决或避免孤儿作品使用难题的理想方式。恰恰相反，这些做法均有局限和弊端。可想而知，大量以营利为目的的创作者不可能放弃对作品财产性权利的控制而去选择适用"CCO 协议"条款。而将"孤儿作品"提前归入公共领域看似一劳永逸地解决了作品使用的授权困境，但对确因客观原因而暂时失去主张权利能力而后可能复出的著作权人则有失公平。更何况，这种处置方式并非没有成本：公告孤儿作品必然要履行查找、核实与公示等程序，其成本或由潜在的使用者个人承担，或由政府承担。简言之，提出上述假设例仅是为了说明孤儿作品的存在是导致孤儿作品使用难题的必要非充分条件。

第一节　数字化背景下孤儿作品使用难题的提出

一、孤儿作品使用价值的重现——以数字化技术为前提

从常识与逻辑来推断，作品创作完成和公开的年代距今越远，作品权利信息管理技术水平越有限，信息的收集、保存和传递也都更加不易；查找不到作者或者权利人的情况也不在少数，为何直到最近 20 年"孤儿作品"的概念才出现，"孤儿作品问题"才浮出水面并被提上立法议程？这与 20 世纪下半叶逐渐显现的全球性趋势——著作权保护不断强化，受著作权保护的作品数量激增，以及对传统作品进行数字化的需求强烈——有关。这些宏观变化都是技术发展的产物。

著作权制度自诞生之日起就在追随技术发展的步伐，"发展至今的著作权制度事实上已经定期地随着技术的发展和社会环境的改变而变迁了"。[1] 田村善之教授以"技术与作品利用形态"为标志，将著作权法沿革历程划分为三波浪潮：第一波浪潮以印刷技术的普及和商业应用为特征。在该阶段，确立了以复制权为核心的著作权制度，规制的主要是商业性复制，例如《安妮女王法》仅规制了图书的出版发行。囿于当时不甚发达的传播技术，一直到 19 世纪，大多数国家著作权法中的专有权类型还是以复制权与公开表演权为主。[2] 第二波浪潮以 20 世纪六七十年代模拟复制技术的普及和私人应用为标志。这一时期的变化主要包括：著作权客体类型的扩展，电影作品、录音制品和摄影作品先后被纳入保护范围；一些原有权利的内容得到扩张，如公开表演权被扩大解释为包括电台的播放和电影

---

[1]　田村善之. 田村善之论知识产权 [M]. 李扬, 许清, 洪振豪, 等译. 北京: 中国人民大学出版社, 2013: 131.

[2]　熊琦. 著作权激励机制的法律构造 [M]. 北京: 中国人民大学出版社, 2011: 65.

的反映，一些新的权利类型得以确立，如出租权。尽管复制技术设备渗透到私人和家庭领域，使大规模复制成为现实，但"通过载体利用作品的方式没有改变"，只要通过监督出租业者、复制技术设备和有形载体制造者与销售者，权利人仍可实现比较有效的控制。因此，这一时期的著作权制度仍以控制复制行为为中心，权利设计没有发生本质的改变。仅仅时隔20年，第三波数字网络技术浪潮就"不可回避地扑面而来了"。较之前两波浪潮之间的世纪间隔，第三波浪潮在时间上与第二波浪潮十分接近，并且给作品的创作与传播带来颠覆性变革：私人能够轻松地完成对作品的完整复制，并通过互联网实现无时间差、无地域限制的公开传播。[1]个人掌握了便捷高效的创作工具，并通过网络实现了"自出版"和"自媒体"传播；前数字时代稀缺的传媒变得丰富，创作与出版发行的门槛大大降低，这些都使权利人对作品的控制力迅速弱化。虽然以复制为中心的著作权权利体系尚能涵盖新技术条件下的信息传播与利用方式，但新技术条件下用以监督和维权的成本已大大超出权利人可负担的范围。为了重新控制客体，权利人迫切地需要通过扩张权利范畴来涵盖新的传播方式。至此，要想不侵权地使用作品，不但取决于作品本身是否受保护，还取决于使用方式是否受著作权的控制。[2]

　　在数字网络时代，作品的创作、保存、传播和利用均摆脱了有形载体、稀缺媒体以及高昂运作成本的制约，呈现出井喷式的增长。有数据显示，1952年，全球每年新出版的图书数量约为25万册；到2000年这一数字已经达到100万册。[3]2002—2010年，美国每年新出版图书的增长率约

[1]　田村善之.田村善之论知识产权[M].李扬,许清,洪振豪,等译.北京：中国人民大学出版社,2013:134.

[2]　REESE A. Innocent infringement in U.S. copyright law: a history [J]. Columbia Journal of Law & the Arts, 2007(30): 178.

[3]　ZAID G. So many books: reading and publishing in an age of abundance[M]. Philadelphia: Paul Dry Books, 2003: 20−21.

为 1000%；这种增长很大程度上缘于电子图书（e-book）的出版。[1] 而图书还仅是文化机构所收藏的一类作品形式而已。美国研究型图书馆协会（Association of Research Libraries）的报告显示，在 1976 年版权法颁布后的第一年，其成员图书馆的藏书量约为 2.38 亿册；到 2013—2014 年度则达到 6.87 亿册，增长了近 200%。除了协会成员数量的增加，更主要的原因来自作品种类、数量的极大丰富。在这些快速累积的藏品中包括照片、手稿、视听资料和复合形式的表达（如网页）。[2] 计算机技术的应用极大地提升了档案管理人员、科研学术群体以及商业机构提取和分析文本内容与数据的能力，作品的大规模利用和各种新兴研究方法、商业模式不断涌现。只有在这样的背景下，人们才有能力和动力去重新审视和挖掘长期以来几近埋没的资料；孤儿作品也因蕴藏各种史料信息以及审美价值，开始成为各国政府、机构和个人竞相探索和保护的重要文化资源。我国对孤儿作品问题的研究和立法起步较晚，主要因为我国在数字图书馆建设方面相对滞后，对大规模数字化的需求也就姗姗来迟；此外，这也与大众的著作权意识不强有关。[3]

从法律角度看，作品的数字化过程要受到复制权的控制，数字化作品的后续传播和利用则因具体方式而牵涉复制权、信息网络传播权、改编权、表演权等。数字化的质量决定了后续的保藏、传播和再利用的深度与广度。前数字网络时代的授权使用法则与著作权交易机制不仅难以适应作品大规模使用的许可需求，折损了数字网络技术带来的效率优势，而且给需要使用孤儿作品的个人和机构带来了极高的制度成本。因此，有学者将孤儿作

---

[1] New Book Titles and Editions, 2002-2010, BOWKER [EB/OL]. (2016-05-23) [2019-01-20]. https://perma.cc/X6T3-TDRX.

[2] ARL Statistics 1975-1976 [R]. Washington D.C.: Association of Research Libraries, 1976: 14; ARL Statistics 2013-2014 [R]. Washington D.C.: Association of Research Libraries, 2014: 13.

[3] 邵燕. 孤儿作品著作权问题研究 [M]. 北京：法律出版社，2017: 30.

品喻为法律的囚徒；写道："我们不得不放弃使用这些作品所能带来的社会效益——不是权利人不让我们使用，而是我们不知去何处找寻权利人。"[1]

二、孤儿作品潜在的巨大规模——以数字化使用为视角

21 世纪初，一些发达国家的政府、公共文化机构、学术团体与互联网企业等商业机构出于文化实力竞争和数字化战略、开放式数字图书馆建设，以及开发利用作品资源等不同动机，从不同层面上实施了规模不等的作品权利清算（rights clearance），包括确认作品的著作权状态、确认作品的权利人身份、尝试与之取得联系，向其征求使用许可及支付报酬在内的一系列与授权使用相关的活动，目的是在著作权法的框架下，以合法方式实现对作品的数字化利用。当前，有关孤儿作品的信息和数据大多来自这些项目，即权利清算的副产品。

应当说明的是，由于这些数字化项目以及相关的权利清算活动开展时，许多国家尚未就孤儿作品的认定，尤其是尽力查找的标准制定明确的规范，更不用说在国际上达成一致。毕竟，用于确认孤儿作品身份的"勤勉查找"本身就是主观而非客观的，从这个意义上说，孤儿作品的认定实际上都是一种"推定"，是根据某种标准实施查找的结果所做的推定，而不是对客观真相的揭示。从各国不同项目中获得的数字不具有横向的可比性，也不应指望仅凭个别项目中的数据就能对当下孤儿作品状况作出精准的、全面的评价。不过，这些零星收集的经验与数据——尤其是从一些小规模数字化项目中得到的翔实的数字（除了各类作品的数量以外，还包括交易成本和耗时等），均可以使我们窥见作品孤儿化现象的一隅，不失为研究孤儿作品使用难题的起点。

---

[1] HANSEN D. Digitizing orphan works: legal strategies to reduce risks for open access to copyrighted orphan work[R]. Cambridge: Harvard Library, 2016.

（一）欧洲

2009 年年底，欧盟委员会开展了一项调研，通过欧洲研究性图书馆协会和欧洲国家图书馆基金会会议向此前曾经或者正在开展馆藏作品数字化项目的若干文化机构发出请求，请求提供项目实施过程中收集到的相关信息和数据，以此弥补当前比较匮乏的孤儿作品基本信息，目的是对欧洲范围内的孤儿作品存量和孤儿作品给数字化利用造成的障碍有初步的、直观的认识。在 2010 年提交给欧盟委员会的《关于孤儿作品与权利清算成本的评估》一文中指出，欧洲的各类文化机构收藏的作品都有不同程度的孤儿化现象。

1. 英国

牛津大学博德利图书馆（Bodleian Library）将实际统计数字与一定合理假设相结合，对该国出版于 1850—2009 年图书的若干关键信息进行了估算：①作者仍健在的图书数量；②仍在著作权保护期但作者已死亡的图书数量；③作者死亡已逾 70 年（即已入公共领域）的图书数量。据推算，2009 年英国存有约 627688 册孤儿图书，占该国全部版权图书数量（4756746 册）的 13%。由于欧盟成员国的著作权保护均为作者终身外加死后 70 年，在无有力反证的情况下，有理由假定各国图书的孤儿化比例一致，即同为 13%；再根据 27 个成员国的年平均图书出版水平进行加权计算并求和，欧盟中孤儿图书的总数应在 400 万册左右——保守起见，最后将该数字调整为 300 万册。[1]

韦尔科姆图书馆（Wellcome Library）曾尝试对收藏的 2900 幅海报进行数字化并通过网络公开展示。其间，图书馆花费 88 天完成了其中 1400 幅作品的权利清算。身份得以确认的权利人有 980 名，其中仅有一半能够查到联系方式；而这些权利人对图书馆发出的许可请求函的回复率仅为 16.5%；最终，清算完毕可供数字网络出版的作品数量为 270 幅；而有

---

[1] Society of College, National and University Libraries, SCONUL, January 2010.

1095 幅（占实际履行完清算手续的 1400 幅作品的 78%）被认定为孤儿作品。鉴于这些作品的年代并不久远（均创作或公开自 20 世纪 80 年代以后），这个孤儿化率应当说是很高的。对此，一种解释是，该项目的权利清算者将自发送许可请求函之日起两个月内未收到反馈的作品皆视作孤儿作品；换言之，该估算比例可能偏高于实际情况。[1] 以上工作总计花费 7 万欧元 [2]，其他相关费用为 1.3 万欧元 [3]。

2009 年，大英图书馆的录音档案馆开展了一项"存档录音项目"，欲将收藏的 45000 件录音制品 / 作品进行数字化后供高校学生学习研究之用。据介绍，由于许多录音中使用了他人的文字、音乐作品和表演等内容，权利人的确认和查找格外烦琐复杂；尤其是，许多录音制品是对即兴演说、即兴音乐表演、演奏等内容的录制，制作者未提供相应的文字描述，工作人员不得不逐一播放聆听具体内容来确定录音制作过程中是否使用了他人的版权作品。大英图书馆提供的数据显示，在所涉及的全部作品中，文字作品的权利人无法找到的比例是 64%，表演权的权利人无法找到的比例则高达 85%。[4]2009 年年底，该项目将 80% 的录音制品 / 作品的数字化版本通过网络向公众提供，其中一部分已实际获得了授权，还有相当一部分被认为是孤儿作品；对于后者，大英图书馆制作了详细的查找过程记录，以备将来被诉侵权时作为证据使用，它是少数有能力承受孤儿作品使用的法律风险的文化收藏机构。

---

[1] 发出的许可请求函得不到权利人的回应，不意味着权利人客观上无法找到；这一举动也不能用以对抗权利人日后就使用者未经许可使用的行为提起的侵权起诉，因为在缺少法律规定的情况下，无法从"未收到复函或回音"这一事实中推导出作品权利人默示同意的意思。

[2] 该项目不向权利人支付报酬，故权利清算费用不包括使用费；对于权利人以付酬为授权条件的，图书馆将放弃对该件作品的使用。

[3] VUOPALA A. Assessment of the orphan works issue and costs for rights clearance[R]. European Commission, 2010.

[4] Id., p.34.

在英国国家彩票设立的基金资助下，英国国家档案馆建立了一个名为"Moving Here"的有关移民信息的网站，并欲对 1114 份早年的遗嘱文本进行数字化并在网站上公开展示；为此它以 35000 英镑的年薪聘请了一名专职人员全职工作，两年来查找这些文档的著作权人并寻求使用许可。其中，597 份文档得到了使用许可；45 份文档的权利人拒绝许可；77 份文档的权利人对许可附加了支付使用费的条件；385 份文档的权利人无法确认；10 份文档的权利人无法联系。[1] 可见，在该项目范围的作品孤儿化率约为 35%；而考虑到这些作品的非商业性质和极低的市场价值（如果有的话），每年 35000 英镑的人工费用和 2 年的时间显然不够合理。在没有切实可靠证据的情况下，文化机构倾向于保守地推定作品受著作权保护，而不是假定它们处于公共领域，尽管事实上这些作品很可能已经不受保护；而就是这样的"作品"，仍然有不少"权利人"提出付费才准予使用的要求。对于仅靠有限的财政支持的公共文化机构来说，在耗费大量人力、财力之后所获甚微，不但令人沮丧，更迫使其从一开始就放弃以数字化利用为目的的权利清算。

此外，根据 2006 年发布的《高尔知识产权评论》，一项对英国各博物馆收藏的摄影作品进行的调查显示，有 1700 万张照片（馆藏照片数的 90%）的权利人无法被确认。[2] 2012 年，英国知识产权局发布的《孤儿作品影响评估》指出，各类公共文化机构中或多或少有孤儿作品存在，尤以图书馆、档案馆的比例最高；根据平均数推断，英国境内各类型孤儿作品总数高达 5000 万件。[3]

---

[1] VUOPALA A. Assessment of the orphan works issue and costs for rights clearance[R]. European Commission, 2010: 40.

[2] GOWER A. Gower's Review of Intellectual Property[R]. London: HM Treasury, 2006: 70.

[3] Intellectual Property Office of UK. Orphan works impact assessment(final) [R/OL]. (2012−06)[2018−09−12]. http://www.ipo.gov.uk/consult−ia−bis1063−20120702.pdf.

2. 荷兰

荷兰国家图书馆开展的"荷兰日报项目"以 1618—1995 年出版报纸上的各类作品为数字化对象。荷兰国家图书馆指派了一名专人在 4 年时间内全职从事作品权利清算，此项人工成本达 26.8 万欧元；图书馆还拨款 13 万欧元用作对已找到的权利人的使用费以及对尚未找到的权利人的付酬保证金。

在一项对以荷兰语出版的手册进行数字化的项目中，荷兰国家图书馆同样也指派了一名专人负责作品的权利清算，包括查找、联络和与权利人协商使用事宜，以及等待收取权利人签章后寄回的合同书。历经 5 个月，只完成了 50 件作品的权利清算（平均每月 10 件）。依照这样的速度和成效，完成全部的历史手册权利清算将需要 8 年甚至更久；而要实现那些作品数量百倍于此的数字化项目几乎是不敢想象的。[1]

另一项名为"Images for the Future"的数字化项目，其主要目标是对 50 万张摄影作品和 5000 小时的影片进行数字化，使社会公众能够最大限度地获得这些宝贵的历史视听资料。项目方聘请了 3 名工作人员全职处理权利清算事宜，共计 4 年时间，仅人员薪资一项就累计达到 62.5 万欧元。[2]

3. 奥地利

奥地利因斯布鲁克大学图书馆曾对 21.6 万件发表于 1925—1988 年的德语学术论著进行数字化，这些文献占馆藏图书和期刊总量的 15%~20%。数字化成本为 15 万欧元。该项目系依据该国著作权法上关于图书馆复制馆藏的例外规则而进行——与大多数国家关于图书馆复制的合理使用相类似，图书馆只被允许制作和向馆内用户提供数字复制件，而不允许未经权利人许可通过网络公开传播复制件。尽管如此，该图书馆目前

---

[1]　VUOPALA A. Assessment of the orphan works issue and costs for rights clearance[R]. European Commission, 2010: 22–23.

[2]　Id., p.26.

尚无意着手寻找相关权利人，很大程度是此举所需的成本将高达数字化成本的 20~50 倍，甚至更多。在该图书馆看来，在"网络时代和开放获取的今天"，应当允许公众通过网络获得这些研究成果；何况这些文献并不在保密范围内，人们本来就可以亲自造访图书馆获得。[1]

2009 年，蒂罗尔大学及地区图书馆曾就 502 册有数字出版需求的图书进行了著作权状况调查。其中，出版于 1900 年以前的 195 册图书直接被推定为进入公共领域。出版于 1901—1939 年的 135 册图书中有 30% 被证明进入公共领域；其余享有或可能享有著作权的图书中，95% 的无法查找到权利人。出版于 1940—1988 年的 172 册图书中有 75% 的最终被认定为孤儿作品；其余 25% 的图书权利人身份得到了确认并取得了联系，这些权利人均未要求使用者支付报酬。最终取得权利人肯定答复的请求等待期为 1~3 个月；如果许可请求函发出后 3~4 个月仍无回应的，图书馆则会将其视作孤儿作品。[2] 就该项目的相关数据来看，由于孤儿作品所占的比重很大，就 20 世纪出版的图书进行数字化利用而进行查找和寻求授权许可，很难在合理的成本和时限内取得。

此外，欧洲电影协会（Association des Cinémathèques Européenne）2010 年开展的一项调查显示，在欧洲各国影片档案馆收藏的影片资料中，约有 106.4 万件（约占此类馆藏总量的 1/3）权利归属不明确；据推测，有 22.5 万件为孤儿作品，这里面既有故事片也有纪录片。[3]

（二）美国

2005 年，美国版权局首次就孤儿作品规模进行调研，从回收的调查问卷和调研对象主动提交的报告来看，美国本土的作品孤儿化现象正如同

---

[1]　VUOPALA A. Assessment of the orphan works issue and costs for rights clearance[R]. European Commission, 2010: 24.

[2]　Id., p.20.

[3]　Id., p.25.

其他国家或地区一样"广泛存在"。[1]与欧盟各国类似，美国政府也没有在全国范围内开展统一的自上而下的调查，而是号召国内的教育机构、图书馆、档案馆、行业协会和商业机构等使用者和利害关系人就孤儿作品现象及其规制进行相应的调研、评估并提出建议。不过，通过这种方式收集的数据经验都是分散的、局部的和小规模的，其中令人印象深刻的数据主要来自著名高校在图书馆藏品数字化过程中对作品的权利清算。

杜克大学曾在 1998 年尝试对发布于 1911—1955 年的 7000 余幅广告海报进行数字化，但根据商业广告合同等线索找到的广告制作者还不及这批作品权利人总数的一半。[2]

康奈尔大学在 2005 年的调研报告中称，出版者或著作权人无法联系的作品占馆藏图书量的近 1/4；在校图书馆数字工程拟收录的 343 册已绝版但尚在保护期内的专著中，著作权人不明或失联的有 198 册，占总数的 58%；而仅为查找权利人而支出的成本就已逾 5 万美元。[3]

据卡耐基·梅隆大学图书馆 2005 年的研究显示，其欲进行数字转换并通过网络公开的 278 册珍稀图书中有 22% 的无法查找或仅联系到出版社。在此项目中，校图书馆为获取使用许可而支出的单册成本约合 78 美元——这还仅是在实际获得许可的图书范围内所做的统计，不含聘请法律专家以及为采用其他专业技术支持而支出的系统成本；如果算上所有开支，粗略估计单册成本将达到 200 美元。

---

[1] The orphan works problem and proposed legislation: hearing before the subcommittee on courts, the internet, and intellectual property of the house of commons. On the Judiciary, 110th Cong.(2008).

[2] PRITCHER Y. Access: seeking copyright permissions for a digital age, D-Lib Magazine [EB/OL].(2002-02)[2018-08-20]. http: // www.dlib.org/dlib/february00/pritcher/02pritcher.html.

[3] THOMAS S E. Comments on orphan works notice of inquiry to jule L. Sigall, Assoc. Register for Policy & Int'l Affairs, U.S. Copyright Office [EB/OL].(2005-03-23) [2018-01-06]. http://www.copyright.gov/orphan/comments/OW0569-Thomas.pdf.

加州大学洛杉矶分校的影视档案馆在 2006 年曾评估认为，该校收藏的 25000 件电影和电视节目中有 10% 的孤儿作品；鉴于这些影视作品皆来自娱乐产业而非出自业余爱好者之手，区区 10% 已足够惊人。[1] 尽管这些视听作品不少是被捐赠给学校用作研究或者备用素材的，但未经许可使用这些作品仍可能招致高昂的赔偿。[2]

2010 年，北卡罗来纳大学研究人员在对 19 世纪美国政治家 Thomas E. Watson 与他人之间的 8400 余份往来书信进行整理和权利清算的过程中，共耗费约 4 个半月对 3300 余名自然人作者的身份和联系方式进行查找核实，按小时发放的薪资累计达到 8000 美元。而最终结果是，仅有 9% 的作者得以被确认为逝于 1939 年以前，从而认定其作品已归公共领域；其他作者要么身份无法确认，要么虽可确认身份却无法确认卒年和权利继受情况；实际被找到的权利继受者只有区区 4 人。[3]

密歇根大学图书馆在一个项目中对 5463 份以抗艾滋病为主题的纸质资料进行权利清算时，确认这些资料总共来自 1377 名权利人，但最终完成权利清算的资料只占总量的一半。[4]

著名的"谷歌数字图书馆计划"拟对 3000 万册藏书进行数字扫描，预计耗资达 7.5 亿美元。[5] 据 Samuelson 教授估计，除去这些藏书中已经归

---

[1] 在专门收藏非商业制作的影视作品 (如家庭录影、教学影片、纪录片、独立制作的电影、先锋派电影以及商业价值较低的产业化制作电影) 的档案机构中，孤儿作品的比例远高于此。

[2] VUOPALA A. Assessment of the orphan works issue and costs for rights clearance[R]. European Commission, 2010: 26.

[3] DICKSON M. Due diligence, futile effort: copyright and the digitization of the Thomas E. Watson papers[J]. The American Archivist, 2010(73): 630.

[4] HANSEN D. Digitizing orphan works: legal strategies to reduce risks for open access to copyrighted orphan works [R]. Cambridge: Harvard Library, 2016: 100.

[5] BAND J. The long and winding road to the Google books settlement [J]. John Marshall Review of Intellectual Property Law, 2010(9): 228.

入公共领域的部分外，其余仍在著作权保护期内的图书有高达70%的为绝版图书，而大部分绝版图书又系著作权人身份不明或者联系不上的孤儿作品。不过也有学者估算出的绝版书比例为41%，并进一步推算孤儿作品比例为16%。[1]另一位学者Peter Hirtle教授则估计谷歌图书馆藏书的孤儿作品比例为12%。[2]如果为了取得必要的使用许可而对该项目所涉及的全部图书进行逐一权利清算并支付许可费，上述成本还要大大增加。无怪乎微软在2008年退出了Open Content Alliance——一个与网络数字图书馆类似，但以支付作品使用许可费为条件的项目。[3]

而在与谷歌图书馆技术类似的HathiTrust数字图书馆项目中，已经数字化且超过1000万件的作品（主要是图书）中约有1/4系孤儿作品。[4]

（三）对欧美孤儿作品使用状况的总体评价

第一，孤儿作品现象普遍存在且规模不容小觑。不同类型作品的孤儿化现象严重程度有所差异；各文化机构的孤儿作品现象严重程度也跟其主要藏品的类型有关。摄影作品和视听作品中孤儿作品的比例畸高。

第二，大量馆藏作品的著作权状态不明，即使文化机构意图只以公共

---

[1] HAUSMAN J A, SIDAK J G. Google and the proper antitrust scrutiny of orphan books [J]. Journal of Competition Law & Economics, 2009(3): 420.

[2] HIRTLE P. Why the Google books settlement is better than orphan works legislation, library-Law Blog [EB/OL].(2009-05-27)[2018-02-12]. http://blog.librarylaw.com/librarylaw/200905/why-the-google-books-settlement-is-better-than-orphan-works-legislation.html.

[3] NADELLA S. Book search winding down [EB/OL].(2008-05-23)[2018-12-16]. http://www.bing.com/communi-ty/blogs/search/archive/2008/05/23/book-search-winding-down.aspx?PageIndex=1.

[4] WILKIN J P. Bibliographic indeterminacy and the scale of problems and opportunities of "rights" in digital collection building, ruminations [EB/OL]. (2011-02-30)[2018-12-30]. http:// www.clir.org/pubs/ruminations/01wilkin/wilkin.html, 2011.

领域作品为使用对象，但要以核实作品的权利状态为前提；而作品的权利状态又系于作者身份、死亡时间、创作关系等要素，换言之，为了查明作品的权利状态也常常需要查找作品的权利人。在欧美国家的著作权法律制度下，只有完成时间早于 19 世纪七八十年代的作品才能相对稳妥地推定为已经归入公共领域。不过，即便是专门针对公共领域作品的档案存储项目，也可能因为庞杂的对象中包含未发表的作品（如私人书信）而隐藏着侵权风险。美国法律对未公开（unpublished）作品予以很高程度的保护[1]；扫描这些作品并置于可公开访问的数据库中供公众查阅和下载可能遭致法律上的不利后果。《伯尔尼公约》第 10 条第 1 款关于复制权的例外规定就明确限定于 "已经合法公之于众的作品"。

第三，权利清算的难度与成本取决于清算对象的年代、规模、保存完整性等因素，孤儿作品的大量存在将极大地增加成本，甚至使清算无果而终。一般来说，作品年代越久远，越缺乏商业价值，用于权利清算以及寻求权利人许可的成本越高，常超过数字化本身所需的成本。不过，一些规模不算大、作品年代并不久远的数字化项目，权利清算的难度与成本也不低。

许多文化机构并不具备充足的资金和专业队伍来为数字化项目实施权利清算，尤其是对于大规模数字化项目来说，若无财政、公益基金会或者其他民间力量的资助则将寸步难行。而专项性外部资金的投入往往以项目具有可靠的预期成果为条件，因此使用方式的合法确定性直接决定了项目能否获得资助。还有一些文化机构为研究人员、学校师生等提供 "按需数字化复制" 服务，实际上就是由需求者来支付特定作品数字化所需的费用。费用价格中包含权利清算及获取授权的成本，如果成本过于高昂，该项服

---

[1] 例如，Salinger v. Random House, 811 F.2d 90(2d Cir.), cert. denied, 108 S. Ct. 213(1987). 在该案中，法院认为兰登书屋出版发行的图书复制使用了塞林格未曾公开书信中的表达，这种使用方式不能构成 "合理使用"。

务也将无法开展。

第四，数字化项目的权利清算效率较低，最终获得权利人许可的成功率也较低。一部分原因是权利人明示拒绝许可或者提出的许可条件无法为使用者所接受，因此达不成协议。而绝大多数情况是由于作品的著作权状态无法确认或者虽然可以确认，但权利人查找无果，无法获得许可。

鉴于当前国际上在孤儿作品认定方面尚无统一认定实体和程序规则，有关统计数据也不能直接加以横向比较。但毫无疑问的是，这些数据向我们展示了文化机构等数字化使用主体所面临的多重困境：因逐一查找并向权利人寻求许可而发生的高昂交易成本，权利清算的"高投入低产出"，以及因查找无果而被确认为孤儿作品从而导致无法使用，严重妨碍了文化遗产的利用和知识的创新，尤其是只有依靠大规模数字化使用才能实现的社会效益。

（四）我国孤儿作品的使用状况与潜在规模

我国目前尚未对境内的孤儿作品进行系统调查，根据当前已经开展的部分数字化项目及其统计数据来看，我国也应当存在相当规模的孤儿作品。

1. 民国文献中仍有部分孤儿作品

例如，CADAL（China Academic Digital Associative Library，即大学数字图书馆国际合作计划）项目管理中心与北京正字典藏科技有限公司合作建立的《民国文献大全（~1949）》数据库就收录了海量图文并茂的民国文献，包括图书逾 18 万册，期刊约 2.1 万种，报纸新闻与广告条目达 1100 万条；截至 2018 年年底全库文字资料近 20 亿字。[1] 中国国家图书馆对 1912—1949 年制作的中文期刊缩微胶片开展了数字化项目，预计在 3 年内完成 600 万拍缩微胶片的数字扫描和转换。[2]

---

[1]　参见其官网首页，http://cadal.hytung.cn/Main.aspx。

[2]　参见中国国家图书馆主页介绍，http://www.nlc.cn/dsb_zyyfw/gj/gjzyk/。

根据我国著作权法关于保护期的规定推算，20 世纪 80 年代以后去世的自然人作者的作品目前仍在著作权保护期内。假如某人在 1925 年（25 岁）创作完成，1980 年（80 岁）去世，其作品将到 2030 年年底才归入公共领域。因此，目前保存的大量 1912—1949 年的文献资料应该仍有部分处于著作权保护期内。鉴于自 20 世纪初到 20 世纪晚期，我国经历了许多重大的社会历史事件，时至今日，当年许多文献的权利人身份必然已经不可考或者虽知其身份却无法找到其下落，导致相关文献成为孤儿作品。[1]

上述数字化项目的有关介绍中并未提及项目运营方是否进行了权利清算，是否以某种方式解决了授权使用的问题。对照域外实践情况，笔者大胆推测，项目方应当是在整体评估了法律风险的基础上，认为这部分作品大多已归入公共领域，即使有部分仍在保护期内，权利人现身并维权的概率也非常低，故敢于未经权利清算或未经授权而使用。这也从一个侧面反映出，我国没有欧盟那样保护创作者或其他著作权人的个人权利的法律传统和政策倾向——欧盟的文化机构在未经授权使用作品方面应当是目前世界上最为谨慎而保守的。

2. 1949 年后出版的文献有一定绝版率和孤儿化率

从 1949 年中华人民共和国成立至 2002 年，我国出版图书约有 170 万种，出版期刊 2 万余种。[2] 与 1912—1949 年的文献相比，1949—2002 年正式出版的文献在查找著作权人时可能会有更多的线索，整体来说，此时期的权利清算的难度比 1912—1949 年的文献要低；但由于创作完成或发

---

[1] 值得一提的是，较之图书的权利人，报刊刊载作品的权利人查找起来难度更大。一方面，早期的报刊上所能提供的作者身份信息往往只有署名；有时投稿人还会使用匿名、假名。另一方面，报刊上刊登作品的作者不乏自由撰稿人和业余人士，他们与杂志社、报社之间没有签订劳动合同或确定雇佣关系，杂志社和报社在支付报酬之外，很少会调查他们的真实身份并保留他们的详细联系方式。

[2] 华喆. 绝版作品数字化版权问题研究：以欧盟和法国的版权制度调整为视角 [J]. 电子知识产权，2018(9): 38.

表时间更晚，整体上受著作权保护的文献数量应该更多，因此也可以合理地推断这部分文献中包含相当比例的孤儿作品。

在此以图书为例进行分析。首先，绝版图书的著作权归属比较复杂。根据法律和行业惯例，作者必须与出版社订立书面的出版合同，将出版发行权独家授予出版社。21 世纪之前，传统出版业尚未开始数字化转型；我国《著作权法》也是在 2001 年修订后才增加了"信息网络传播权"这一权项。此前订立的权利概括授予或者转让合同很可能不包含或者不能解释为包含与数字网络出版相关的权利。在这种情况下，绝版图书的著作权归属较为复杂。原则上，除非双方签订补充协议，否则出版社仅有纸质出版发行权，数字网络出版的权利仍由作者或其继承人享有。根据《著作权法》，图书脱销后出版者拒绝再版、重印的，著作权人有权终止合同，出版社根据合同取得的专有使用权将重新回归著作权人；出版合同约定的专有许可期限届满而未续签的，相关权利也应回归著作权人。可以推断，在 1949—2002 年出版的且现已绝版的图书中，有很大比例的著作权已复归作者。其次，与法人属性的出版社相比，作者及其继承人等自然人权利人数量更为庞大。在我国，绝大多数的图书作者没有加入集体管理组织，使用者无法通过集体管理组织查找和联系图书的作者或权利人，也无法与集体组织订立"一揽子许可"解决分散授权的难题，而逐一查找并获取授权成本极高。再次，由于图书绝版后很难为权利人带来收益，后者实施权利管理的积极性不高，许多图书权属信息过时、缺失，增加了查找和联系的难度，导致一些作品因权利主体的身份无法确认或者无法联系而沦为孤儿作品，使授权使用成为不可能。最后，许多作者和出版社对图书的著作权状态和归属也缺乏清晰的认识。有时即使找到了作者，他可能会认为已经将权利转让或许可给了出版社；而找到出版社，后者又会认为相关权利在作者手中，这样就迫使作品使用者必须自行了解其中的法律关系。

在实践中，为了满足人们对绝版书的需要，解决分散授权的难题，业界也开展了一些有益的尝试。例如，2011年，我国教育部高等学校图书情报工作指导委员会文献资源建设工作组与中国文字著作权协会（以下简称文著协）、某文化公司、某印刷公司合作开展"1949—2005年中国大陆断版学术图书限量复制项目"。[1]工作组负责对该范围内的人文社科学术著作进行收集、整理、筛选，编制《百年华文人文社会科学学术图书要目》并从中甄选出18000余种学术水平较高的人文社科图书作为针对高校图书馆的补缺推荐书目，由印刷公司提供印制服务，文化公司向高校图书馆进行征订，文著协负责取得必要的授权。

近年来，许多理工类院校纷纷升格为综合性大学，馆藏中的人文社科类图书缺藏严重。现行著作权法不允许图书馆复制非馆藏图书，对于已经绝版、无法通过常规市场渠道以合理价格获取的图书，集中由独立的第三方主体组织权利清算和复制发售不失为一种权宜之计。不过，为了兼顾合法性与可操作性，项目运作方式与成效仍存在局限与缺憾：首先，项目产品只是利用数字技术扫描、还原和优化后印刷出版的实物图书，在内容组织形式与传播方式上并未实现数字化，无法发挥数字出版在成本、速度、规模、二次开发利用的潜能以及读者互动性等方面的优势。其次，每种图书仅复制200册，向高校图书馆限量发售（每种限购3册），只能解决部分高校图书馆的需求；而公共图书馆等文化机构不属于该项目的服务对象，因此无法利用高校资源的公众获取绝版图书的渠道依然匮乏。最后，由于获取授权的难度大、成本高，复制件售价居高不下，不仅给图书馆带来财务压力，而且可能导致交易不顺利，异化为侵权，遭致非议和纠纷，折损良好的初衷。而需要仰赖文著协的资源和公信力来解决授权问题的操作方式并非其他使用者能够轻易复制的。

---

[1] 绝版作品与孤儿作品有诸多共性，外延存在一定交叉，相对而言，绝版作品的权利清算与合法使用实现难度要小于孤儿作品。因此，尽管该项目以部分绝版图书为对象，但"举轻以明重"，在我国开展孤儿作品数字化的难度可想而知。

上述有限的数据和案例仅涉及一部分文字作品——经过正规出版的图书、期刊和报纸，并没有全面、严格地反映相关作品包含的其他可著作权性元素（如图书中包含的、著作权归他人所有的插图）的情况；此外，还有大量未出版、未发表的文字作品，更有如视听资料、摄影等孤儿化问题比较严重的作品类型。尽管我国长期以来实行出版物样本缴送制度，在很大程度上起到了类似于欧美国家的集体管理组织的信息收集功能，在一定程度上弥补了著作权自愿登记形成的巨大信息空缺；但是与集体管理组织一样，这些出版物基本信息登记通常不包括主作品内部包含的从属作品的权利信息。

综上所述，有理由认为，我国的孤儿作品现象和孤儿作品使用难题的严峻程度在总体上不亚于欧美国家。

三、数字时代的孤儿作品使用——因数字化技术而多元

从微观个案上看，孤儿作品使用行为具有表现形式多样、属性复杂的特点。类型化的研究方法有助于深化人们对规制对象本质和特征的认知，进而提高立法和司法规制的效率。在数字技术时代，新型使用方式的涌现、新型经营模式的嵌入都会给理论层面的抽象化和类型化带来一定的难度。这也提示我们，有必要定期重新审视作品使用行为的发展变化，查看已有的理论与规制框架是否能够合理地容纳各种新兴使用方式。

现有研究中比较典型的类型化框架有：美国联邦版权局在 2006 年版《孤儿作品报告》中根据使用者的身份属性和使用方式对孤儿作品使用所作的分类[1]，以及 Matthew Sag 教授根据使用行为"是否以向公众提供替代性的表达为目的"所划分的"表达性使用和非表达性使用"[2]。

---

[1]　Register of Copyrights. Report on orphan works[R]. Washington: U.S. Copyright Office, 2006: 36–39.

[2]　SAG M. Orphan works as grist for the data mill [J]. Berkeley Technology Law Journal, 2012(27): 1527–1528.

《孤儿作品报告》确立的类型化框架对多角度、全方位认识孤儿作品数字化使用行为的特征具有启示意义，但采用的划分依据不统一，导致各种类型的使用行为在概念外延上多有交叉。最明显的就是"爱好使用"与"私人使用"的外延大面积重合；而以大量的史料收集和整理为基础创作的作品，既属于"后续创作使用"又具有"大规模接触性使用"的特点。

Sag 教授的类型化框架对司法实践具有直接的参考价值。这个分类对孤儿作品研究的意义在于数字时代的孤儿作品使用中存在大量借助计算机技术所为的"非表达性使用"。在其看来，这部分使用行为不应受著作权控制，因而"不会发生孤儿作品使用难题"。但他的这种主张很大程度上依赖于一个重要的普通法理论——"转换性使用"的支撑，换言之，"非表达性使用"往往（不过未必都）具备"转换性"特点；而"非表达性使用"要真正获得合法性、确定性，则需依托于美国高度开放的合理使用制度。在我国及其他法域，这种"非表达性使用"能否构成一种合理使用还存在很大的不确定性。[1] 即使承认"非表达性使用"的合理使用属性，在目前来看，它也只能为由计算机实施的、作为技术运行中间环节的复制行为提供正当性支撑，而不能涵盖与数字图书馆建设运营紧密相关的公开提供作品的行为以及演绎性使用行为，这些使用行为的合法化仍需另寻进路。

只有全面认识孤儿作品使用行为的特征、性质，充分考虑现实社会对不同类型使用行为的需求，厘清哪些使用行为已为现行法所规范、规范是否合理妥当，哪些现有规范已经不能反映现实情势变化，又有哪些使用行

---

[1] 例如，谷歌数字图书馆被美国联邦地区法院和第二巡回上诉法院接连确认为合理使用后，在我国却因为没有相应的合理使用依据而只能认定为侵权。案情及判决结果详见北京市第一中级人民法院 (2011) 一中民初字第 1321 号；北京市高级人民法院 (2013) 高民终字第 1221 号。又如，谷歌搜索引擎对网页进行快照保存以及将缩略图应用在搜索引擎查找结果列表中加以显示的行为，在美国判例法上被确认为合理使用，但在比利时和德国的若干诉讼案中，其主张的合理使用抗辩皆不被法院采纳。

为还处于法律调整的真空地带，才能就法律调整的时机、方式和必要性作出准确的判断。

本书为孤儿作品使用行为建立的类型化框架如表3-1所示。这是一种双层的复合结构，一方面，根据使用主体在发展社会文化、增进文化福利过程中所扮演的角色、发挥的功能，将孤儿作品使用方式分为"中介性使用与创造性使用"；另一方面，根据使用行为是否具有营利属性对前两者进行再分。与美国《孤儿作品报告》的框架的"复合标准"不同，本书的类型化框架可以做到对评价对象的周延划分。

表3-1　本书对孤儿作品使用的分类

项目	营利性	非营利性
中介性	建设商业性数字图书馆等	建设公共数字图书馆、制作供视障人士使用的版本等
创造性	电影、纪录片中剪辑插入视听作品片段等	学术写作、教学使用等

（一）中介性使用与创造性使用

顾名思义，"中介性使用"的主体只是作为提供作品的媒介，为公众接触、获取和使用作品提供渠道或创造便利。这种使用方式的突出特征是"内容中性"。一方面，使用者不关心作品的思想与表达，作品的性质（纪实或虚构）、学术价值、艺术造诣等对形式化使用方式均无影响。也正因此，这类使用方式通常具备批处理化、大规模化的可能。另一方面，使用过程中并非完全不改变作品的表达，但改变与否以及改变的程度（如改变图像的尺寸、分辨率）取决于使用的目的，依技术功能需要而定，并非为了表达使用者的思想或情感。

此类使用方式的典型案例是图书馆、档案馆、展览馆等公共文化机构，因馆藏作品原件过于珍稀或者载体陈旧易损又已绝版等原因，不得不制作数量充足、格式合适的复制件，以实现知识信息的可持续传播和利用。又如，技术服务商为实现信息检索、文本分析、数据挖掘等技术功能，也必须先对海量作品进行复制和数字化并建立数据库。再如，为了开发供视障人群使用的特殊文本而对作品进行数字化和转码等操作的使用方式。

这类孤儿作品使用行为的社会效益不仅体现为对著作权制度目标的直接响应，而且突出地体现在通过研发、应用以及向公众提供新技术（如文本内信息检索系统、学术不端检测系统[1]、智能发音朗读技术等），间接地促进知识信息的创造和传播。因此，为使用者提供救济并创设可行的著作权交易机制殊为必要。

在数字网络时代，中介性使用的对象具有大规模化趋势，使用者要在事前自主甄别出使用对象中潜在的孤儿作品是成本极高的，但是当个别权利人事后提出停止使用要求时，使用者能够比较容易地找到特定作品并将其移除。由于中介性使用具有"内容中性"的特点，从使用对象域中移除个别作品一般不会对项目整体造成影响，因为使用者的法律风险主要来自高额赔偿和声誉损害。为了防范风险，使用者可能会将疑似孤儿作品与确认的孤儿作品一并加以排除，这样也会使作品保藏、传播和利用的效益大打折扣。正如 Franco Moretti 教授所言，"许多宏大的研究课题不是对个案中点滴认知的拼凑，其本身就是一个集合性的系统，必须从整体上加以把握"[2]；将研究的视域局限于非孤儿作品范围内会影响研究结论，毕竟

[1] 见 A.V. ex rel. Vanderhye v. iParadigms, LLC., 562 F.3d 630, 638(4th Cir. 2009). 该案是关于学术不端检测系统的运营商复制送检的学生论文而被诉侵权的案例，法院认为该技术运营商大量复制学生论文的目的是充实完善检测对比样本库，而且这些受著作权保护的论文始终只在系统后台运行中被使用，而没有呈现在检测结果报告中。这种技术化使用使作品不再服务于其本来的思想表达功能，而是成为支持技术运作所需的一种物料，且这种技术的应用对于鼓励创新是大有裨益的。
[2] HANSEN D R, HASHIMOTO K, HINZE G, et al. Solving the orphan works problem for the United States [J]. Columbia Journal of Law & the Arts, 2013(37): 22.

孤儿作品与非孤儿作品可能存在不同特征。Jennifer Urban 殊途同归地指出，许多事实性、短效性的孤儿作品，单独来看并没有明显的经济、历史或文化价值；当它们被挑选、归类并大量整合后就可能显示出历史数据价值。[1]David Hansen 精辟地总结道，许多研究从其自身属性来说，都不应满足于易得的研究对象；若不将孤儿作品囊括进来，可能就无法看清问题的全貌。[2]

与之相对的，"创造性使用"具有以下特征：

第一，创造性使用以被使用作品的表意内容为导向。创造性的使用行为建立在使用者对于作品内容的认知、选择基础上，它可能虽然使用了作品的表达，但不涉及作品蕴含的思想（例如，通过剪裁和拼贴他人摄影作品而制作的后现代美术作品），也可能既使用了受著作权保护的表达，又借此利用了不受保护的思想性内容（例如，"戏仿"使用）。

第二，这种使用行为将产生新的表达。这种新产生的表达未必都具有演绎作品的"独创性"高度，被使用内容在新表达中所占的比重也未必达到对原作品的"依附性"程度。简言之，这里的"创造性使用"不完全等同于著作权法上的"演绎使用"。[3]举例来说，根据孤儿作品进行续写、改编、摄制电影等固然是创造性使用无疑，学者在论文中引用、评述、摘录孤儿作品的内容，教师将孤儿作品改编为阅读理解题，这些均属于本书所划分

[1]　URBAN J M. How fair use can help solve the orphan works problem [J]. Berkeley Technology Law Journal, 2012(27): 1401.

[2]　HANSEN D R, HASHIMOTO K, HINZE G, et al. Solving the orphan works problem for the United States [J]. Columbia Journal of Law & the Arts, 2013(37): 22.

[3]　根据"权利界定相关行为"的原理，著作权法上的"演绎行为"的内涵是由"演绎权"的受控范围推导出来的。在我国著作权法上，"演绎"实际涵盖了一切通过改变已有作品来创作新作品的行为。演绎以"依赖性"和"独创性"为基本特征和构成要件，前者是指演绎并非凭空的原始创作，而是以已有作品为基础，实质地利用了其中的表达性元素；后者是指演绎改变了原作品的表达，演绎作品的最终呈现形式区别于原作品，是具有一定独创性的新作品。

的"创造性使用";从著作权控制行为的角度来看,有的使用行为可能落入演绎权控制范围,有的使用行为受到复制权的控制,还有可能兼涉其他受控行为。

由于创造性使用与被使用作品的表达性内容密切相关,使用对象的规模一般较小,甚至仅以单一作品为对象(如改编小说);一旦权利人事后主张停止使用,可能给使用者的前期努力和投资造成严重的损失。可见,创造性使用的侵权风险主要来自禁令这种救济形式。例如,制片商不得不将侵权片段从完成的影片中剪辑;在无法剪辑更改的情况下,就可能导致整部影片无法上映。又如,使用了孤儿摄影作品的教材已经付梓,若权利人坚持不得使用,出版者只能通过后期处理,将该照片遮挡,这样不仅增加了额外成本,而且削弱了后续创造性使用的价值。另外,由于创造性使用对象的数量较少,使用者的沉没成本又比较高,因此使用者通常会在事前进行勤勉查找,在确实无法找到权利人的情况下,还可以寻找替代品或干脆放弃使用来规避法律风险;但相应地,这些被放弃的作品的价值曙光可能就此熄灭,重新归于沉寂。

鉴于孤儿作品基本不在市面上公开流转,很难为公众所接触和认识,文化机构等作为孤儿作品的主要持有者,在文化遗产的保存、知识传播和信息交流方面发挥着不可替代的基础性作用,为包括演绎使用在内的教育、研究、学术、创新与发现等活动提供了条件,成就了文化的传承、分享和文化创造的参与民主。[1] 可见,中介使用能带来更基础、广泛的社会效益,它不仅为创造性使用提供了可以探索、发现和运用的文化资源,而且为新兴技术的研发和应用提供了强大助力;从为个别主体提供使用机会转变为公众创造使用的可能性。对中介性使用的认可和鼓励蕴含着当代著作权法

---

[1]　DAVID R. HANSEN D R HASHIMOTO K, HINZE G, et al. Solving the orphan works problem for the United States[J]. Columbia Journal of Law & the Arts, 2013(37): 15.

价值取向上的变化——从崇尚知识信息的创造转变为知识信息的创作与共享并重。

（二）营利性使用与非营利性使用

有观点认为，孤儿作品制度应当仅限于非商业主体实施的非营利性使用，唯有如此才不会对著作权人的市场利益构成竞争和替代；也只有在这个前提下，孤儿作品使用行为带来的社会公共效益才足以支持对著作权排他性加以限制。

诚然，如此限制适用范围确实有利于保障著作权人的利益，容易获得著作权人的认同，但笔者认为，孤儿作品制度不应概括地排除商业主体与营利性使用，理由如下：

首先，非商业主体不是社会公共价值的唯一创造者，面对日益复杂的社会状况和无处不在的市场资本因素，再将使用目的和性质"一刀切"式地分为营利性与公益性，这种方式难以准确评价具有公益、利他主义色彩的商业活动。正如"大部分纪录片制片人和独立制片人属于商业使用者，但这并不能抹杀他们作为新闻记者、故事讲述者和历史考究者所做的贡献"[1]。要充分发挥孤儿作品制度在挖掘文化资源价值，增进社会文化福祉方面的效用，应当允许商业主体参与进来，甚至应当调动商业主体的参与积极性，充分利用其在技术和资金资源方面的优势。商业目的与公益目标并不是非此即彼的。

其次，排斥商业主体和营利性使用适用孤儿作品制度，反而会妨碍、限制非商业主体对文化资源的保藏与传播。公共文化机构等非商业主体通常只是内容生产者或内容生产素材的提供方（例如，在谷歌图书馆计划中，合作图书馆只负责开放其馆藏供谷歌扫描）；而内容的传播，在传统上是通过实体出版发行和广播、电视信号等传播方式来实现的，这就意味着前

---

[1] Register of Copyright. Orphan works and mass digitization: a report of the register of copyrights[R].Washington: U.S. Copyright Office, 2015: 55.

者需要与出版单位、印制单位、发行单位和广播电视机构等其他传媒进行分工合作。在数字和网络技术高度发达的今天，知识信息还可以被转换为数字代码，通过互联网或其他网络进行传播。数字出版流程对技术的依赖性更高，分工环节更复杂，包括但不限于多媒体素材采集、脚本设计、程序设计、媒体编制、数据集成、产品测试、终审发稿、样盘刻录、复制发行、上线测试、正式发布、售后服务、读者反馈、再版修订、数据更新、在线监控、系统维护等。[1] 这些环节大多需要委诸专业的市场主体。因此，如果公共文化机构在孤儿作品制度下享有的责任豁免不能延及与之合作的商业主体，后者对相关作品的使用仍然缺乏合法依据，则会阻碍内容产业上下游的融合发展。

再次，不笼统地排斥商业主体和营利性使用，并不意味着认可各式各样的商业使用都能够享受孤儿作品制度的红利。美国 2015 年《孤儿作品与大规模数字化报告》认为，将美术、摄影、雕塑、图形等视觉艺术作品固定于 T 恤衫、马克杯等纯实用物品上的使用方式更多是一种商业性的产品装饰方案，在知识信息传播、文化资源传承方面的作用和社会公益价值远远不及孤儿作品立法有意鼓励的作品使用行为，还可能导致纺织和印染行业企业的图案设计被以孤儿作品使用的名义非法盗用，故不应使之得享孤儿作品立法赋予诚信使用者的责任减免待遇。[2] 如果我国最终采纳了《著作权法（修订草案送审稿）》中的方案——准强制许可制度，就不存在美国立法报告中的这种顾虑，无须对特定使用方式予以明示排除，而可以交由准强制许可审查机构对申请人的查找过程进行审查，结合作品的性质、使用方式、方法、使用规模和期限作出许可与否的决定；对于商业色彩浓

---

[1] 新闻出版实用知识丛书编委会. 数字出版 [M]. 重庆：西南师范大学出版社，2017: 35.

[2] Register of Copyright. Orphan works and mass digitization: a report of the register of copyrights[R]. Washington: U.S. Copyright Office, 2015: 55-56.

厚而公益性较弱的使用计划适用较高的许可费率，对著作权人作出充分的补偿。

最后，许多使用行为兼具公益性与营利性，有的则从起初的非营利性质转变为营利性质。这一点突出地表现在与互联网行业相关的应用。例如，某位青少年对视频、图像、音乐等作品进行剪辑和重新混录制作的视听作品在网络平台免费播放后引起巨大反响，该作者受到了外部资助并在原有基础上推出一个拓展版本，尽管是向公众免费传播，但视频中插入了一段赞助商的广告。先后两部视听作品的文化价值和社会效益并没有什么实质区别；如果非要说有区别，那么后一版本很可能在信息量或审美方面较先前有了更多进步。再以孤儿作品语境中十分重要的数字图书馆为例。作为一项互联网服务，商业性数字图书馆兼具公益性与商业（营利）属性，这是由互联网产业的特征决定的：一方面，互联网的价值取向是开放共享，这一行业的从业者，尤其是行业开拓者，多少带有一定的理想主义色彩和利他主义情怀；另一方面，资本对各个领域的渗透和控制决定了互联网产业必须服从于追求利润最大化的资本属性。大至互联网行业，中至某个互联网企业，小至某个特定的应用，在不同的发展阶段，其包含的公益性与商业性的混合比例是变动的：通常，在起步阶段，只有产品模式而无相应的盈利模式，公益性较强而商业性较弱；而在成熟阶段，往往围绕产品模式开发了各种相关的盈利模式，营利性也就显著增强。商业性数字图书馆这种互联网服务走向成熟的标志之一是经营者的收入结构由早期的依靠终端设备销售或者内容产品销售，发展为"终端销售＋内容下载平台""终端＋内容预装＋内容下载平台""免费阅读＋嵌入广告""付费阅读或付费升级服务"等多元化结构。多元组合化的盈利模式有助于平抑内容产品的价格，惠及社会公众；相对于纯粹的公益性、非营利性的数字文化服务，商业性数字图书馆能够给予被使用作品的著作权人更充分的利益返还。[1]

---

[1]　陈晓屏.绝版书数字化利用的著作权对策:以法国"20世纪绝版书数字化法案"为视角 [J]. 出版发行研究, 2019(12): 64.

（三）多元化孤儿作品使用行为分类的意义

作品的价值只有在传播和使用中才能得以实现。著作权法保护创作者专有权的目的不仅提高了公众投身创作的积极性，而且在于促进作品的传播与利用，增进社会整体的文化福祉。无论是中介性使用还是创造性使用，也无论其是否具有营利性，这些作品的使用方式都从某种程度上使孤本残卷获得了保藏而免于流失，使无人问津的作品价值得到释放而免于闲置尘封，都是增进社会文化福祉不可或缺的，而在为其提供制度支持和法律救济时，应当针对各自的特点设计相应的方案。同时，这些使用方式多数落入著作权控制范围，或多或少地与著作权人的利益存在矛盾，因此在设计孤儿作品使用制度时应当遵循利益平衡原则，充分考虑社会公众利益以及使用者、作者与著作权人的私人利益。

分类的目的并不是肯定或允许其中某一类，否定或限制其他类型；而是为了凸显建立一个全面的孤儿作品使用方案的必要性。主体的商业性和使用行为的营利性，不应成为使用者的道德包袱，确认使用行为的营利性与否不是为了简单粗暴地将这类行为一概排除出孤儿作品使用制度的受益范围，而是为了在立法和司法中以适当的价值取向予以对待。如果使用者对其行为抱有较高的价值预期，并且使用行为需要占用较多的版权作品资源，那么交易成本对于使用者依法践行"先授权后使用"的阻碍作用就相对较小。因此，商业性使用者在使用作品时应当施加较高的注意义务，对其勤勉查找不妨适用较高的审查标准，既要对其商业力量善加引导和利用，使之更好地造福社会，又要对其商业力量加以约束，防止不当扩张，侵害他人利益。相对地，对于非营利性的使用者来说，并不高昂的成本也能阻碍使用许可交易的实现，因此可以从鼓励创作与创新的宗旨出发，有必要在政策方面给予更多的宽容。

第二节　孤儿作品使用难题的法理剖析

在现行著作权制度下，除非使用行为落入"权利的限制与例外"的范畴，否则任何未经权利人许可、以著作权控制的方式使用作品的行为皆构成侵权。然而，大量孤儿作品的存在导致著作权领域与公共领域之间遍布"灰色区域"：这些作品的权利信息缺失严重，尤其是核心信息——权利人身份或联系方式的缺失，使得著作权状态存在极大的不确定性，完成作品的权利清算不仅需要花费很高的成本，而且未必能够有所收获，使依法授权使用面临极大障碍，甚至无法实现。使用者也很难根据既有信息单方面预判其使用行为是否会为权利人所容许，因此贸然使用的侵权风险成本很高，一旦权利人事后现身并主张权利，使用者将面临支付金钱赔偿和 / 或被责令终止使用的后果以及随之而来的其他费用。

只有少数特定的使用行为受到权利例外的庇护，可以免于征求权利人的同意，例如图书馆、档案馆等公共文化机构对自有馆藏作品进行保存性的复制。但这种例外十分有限，因为公开传播尤其是网络传播——不论是否出于营利目的，都将给权利人作品的潜在市场造成损害，故各国虽然出于公共文化政策目标的需要，在立法上规定了图书馆合理使用，但也都对由此产生的数字复制件的利用加以严格控制，仅允许面向馆内用户提供，不得开放远程访问——包括图书馆之间的互通有无。[1] 其他大部分使用方式——无论是大规模数字化利用还是针对少数、单一作品的演绎创作使用，仍需遵循授权使用的法则。

---

[1]　李明德，管育鹰，唐广良.《著作权法》专家建议稿说明 [M]. 北京：法律出版社，2012: 254.

一、孤儿作品使用难题的实质

在新制度经济学契约理论中，上述现象被认为是事后机会主义动机引发的"挟持问题"（hold-up problem，也称为"要挟问题""套牢问题""敲竹杠问题"）。挟持问题是契约经济学所要解决的核心问题之一。该问题最早由新制度经济学家威廉姆森（Oliver Williamson）提出，其思想概括起来就是，在以合约形式建立的交易关系中，一方所做的资产专用性投资将成为对方在重新协商交易条款时据以挟持的筹码，对专用性资产的所有人来说相当于被套牢在交易中，陷入被动，难以与对方平等地就交易条款讨价还价。问题的发生与行为主体的机会主义倾向、契约的不完全性和专用性资产等因素紧密相关，以下做具体阐述。

（一）机会主义倾向

自 20 世纪以来，随着新古典学派取得了主流经济学的地位，相关理论也成为经济学的基本公理。其中，"完全理性"的经典假说认为，社会资源是稀缺的，但行为主体的欲望是无穷的，他们有内在动力去掌握完备信息，并且有能力去作出理性预测和决策。在新古典经济学视域中，"理性"包含"人的自利性""约束条件下的福利最大化"以及"人们具有一致、稳定的偏好"等三个层面的经济学含义。自利被视为驱动人作出经济选择的根本动机，意味着人会自觉地趋利避害，在资源稀缺和外部约束条件下不断地去追求和实现自身福利的最大化，而理性是个人实现自利的途径。[1]

被誉为"真实世界的经济学"的新制度经济学，是对新古典经济学的重要修正与发展，其表现之一就是用"现实制度制约下的有限理性人"代替经典理性人的假设，确立了关于人的行为的三大假定："非财富约束最大化""有限理性"和"机会主义倾向"。

---

[1]　卢现祥，朱巧玲. 新制度经济学 [M]. 北京：北京大学出版社，2012: 52.

威廉姆森对机会主义倾向的经典定义是"欺骗性的自利"倾向，即人的本性中包含在交易过程中以不正当的手段来谋求自身利益的意图。在他看来，新古典经济学所定义的"自利"是简单地、坦诚地追求个人利益，属于中强形式的追求自利；机会主义是"人类自利行为的最强形式"，除了"撒谎、偷窃和欺骗等"典型形式以外，更为一般的是表现为"精心策划的误导、歪曲、颠倒有关信息及其他种种混淆视听的行为"[1]。诚信并不是人的本性，"一个人对周围环境做出反应的方式总是有利于自身的"[2]。

机会主义行为的存在会降低人类行为的可预测性，增加交易的复杂性和交易费用，因为行为主体不仅要争取利益，而且要为了保护已有利益而随时提防他人的机会主义行为。[3]技术进步虽然可以降低与交换效率有关的交易费用，但根源于人本性的交易费用是难以改变的。技术进步还有两面性，它可能使人的机会主义动机以更隐蔽、成本更低的方式实现，这又可能进一步导致旨在抑制机会主义行为的制度建设与运行费用。[4]

需要指出的是，承认机会主义倾向的存在并不意味着损人利己的行为时刻发生，毋宁是为了提示人们在订立契约、设计治理机制和制度方案时应当充分考虑这种可能性。正如实践显示的，大多数权利人并不会真正成为"挟持者"，有相当一部分权利人甚至从始至终都不会现身，还有一部分"孤儿作品"实际上已归入公共领域，失去主张权利的基础。然而使用者没有足够的信息可以甄别。因此，尽管权利人事后现身并提起诉讼的情况十分罕见，但大量公共文化机构面对海量馆藏（其中必然包含大量孤儿

---

[1]　WILLIAMSON O E. The Economic institutions of capitalism[M]. New York: Free Press, 1985: 47.

[2]　艾瑞克·G.菲吕博顿，鲁道夫·瑞切特.新制度经济学 [M].孙经纬，译.上海：上海财经大学出版社，2002: 173.

[3]　卢现祥，朱巧玲.新制度经济学 [M].北京：北京大学出版社，2012: 87.

[4]　卢现祥，朱巧玲.新制度经济学 [M].北京：北京大学出版社，2012: 106.

作品）依然迟迟不敢开展各类大规模数字化使用，其根本性的顾虑源于其无法排除事后挟持发生的可能性。

（二）不完全契约

新古典经济学的另一个基础假设是完全契约，它意味着：在事前，交易双方能预见到合约期内可能发生的重要事件并详细无遗地对各种情况下的权利、义务和责任作出明确约定；在事后，当一方未按约履行时，第三方（如法院）能核查和证实相关事实，并强制其执行。由于契约能够被严格执行，也就没有发生挟持的空间。

在现实中，人的有限理性、机会主义倾向、交易成本、非对称信息、语言模糊性等因素使双方当事人无法预见各种或然性事件并事先制定应对条款；一些条款即使被写入合约，双方的实际履行情况也无法被外部的第三方观察或证实，因而难以诉诸第三方辅助强制执行。因此，现实中的契约通常是不完全的。[1] 这种不完全性意味着再谈判的空间，在再谈判时就可能出现以下情况——一方利用另一方已经形成的专用性资产实施要挟、敲竹杠，迫使其接受不利的条款，以便攫取专用性资产的准租。当挟持发生时，许多解决方式会因交易成本过高或者信息不对称而不能达到最优水平。例如，不满被挟持的一方当事人虽可诉诸法院，要求法院强制（拖延履行或拒不履行的）对方当事人履行合约条款，或者促使当事人重新谈判，但这样做不仅未必能够解决问题，而且有时会导致更严重的挟持问题——既因为寻求司法救济本身有成本，也因为将合约中模糊的陈述或遗漏的条款交给不具备完全理性和完全信息的法官或陪审团去解释和裁判"很可能意味着一次昂贵的赌博"。因此，人们更多依赖的是契约的"自我履行机制"，即利用交易者的性质和专用关系对违约方施加惩罚。这个惩罚通常包括两方面：一是使对方的市场声誉下降，使其在未来业务中必须承担更

---

[1] "不完全"或者说"对完全市场理想模型的偏离"不具贬义，新制度经济学认为这种偏离或出于节约交易成本的目的，类似于"理性的无知"。

多交易成本；二是终止交易关系而使对方遭受经济损失。[1]但是如果对实施挟持的交易当事人来说，预期收益大于惩罚带来的损失，那么契约的自我履行机制就失效了。

由第二章的分析可知，孤儿化的作品大多缺乏显见的市场价值，无法为作者和权利人继续创造经济回报或者学术声誉、社会声望等其他效益，故后者在权利公示和权利信息管理方面表现消极。相当一部分孤儿作品权利人不以创作和提供作品为职业（或营业），没有维护市场信誉或行业声誉的需要。换言之，在孤儿作品使用者所属行业对实施了行为的权利人给予负面评价不会给其造成实质影响。何况，在没有法律依据的情况下，使用者对未经授权使用作品的行为也难辞其咎，权利人的机会主义行为是在法律框架内进行的适法行为。[2]孤儿作品权利人与使用者之间的广义的契约关系是建立在前者的作品偶然地被后者发掘并使用的基础上。[3]因此，特定的孤儿作品权利人与特定的使用者之间，以及特定的孤儿作品权利人与同类使用者整体（可将该行业共同体视为整体）之间一般不存在基于重复博弈的未来关系价值，权利人无须为维系与使用者的长期合作关系而放弃机会主义行为带来的当期收益。

（三）专用性资产

在解释孤儿作品使用难题的实质即挟持问题时，所用到的一个最关键的概念是专用性资产。它是指某种耐用人力资产或实物资产只有与特定用途结合时才是有价值的，否则其价值无法体现，或即便仍有一定价值，但

---

[1] 卢现祥，朱巧玲.新制度经济学[M].北京：北京大学出版社,2012:176.

[2] 如本书第二章第一节所指出的,不应忽视"孤儿作品"隐喻的劝说功能及其可能传递的政策话语。

[3] 交易费用经济学认为,应当将交易而不是人作为经济分析的基本单位。任何交易总是在一定契约关系下的汇总进行,所以"一切经济关系问题都可以转化或理解为契约问题并用契约方法来研究"。参见卢现祥,朱巧玲.新制度经济学[M].北京：北京大学出版社,2012:172.

与为获得这项资产所做的投入相比仍是亏损的。因此，投资一旦形成这种专用性资产后就难以再改作他用，或者虽可以改作他用，但会造成较大经济损失，甚至变得毫无价值。

一般认为，资产专用性的形式包括：地理区位专用性，为了节约库存或运输成本而选择的密切关联的一系列地点；人力资本专用性，其产生是由于"边干边学、投资以及转让专用于特殊关系的技术"；有形资产专用性，如专为特定产品零件而制作的模具、生产线等；为特定合约服务的资产，指其他情况下不会发生的，主要是为了向特定客户出售一笔数量较大的产品所做的一般性投资，一旦合约永久性终止，就会导致供应方的产能严重过剩。[1]

对交易当事人来说，如果事前投资到位，专用性资产可以增加产品和服务的价值，降低提供产品和服务的成本，为其带来超额利润；如果专用性资产要被重新配置于其他用途或地域，可能就无法实现利润增长，甚至连本金都难以收回。这样一来，就给了交易相对方以挟持的机会，去攫取专用性资产所有人的"可占有性准租"——专用性资产在最优使用和次优使用上的价值之差。假设甲是土地所有权人，该土地在荒废状态下价值2万元，乙投资20万元在该土地上建造了房屋。一旦房屋建造完毕，甲就可以以拆除房屋相要挟，就土地开出更高的价格，以攫取乙的沉没成本之上的那部分准租；要价也不能过高，若超过20万元乙将选择放弃房屋，甲也就不能实现目的了。这样一来，理论上说，乙或将需要为实际成本22万元的建设支付42万元。

一般来说，著作权客体较之专利权客体的可替代性空间更大，同类作品的市场竞争更激烈。潜在使用者有机会在同类竞争性作品之间或者在用与不用之间作出选择。然而，一方面，如本章第三节将会分析的——以大

---

[1] 艾瑞克·G.菲吕博顿，鲁道夫·瑞切特.新制度经济学[M].孙经纬，译.上海：上海财经大学出版社，2002：93.

规模数字化使用为典型的作品使用活动的宏观社会效益很大程度上来自使用对象的整体性、全面性；另一方面，是这里所要强调的——一旦使用者未经许可实施了作品使用行为将发生"锁定"效应，从而使特定作品权利人取得一定程度的单边垄断权力，进而为其实施要挟等机会主义行为创造必要条件。[1]孤儿作品使用行为可以被视为一种资产专用性投资，因为"现金、实物和人力资源一经'固化'到侵权产品中，撤回或更改用途都会发生价值损失"[2]。这些沉没成本增加了权利人事后索取不合理要价的筹码。使用者如果不想让投资"打水漂"，就需要与权利人达成和解，这意味着使用者要支付一笔高于正常情况下获取许可所需费用的和解费或者接受其他的不合理条件。

谢晓尧教授指出，侵权具有信号功能，它向权利人传递了作品需求和价值的信息，使之重新认识和评估作品的经济价值。由于侵权行为是外显的，对权利人而言发现成本更低，权利人可能为了取得事后议价优势，有意隐藏信息或者在发现侵权后不及早主张权利，制造"权利失控的假象，为使用者无节制地消费提供激励"[3]，令使用者在事后愈发难以全身而退。这样的"孤儿作品"也被形象地称作"潜水艇孤儿作品"——隐藏在深水中，待目标达成再浮出水面。[4]

---

[1]　KLEIN B, CRAWFORD R G, ALCHIAN A A. Vertical integration, appropriable rents, and the competitive contracting process [J]. Journal of Law & Economy, 1978(21): 297−326.

[2]　谢晓尧. 倾听权力的声音：知识产权侵权警告的制度机理 [J]. 知识产权，2017(12): 34.

[3]　谢晓尧. 倾听权力的声音：知识产权侵权警告的制度机理 [J]. 知识产权，2017(12): 37.

[4]　Center for the study of the public domain. Orphan works analysis and proposal [R]. Durham: Duke Law School, 2005.

二、孤儿作品使用难题的表现

在经济学家看来，挟持问题的危害主要不在于个案中投资者的利益损失，而是这种机会主义行为发生的现实可能性给生产性投资带来的阻滞效应，即专用性资产的潜在投资者将理性地预见到风险，从而丧失投资的动力，或者降低投资水平来减少可能的损失，又或者采取一定的保障机制来降低投资的风险（这部分资源本来可以用于投资），从而导致投资低于社会福利最优的水平，造成效率损失。[1]巴泽尔也曾指出，卖方以次充好销售产品的成本不是欺骗本身，而是卖方投入欺骗以及买方为了阻止欺骗所耗费的资源。[2]

在孤儿作品使用难题的语境中，这种社会效益的损失表现为当缺少有效的制度救济时，使用者基于成本－收益预期而做的行为选择会导致社会资源的耗散和利用的无效率，这里的社会资源既包括孤儿作品资源，也包括潜在的可用于对孤儿作品的使用进行投资的资源。

（一）以风险趋避型使用者为视角

在面临"用或不用"的二重选择时，不同使用者有着不同的反应。绝大多数使用者具有不同程度的回避、畏惧、厌恶风险的心理。行为经济学的实证研究也证明了，人具有损失规避的心理特征，而且人们对损失的感受往往比得到收益的感受更强烈。[3]在对著作权侵权有着严厉罚则（体现为高额的民事赔偿、较低的刑事责任门槛等）的国家，像图文影印店这种

[1] KLEIN B. Transaction cost determinants of "unfair" contractual arrangements[J]. America Economy Review, 1980(70): 356−357.KLEIN B. CRAWFORD R G, ALCHIAN A A.Vertical integration, appropriable rents, and the competitive contracting process [J]. Journal of Law & Economy, 1978(21): 298.

[2] 艾瑞克·G.菲吕博顿，鲁道夫·瑞切特.新制度经济学 [M].孙经纬，译.上海：上海财经大学出版社，2002: 95.

[3] 卢现祥，朱巧玲.新制度经济学 [M].北京：北京大学出版社，2012: 65.

责任资产有限的小型商业主体会为了避免成为直接侵权者陷入法律纠纷，而实行严格的商业政策，要求客户就可能受著作权保护的材料提供权属证明或授权证明，否则拒绝提供复印、刻录、3D 打印等复制服务。显然，假如所需复制的对象系孤儿作品，由于无法出示授权证明或者获取授权成本过高，使用者的需求将难以得到满足。

公共图书馆、博物馆、档案馆、公共教育教学机构等文化职能单位以及民营的公益文化机构是履行文化遗产及其他知识信息的保藏和传播职能的主力，但它们的日常运作和项目经费主要来自财政拨款或民间捐助，不向公众用户收取费用或者仅收取很低的工本费。它们除了担心侵权责任带来的财务压力以外，还要顾忌侵权行为与败诉结果可能给其带来"盗版者""侵权人"的污名，以及造成"监守自盗"的不良社会影响，因此也对责任风险抱有排斥和回避的心态；一旦存在责任风险，甚至只要使用行为在法律性质上存在不确定性，它们就会谨慎地选择放弃使用。康奈尔大学图书馆高级政策顾问 Peter Hirtle 曾声明："'不构成侵权'与'虽然构成侵权，但被起诉与被判高额赔偿的风险很低'之间是有天壤之别的。康奈尔大学的原则是不从事任何侵犯著作权的行为，而不是'畏于高额赔偿而不从事侵权行为'。"[1] 可见，尽管在被确认的孤儿作品中，权利人客观存在、且会现身并提诉的可能性很小，在疑似的或潜在的孤儿作品中，实际上有相当一部分已经归入公共领域，但对许多文化机构而言，并不因为被诉概率低就心存侥幸；依法行事归根结底是一个原则性的问题。在缺少相反证据的情况下，这些文化机构倾向于采取保守态度，将其藏品一概视为受著作权保护的作品。[2]

---

[1]　HANSEN D. Digitizing orphan works: legal strategies to reduce risks for open access to copyrighted orphan works[R]. Cambridge: Harvard Library, 2016: 32.

[2]　VUOPALA A. Assessment of the orphan works issue and costs for rights clearance[R]. European Commission, 2010: 30.

对法律和权利的敬畏值得肯定。然而，被迫放弃使用是否符合著作权制度所追求的价值目标呢？尤其是当权利人实际上已经不复存在，或者权利人对作品是否被使用、如何被使用并不在意的情况下，让潜在使用者畏于法律风险而不敢启用优质作品，导致大量创作成果被边缘化，这也是对著作权制度的莫大讽刺。

（二）以风险中立型使用者为视角

风险中立型的使用者包括一部分商业主体，如电影制片商、网络运营商、技术服务商。这些商业主体有更强的经济实力，财务也更自主灵活，面对具有市场开发潜力、有高额收益预期的作品，它们往往会倾向于抢占先机，涉险在查找不到权利人的情况下使用作品；同时，它们会在成本允许的范围内采取风险管理措施，采取法律、技术或财务等手段来防范或者对冲潜在风险[1]，甚至准备好与突然现身的权利人展开谈判。乍看之下，这种做法使作品的潜在价值得到开发利用，要优于风险规避者放弃使用的结果。但从社会整体福利角度来看，为了实现这种使用而额外支出的成本最终也将打入相关产品 / 服务的价格，转嫁给消费者。换言之，由于作品的"孤儿"身份，公众在获取此类作品或者享受以该作品为基础的后续创造文艺成果时，必须支付更高的对价[2]，这显然偏离了著作权制度的功利

---

[1] 为著作权产业提供侵权责任风险转嫁服务的商业保险公司本身属于风险规避型主体。它们对自身经营风险的控制措施包括要求投保人（如电影或纪录片的制片人等）提交影片中包含的"视觉素材清单"，具体指明各个镜头画面或片段的来源和权利清算情况，且通常不愿意接受投保人关于未经授权使用他人素材构成合理使用的辩解。因此，孤儿作品的使用者通过商业责任保险来转嫁和分散风险，不仅要支付不菲的保险费，而且需要事先解决许多其他内容的授权使用问题。LESSIG L. Free culture: the nature and future of creativity[M]. New York: Penguin Press, 2004: 98.

[2] 田村善之 . 日本现代知识产权法理论 [M]. 李扬，许清，洪振豪，等译 . 北京：法律出版社，2010: 216-217.

主义目标——让广大公众能够更多、更容易地获取科学文化艺术成果并从中受益。

风险中立型的使用者中也包括一部分公立、私立文化机构，例如欧美等发达国家的著名高校。它们采取积极的风险管理措施以尽可能地降低未经许可使用的法律风险，主要表现为总结数字化项目实践中的经验教训，对风险的评估与预警，就权利清算、作品使用等方面提供政策指引和操作指南。例如，美国的"三角研究型图书馆网络"（Triangle Research Libraries Network，TRLN）[1]就发布了一项名为"当代手稿藏品与档案记录组的数字化知识产权策略"的指南，指导其联盟成员如何实施风险管理。加州大学洛杉矶分校图书馆也发布了一份内容详细的馆藏数字化项目风险管理指南。这种风险管理的核心是尽可能使数字化利用方式符合"合理使用"原则。[2]此外，采取"通知－移除"也是一项重要的风险管理措施。"通知－移除"是一项快速响应机制，指的是图书馆等使用者在其网站上就其所提供的数字化内容的知识产权做出声明并附带联系方式，在收到投诉或停止使用请求后先行停止使用（移除内容或断开链接），待查明投诉事项是否成立后再决定是否恢复使用。不过，这种"通知－移除"政策不同于著作权法为网络服务商设置的"安全港"规则[3]，它并非法定免责条件，换言之，设置并执行"通知－移除"政策不能确保图书馆免于被诉和侵权责任；其

---

[1]　包括杜克大学图书馆、北卡罗来纳州立大学图书馆、北卡罗来纳中心大学图书馆和北卡罗来纳大学教堂山分校图书馆。

[2]　这从侧面说明，现行著作权法律制度中可用以对抗孤儿作品使用法律风险的成熟的、可行的抗辩机制很少；很难找出能与合理使用同样有效的侵权抗辩机制。美国版权法第108条关于图书馆和档案馆的法定例外规则，适用条件严格、效果有限，除了文字作品之外的其他类型作品很难适用。

[3]　安全港规则出自美国1998年《千禧年数字版权法案》(Digital Millennium Copyright Act, DMCA)。它限制了网络服务商间接侵权责任的主观过错范围，免除其原本可能要承担的版权审查、用户监督等注意义务；履行"通知－移除"义务是网络服务商得以享受上述优遇的前提条件之一。欧盟和我国也确立了类似规则。

风险管理的功能体现在证明使用者的主观诚信，以及为权利人和使用者创造一个友好协商的氛围，避免纠纷激化。

与企业的逐利动机不同，这些高校、图书馆的目标是为促进教学和科研而提供必要的学习研究资料。加州大学洛杉矶分校图书馆馆藏管理与学术交流副馆长 Sharon Farb 认为，"一切都取决于材料的价值""我们的首要考虑是如何有效管理本校所拥有的各种材料与知识来源，使之最大限度地服务于教学和科研；著作权法律问题是第二位的考量"[1]。

现实中已经发生的、权利人事后要求使用者终止使用的案例很少，因孤儿作品权利人复出起诉侵权使用者的司法诉讼案件似乎还没有真正出现。美国联邦地区法院和可公开获得的州法院的诉讼案件列表显示，2012—2016 年以图书馆或档案馆为被告的案件数量为 1153 件，其中只有 13 件（约 1%）系侵犯版权之诉。其中包含孤儿作品一词的判决书只有 8 件（不排除法院在未使用 "orphan work" 一词的情况下讨论了相关问题），真正可以说与孤儿作品使用相关的只有 2 件，即 Authors Guild v. Google Inc. 案和 Authors Guild, Inc. v. HathiTrust 案。当然，这并不意味着孤儿作品使用风险可以忽略不计。孤儿作品使用难题本来也不是指使用者在查找不到权利人的情况下，实际使用了该作品从而遭致的侵权责任——尽管这种可能性确实存在。这一难题的实质是，权利人事后现身并起诉主张停止使用或索要高额赔偿的可能性给著作权制度旨在鼓励作品传播活动造成的阻吓效应，以及由此导致的对社会资源利用的无效率。正如美国联邦版权局所言："当著作权状态的不确定性成为公众接触作品的绊脚石时，即使著作权人实际未主张权利或者不反对他人如此使用，但公共福祉依然有

---

[1] HANSEN D. Digitizing orphan works: legal strategies to reduce risks for open access to copyrighted orphan work[R]. Cambridge: Harvard Library, 2016: 15.

受损之虞。"[1]

客观上看，风险中立型使用者的行为既可以为社会创造效益，又不会给相关作品的市场价值造成实质损害——因为在被开发利用以前，此类作品不在市面上流通，且已淡出公众视野，没有市场价值可言。现实中，使用者被复出的权利人提起诉讼的概率也很低。然而，这都不能否定未经许可使用作品的违法性和侵权性。从这个意义上说，孤儿作品使用难题的危害还体现为，迫使无意违法的使用者在某些情况下铤而走险，实施侵权行为。[2]

将知识信息转化为可以交易的财产权客体，通过市场运作实现其经济利益，并在创作者、传播者和投资者之间进行分配，是著作权制度的功能所在。以回报激励创作、传播和投资，为公众提供更多可欲可及的文化资源，增进社会整体文化福祉，是著作权制度的根本目标。对孤儿作品来说，权利信息的缺失阻塞了市场供求信号的有效传递，这部分作品的创作者无法接收到相应的激励。这会导致著作权制度的功能落空吗？回答是否定的。对于这部分作品的作者或其他权利人来说，从已有作品中获得回报对其实施再创作（如果他有意再创作的话）的激励效果是微不足道的，至少是不确定的。为了维护这种激励理论的完整性，在作者未明确做出拒绝公开或拒绝使用的表示的情况下坚持"先授权后使用"的法则，是对著作权制度宗旨的更大伤害——为了向未知的甚至已经不存在的著作权人提供"过度保护"，而将大量作品束之高阁，对公众的获取和利用需求无动于衷，并将法律漏洞与著作权人的个人选择所产生的成本转嫁给社会公众，导致社会资源的消散和无效率利用。

---

[1] Copyright Office, Library of Congress. Orphan Works: Notice of inquiry [EB/OL]. (2005-01-26)[2018-08-09]. http: // www.copyright.gov/fedreg/2005/70fr3739.html.

[2] BRADRICK L N. Copyright: Don't forget about the orphans: a look at a(better) legislative solution to the orphan works problem [J]. W. New Eng. L. Rev., 2012(34): 538.

三、孤儿作品使用难题与"版权蟑螂"行为的同质性与同源性

"版权蟑螂"（copyright troll）也是源于美国知识产权法上的概念，是对更早出现的"专利蟑螂"（patent troll）一词的仿造。"troll"的原意是北欧民间传说中的一种怪物，"patent troll"也常译为"专利怪兽""专利流氓""专利海盗"等，皆取其令人畏惧、不胜其扰之意。[1] 较之业界比较熟悉的"专利蟑螂"，"版权蟑螂"的概念提出要迟许多[2]，我国法学界引入"版权蟑螂"概念，对"版权蟑螂"现象开展研究更是不到 10 年。

目前，学界对"版权蟑螂"的定义还未达成统一。例如，萨缪尔森教授将其界定为："以诱使作品使用者就一些似是而非的侵权指控支付和解费为目的，而起诉前者或者以起诉相威胁的版权人。"[3] DeBriyn 将其定义为："将寻求版权侵权赔偿作为基本或者补充收益来源的原告权利人。"[4]

---

[1] 对专利蟑螂的界定还有争议，但主流观点认为专利蟑螂是指不实施专利技术，不制造专利产品，亦不提供专利服务，而专门利用收购的专利所有权或使用权，通过诉讼或者以诉讼相要挟，赚取巨额利润的专利维权主体。易继明.遏制专利蟑螂：评美国专利新政及其对中国的启示[J].法律科学，2014(2).孙远钊.专利诉讼"蟑螂"为患？：美国应对"专利蟑螂"的研究分析与动向[J].法治研究，2014(1).高戚昕峤.专利蟑螂：法理危机与遏制之道[J].河北法学，2016(10).

[2] 根据对 Westlaw 法学文献库检索的结果来看，"copyright troll"一词直到 2007 年左右才开始偶见于学术论文中。这可能与 2006 年美国联邦最高法院聆讯的 eBay, Inc. v. MercExchange 案有关。在该案的口头辩论环节，律师用该词——意指躲在桥下等待伏击过桥行人的怪物——形容本身不实施专利，却专门向该专利技术的使用者索取许可费的专利持有人，这个比喻"让大法官们眼前一亮"。Transcript of Oral Argument at 26, eBay, Inc. v. MercExchange, 547 U. S. 388(2006)(No. 05−130).

[3] SAMUELSON P. Is copyright reform possible? [J]. Harv. L. Rev., 2013(126): 759.

[4] DEBRIYN J. Shedding light on copyright trolls: an analysis of mass copyright litigation in the age of statutory damages [J]. UCLA Entertainment Law Review, 2012(19): 86.

LaFond 给出的定义是："以向数量众多的侵权人发起诉讼进而取得和解费为唯一目的，从原始版权人处取得（通常十分有限的）授权的个人或机构。"[1] 杨红军副教授认为，版权蟑螂是专门以版权诉讼为业的非实施实体。[2] 易继明等教授认为，版权蟑螂是"专门通过向他人发起版权侵权诉讼或者以发起版权侵权诉讼相要挟，以获得利益的维权主体"[3]。

这些定义中往往包括"通过收购继受取得版权""通过对侵权者提起诉讼或者以起诉相威胁来获取收益""不从事对外授权许可""专业维权主体"等要素，但这些要素本身在合法性和道德性方面是中性的，无法就定义对象何以被冠上这种"通俗意义上的贬称"给出明确而有说服力的解释。换言之，这些定义未能揭示"版权蟑螂"之"恶"在何处。

（一）版权蟑螂的行为特征

版权蟑螂的核心特征包括以下三个方面：

第一，版权蟑螂往往通过收购或者签订排他性许可协议等方式继受取得版权而成为现任权利人。取得相关作品的专有权是成为侵权诉讼适格原告的必要条件。为了使成本最小化，版权蟑螂往往直取权利束中的关键权利，一度只取得诉权，而不收购其他实体权利。鉴于此，美国法院在判例中明确了如下原则，即如果转让协议或许可协议将标的约定为"赤裸裸的诉权"而不包括法定的实体性权项，该协议是无效的。换言之，版权蟑螂只有在取得复制权、改编权、表演权等某种法定专有使用权的同时，才享

---

[1]　LAFOND J R. Personal jurisdiction and joinder in mass copyright troll litigation [J]. Maryland Law Review Endnotes, 2012(71): 51.

[2]　杨红军. 版权禁令救济无限制适用的反思与调适 [J]. 法商研究, 2016(3): 187.

[3]　易继明, 蔡元臻. 版权蟑螂现象的法律治理：网络版权市场的利益平衡机制 [J]. 法学论坛, 2018(2): 5.

有因该专有权受到侵害而向法院起诉寻求救济的诉权。[1] 不过，这项普通法原则并没有给版权蟑螂制造太多障碍。由于著作权的可分割性，他们通常先确认某一使用者已构成侵权，再根据该次侵权的使用方式、持续时间和覆盖范围等要素，精准地"量身定制"一项排他性许可协议，从原权利人处受让取得含涉该侵权行为的一项或若干项权项（例如，只需取得作品的信息网络传播权），做到"精确打击"。

不过，近年来，原始权利人作为原告的诉讼量增多，继受权利人作为原告的诉讼量则有所下降。这一转变填补了原告适格性上的漏洞，改善了版权蟑螂"空壳公司"的负面形象，增强了其身份和行为的隐蔽性。[2] 因此，早期研究中对版权蟑螂所作的定义应当予以一定修正，将"继受取得版权"扩大为包括以创作方式原始取得，以及以收购、许可等方式继受取得版权两种。

第二，版权蟑螂将起诉侵权者以获得赔偿金或者以诉讼相威胁、迫使

---

[1]　Silvers v. Sony Pictures Entm't, Inc. 案是首个明确这一法理的判例。涉案电视剧剧本的版权根据"雇佣作品"原则归制片人所有；原告作为该片的编剧，发现另一部电视剧内容与自己创作的剧本十分相似，于是从制片人处获得了诉权的转让，对后者提起诉讼。第九巡回上诉法院认为，制定法对版权权项的列举式规定是穷尽性的，仅转让以诉讼方式行使版权的权利，不是有效的授权行为；换言之，诉权不能被单独转让或者许可。见 402 F. 3d 881, 886, 890(9th Cir. 2005). 后来在一些案件中，法院就依据该先例认定声名狼藉的 Righthaven 公司不具备原告资格，驳回其起诉。见 Righthaven LLC v. Democratic Underground LLC, 791 F. Supp. 2d 968, 976(D. Nev. 2011). 不过这项原则对制约版权蟑螂的作用十分有限，因为原版权人与版权蟑螂只要紧扣潜在被告的特定侵权行为，以协议形式，约定将特定时间段、特定地域范围内、实施特定受控行为的排他性权利转让或者许可给版权蟑螂，或者由原版权人将作品版权一体转让给版权蟑螂，待其目的实现后再由后者将版权转让给前者，均可规避上述原则。

[2]　易继明,蔡元臻.版权蟑螂现象的法律治理:网络版权市场的利益平衡机制 [J]. 法学论坛, 2018(2): 10.

侵权者支付和解费，作为营利方式。营利意味着：这种行为的主要目的就是获取赔偿金或者和解费，而不是阻止侵权行为或者与促使使用者与之达成授权使用协议；侵权赔偿金与和解费是版权蟑螂主要的收益来源。如果不强调营利性，而仅仅将特征描述为"大量地频繁地起诉侵权使用者"，不足以将版权蟑螂与权利意识特别激进的权利人区分开。

不过，随着近年来此类维权主体中的原始权利人比例显著增加以及经营模式趋向复杂化和隐蔽化，继续强调"专门从事诉讼获利"已不能周延、准确地反映定义对象的真实状态。例如，2019 年年初因"黑洞照片"事件被舆论大加挞伐的华盖创意（北京）图像技术有限公司及其美国 Getty 公司等数字版权素材供应商，其企业内部设有专门的维权部门，常以版权人的身份亲自维权（包括诉讼和发送律师函要求对方支付赔偿）；同时，它们也会与一些律师事务所签订风险代理合同，将某一地区的维权诉讼案件统一发给律师事务所，再就诉讼收益进行分成。但在维权诉讼之外，它的主营业务是一个版权内容交易平台，向需要使用图像、视频或音乐等版权素材的传媒、企业、个人有偿发放使用许可，还可提供配套技术服务。由于存在合法的主营业务，此类维权主体将从短视地"从维权中直接获利"转向借维权来引导正版化、捕捉长期客户的方式"间接获利"。

第三，版权蟑螂不会诚信地履行侵权警告、移除通知等诉前手续，其维权行动带有"突袭"的特点，这是由其经营策略和目的决定的。法谚云"主观见之于客观"。尽管警告不是起诉的必要前提，但如果版权人素来不向侵权人发出警告就径直起诉，或者在能够采取技术措施避免侵权却不为的，就有理由推定其意不在停止侵权，亦无意与使用者就合法许可使用达成协议。

综上可见，应当避免从主体身份属性的角度理解和认定版权蟑螂，而应当将版权蟑螂视为对特定行为模式的界定：只要某一主体——无论是个人、企业还是著作权集体管理组织等社会团体——实施的行为具备核心特征要件，即可认定该行为属于"版权蟑螂行为"（trolling）。这样可以对同一权利人的不同行为（包括但不限于诉讼）性质作出准确的判断，有利于法院作出符合实质正义的裁判。

（二）版权蟑螂现象的消极影响

权利人将权利的行使与维护"外包"给具有相关法律业务经验的专业机构并不违反法律，也不具有道德上的可责性；相反，版权蟑螂"作为版权保护链条上的积极执行者，能够对原版权人起到辅助性的保护作用"。[1]

首先，将权利的行使与维护交由专业机构来完成，实现了经济学上的"规模效应"[2]，在追诉大规模、分散性侵权方面具有显著的专业优势与成本优势，这也是著作权集体管理的优点之一。其次，这种来势汹汹、让人措手不及的维权形式，能够在一定程度上对侵权者起到震慑作用。再次，通过将实体权利连同诉权一并转让或者排他性许可给专业维权机构，避免了"委托－代理"问题的无效率结果[3]，极大地节约了作者亲自维权的时间和资源，使其得以专注于创作，对尚未建立或加入集体管理组织的行业和权利人来说尤有意义。最后，对于原本商业价值很低的作品权利人而言，版权蟑螂的收购行为不但带来了不期而至的收益，还使其看到了作品潜在的价值，对其未来的创作活动可能会产生一定的激励效应。

---

[1] 易继明，蔡元臻. 版权蟑螂现象的法律治理：网络版权市场的利益平衡机制 [J]. 法学论坛，2018(2): 7.

[2] 同上。

[3] "委托－代理"问题是制度经济契约理论的重要内容，是指缔约双方的信息不对称和合同本身的不完全性使代理人的目标偏离委托人的目标，或者说代理人在追求自身效用最大化的时候无法实现委托人的效用最大化，使委托人利益受损，或者说导致最优契约——代理人采取适当行为，同时实现自己的效用最大化和委托人的效用最大化——的目标难以实现。

不过，这些优点并不能抵消或者掩盖版权蟑螂给著作权制度和相关产业带来的消极影响。

第一，版权蟑螂的活动可能使社会"权利意识"膨胀，助长好讼之风。一些权利人可能会在本无必要诉诸司法救济的情况下发动诉讼，挤占有限的司法资源，或出于盲目或者投机心理而效仿版权蟑螂的行为，违背诉讼诚信，在缺乏法律依据和事实依据的情况下发动诉讼，试图利用起诉来给侵权人施加压力，迫使其接受和解。

第二，版权蟑螂的目的通常不是缔造市场，实现作品使用的正版化，而是尽快以最低成本榨取赔偿金或和解金，因此他们不会采取侵权警告和移除通知等相对谦和、循序渐进的做法。这就导致相关作品的潜在商业价值（哪怕很低）与社会价值被扭曲为狭隘的"诉讼价值"。[1]

第三，版权蟑螂的活动造成了高昂的私人成本和社会成本，却未带来相应的社会收益。版权蟑螂向侵权人主张权利的深层动因不在于侵权行为损害了他们从事创作和传播的激励或者与作品之间的人格纽带——他们本身大多并不从事创作和传播，而是出于纯粹的短视的获利动机。在版权蟑螂蠢蠢欲动的文化创意领域，后续创作者的创新力、投资者的热情和公众的表达自由将受到抑制；相应地，该产业领域的"授权文化"氛围则会愈发浓烈。这种看似分散的个人、企业或某一产业的损失最终将转化为社会文化进步的停滞和公众文化福利的减退。质言之，版权蟑螂的积极行权是一种权利的滥用，不仅不具有通过维护和实现私人利益来促成著作权制度目标的正当性，而且走向了这一目标的对立面。

美国学者 Balganesh 教授认为，著作权的行使与著作权制度目标之间存在密切的关系——这种关系在目前的学术研究和政策立法上都没有得到

---

[1]　易继明，蔡元臻. 版权蟑螂现象的法律治理：网络版权市场的利益平衡机制 [J]. 法学论坛，2018(2): 7.

充分重视和体现，一如其他的私权制度（如物权法、侵权法和合同法），著作权制度的目标也是通过个体权利人行使权利来间接实现的。同时，著作权的行使从整体上看是不彻底、不充分的。权利"行使不足"既不是一种偶然的微观现象，也不是法律制度的边缘化现象，而是著作权制度内生的调节机制，对急遽扩张的著作权构成一道重要且必要的缓冲带，在一定程度上防止著作权保护的强度超过激励创作和传播的必要限度，破坏了"激励与接触"之间的平衡。权利行使不足在"可诉且实际被诉的行为"与"可诉但实际被容忍的行为"之间构筑了一种动态平衡——Balganesh 教授称为"权利行使不足的均衡"（under-enforcement equilibrium）。而版权蟑螂的行为（trolling）破坏了这种平衡机制，因为他们的目标是对一切有利可图的对象采取诉讼措施或者以诉讼相威胁从而获利。[1]

遭版权蟑螂起诉者所使用的作品本身大多也不具有较高的商业价值，作品权利人很可能不会采取积极的行动表示反对，而是予以容忍——对于有一定公益性的、非营利性、非商业性的使用活动，权利人的容忍度会更高。也就是说，这些使用行为在法律性质上虽然属于侵权，但在现实中属于"法理上可诉但实际被容忍"（actionable but tolerated）的类型。Edward Lee 教授认为，此类容忍使用的普遍化和习惯化，将会带来与"寒蝉效应"（chilling effect）相反的、激励创作的"回暖效应"（warming effect），突出地表现为草根式的"用户创作"形式（user generated content）在这种氛围下得到繁荣。[2]

（三）版权蟑螂现象与孤儿作品使用难题：相同的症结

基于对版权蟑螂行为特征及其潜在危害性的分析，笔者将版权蟑螂界

---

[1] BALGANESH S. The uneasy case against copyright trolls [J]. Southern California Law Review, 2013(86): 723-781.

[2] LEE E. Warming up to user-generated content [J]. U. Ill. L. Rev., 2008(5): 1496.

定为以获取高额赔偿或补偿为目的，对侵权人提起诉讼或者以起诉相威胁的机会主义行为。

上述分析也显示，版权蟑螂现象与孤儿作品使用难题在法理层面具有同质性，在经济学理论上具有同源性——版权蟑螂行为在本质上也属于"挟持"这种事后机会主义行为。从法律角度来说，与孤儿作品使用相关的"挟持"与版权蟑螂实施的"挟持"都是权利人行使权利、维护权利的合法行为。从经济合理性角度来看，在信息上占优势的权利人实施机会主义行为的可能性会增加作品使用行为后果的不可预期性，带来巨大的交易成本——不仅是给被要挟者造成额外的支出，而且会对作品的开发利用及其投资产生阻吓效应，并使其他使用者因预见到这种风险而在行动上（要么放弃使用，要么投入额外的成本用以转嫁和分散侵权风险）偏离了社会最优选择，减少了公众可以获得的作品数量或者增加了获取作品的成本，妨碍了社会整体文化福利水平的提高。

在一百多年前，汉德法官曾就衡平法上的"懈怠"（laches）抗辩作过一段论述，精辟地指出事后机会主义行为的非正义性和信赖利益保护的必要性："如果一名版权所有人在明知他人实施了故意侵权行为却熟视无睹、不动声色地放任侵权人为利用该作品倾注巨额投资，眼看投机行为胜券在握时才现身并主张权利，在任何一个熟悉衡平法原则的人看来都显然是有失公平的。通过迟延行权，版权所有人得以坐享他人投资的成果而无须承担丝毫风险；失败与他无关，一旦成功却可以分一杯羹。如果被告是一名蓄意的盗版者，不考虑以上问题似也无可厚非……但如果被告是无过错侵权人（innocent），那么仅仅承认其主观的无过错性尚且不足以保护他的利益。法院需要慎重考虑的，不是被告的主观无过错性，而是原告利用被告的无过错（侵权行为）在不用承担任何投资风险的情况下为自己谋取了利益。"[1] 不过在该案中，汉德法官对利益衡平的考虑仅限于当事人之间，而没有推及社会整体利益的层面。

近年来，我国整体的法治环境持续优化，知识产权保护水平不断提升，司法实践中判赔的力度有所增加，"权利意识"也被社会舆论作为一个正面概念加以广泛宣导，公众的知识产权观念和维权意识不断增强，这当然有着显著的积极意义，但也在客观上助长了滥用知识产权的机会主义行为。一些专业维权主体通过技术手段对网络上存在作品的不规范使用情况进行追查，先锁定侵权人，再从作者处受让相关权利，以原告身份对使用者发起诉讼。这些作品中有的是网上点击率较高的热门文章，有的虽是小众冷门作品，甚至绝版作品，但被电子图书库的制作者不加筛选地制成电子书统一销售给公共图书馆或高校图书馆，而后者又未能逐一尽到审查责任，在进行网络开放阅览时被维权主体发现并起诉。北京三面向版权代理有限公司就是比较典型的专业维权主体，其维权成功率很高，胜诉的获赔额从几千至数万元不等。

需要未雨绸缪的是，随着海量作品数字化的广泛应用，以及网络空间中用户"二次创作—分享"习惯的养成[2]，这些领域已然成为大规模侵权使用的高发区域，可能引起"版权蟑螂"的介入和布局。"版权蟑螂"利用网络内容的匿名性、复制传播的便捷性、使用的欠规范性，有意隐藏权利信息来增加查找权利人的难度，制造"孤儿"的表象进行著作权"钓鱼"，或者利用专业资源优势，率先查找到权利人并获取授权，再反过来向其他查找不力的使用者进行维权。从我国实践来看，真正因为在找不到权利人的情况下使用"孤儿作品"而引发的著作权纠纷尚未出现；在很多情况下，

---

[1] Haas v. Leo Feist, Inc. , 234 F. 105(S. D. N. Y. 1916), at 108.

[2] 例如，视频分享网站上常见的"聚合(mash-up)视听作品"，就是指剪辑利用了他人作品中的表达元素，再与其他素材重新组合而成。

可以依据优势证据原则进行法律推定来确定权利人的身份——例如，除非有相反证据，可以根据发送作品的电子邮件地址、上传作品的个人网页、作品上的水印以及与第三方签订的授权合同等初步证据来推定作者身份，并在无反证的情况下推定该作者为著作权人。[1]但是，这种推定机制正好给一些别有用心者留下了可乘之机；现实中已经发生的案例也让我们有理由认为，一些"权利人"所主张著作权的对象实际上并不为其所有。[2]在这些被僭称专有权的作品中，可能存在一定比例的"孤儿作品"；其真实权利人无力实施或者怠于实施权利管理，又或者实际上已不复存在，而被伪装成"别人家的孩子"。这样一来，风险趋避型的使用者将克制、放弃投资和利用，大量孤儿作品、绝版作品和其他小众冷门作品中的信息价值（或许还有待挖掘的经济价值）可能受到埋没。

---

[1]　在 2010 年"华盖创意诉中国外运"案中，一审法院谨慎地认为根据民诉法的证据采信标准、图片的非物质属性，仅提供网页、水印、授权合同等并不足以证明原告的权属；但最高人民法院在再审中，将图片权属的举证责任倒置给被告。最高法院认为，在没有反证的情况下，应推定署名者为作者和权利人。既然涉案图片上有 Getty 公司的水印和版权标志，被告未能提供反证，也未证明其有合法使用依据，故应当就擅自使用图片的行为承担侵权责任。入选最高法 2014 年知识产权案件年度报告的"华盖公司与正林公司著作权纠纷案"，也给下级法院的同类案件裁判确立了这样的指针，即图片版权人只要证明署名就完成了初步权利举证义务。

[2]　例如，2019 年"视觉中国"公司宣称对人类史上首张黑洞照片享有著作权，并在其图库中对该照片明码标价，一度引发全国舆论的广泛关注。根据有关事实，从著作权法理论上分析，该图片属于众多参与对室女座星系团中超大质量星系 Messier 87 中心黑洞研究的科学家的合作作品，著作权归属为事件视界望远镜（Event Horizon Telescope, EHT）团队，原版发布机构为 ESO 欧洲南方天文台。视觉中国并未对黑洞照片进行具有独创性的再创作，也没有获得原始权利人的授权（权利人已在发布时适用知识共享署名 4.0 国际许可协议，无偿许可公众在注明作品来源的条件下，对作品进行商业或非商业性使用），就在该照片上打上自家水印，对几家使用了该照片的国内媒体提出维权主张。

四、孤儿作品使用难题产生的制度根源

法经济学上一般认为,机会主义行为发生的根源主要有以下三个方面。

其一,主体间的利益不一致性。不同主体的利益不可能完全一致,有时甚至处于完全对立的状态,人们追求自利的行为往往就演变为损人利己。

其二,信息不对称。高交易成本使当事人无法就未来发生的情形预先达成事后可验证、可充分执行的契约(即契约不完全),而信息的不完全、不对称被认为是这种交易成本最重要的来源。

其三,当事人相互的或单向的依赖性,为机会主义行为创造了条件。在具有专用性资产的契约关系中,投资方的利益——投资是否贬值依赖于另一方守约与否,非投资方就此取得了单边垄断的优势。

在以上三种根源中,信息不对称与单边依赖很大程度上又是由制度安排和制度结构使然。[1]

孤儿作品使用难题的实质是新制度经济学上的挟持问题,即使用者因预见到被权利人事后挟持而发生损失的可能性,作出背离社会效率的行为选择,导致社会整体对孤儿作品的使用和相应投资不足。挟持是典型的事后机会主义行为,其在孤儿作品使用领域的存在,也可溯源至现代著作权制度下的信息不对称和使用者对权利人的"单边依赖"。下文将剖析著作权制度安排和制度结构是如何导致使用者与权利人之间的信息不对称和单边依赖性,以期揭示孤儿作品使用难题是现代著作权制度的产物。

(一)使用者与权利人之间的信息不对称

新制度经济学对新古典经济学的修正和发展之一,是对完全信息市场假设的批判和不完全信息理论的确立。信息不完全是指行为人决策所依赖

---

[1] 周林彬,等. 法律经济学:中国的理论与实践 [M]. 北京:北京大学出版社,2008: 158-159.

的信息在总量上是不充分的，信息与客观事实存在偏差，以及信息分布不对称等情况。信息不对称是 20 世纪 70 年代兴起的信息经济学的核心概念，是指"契约当事人一方所持有而他方不知道的，尤其是他方无法验证的信息或知识"。这里的"无法验证"也包括因为验证成本高昂而不具有经济合理性的情况。[1] 导致使用者赖以决策的信息不完全，以及信息在使用者与权利人之间不对称分布的原因主要有三个方面。

1. 创作活动的专业化

根据马克思主义政治经济学理论，生产力发展到一定阶段，必然会出现社会分工和专业化。经济越发展，专业化程度就越高。波斯纳认为，在现代社会中的"无知"就来自知识的专门化。[2] 在当代，文艺作品的创作与传播也实现了社会化分工，一些复杂的大型的作品更是需要系统的组织、协作或物质条件的支持才能完成。相应地，与著作权客体的利用相关的信息也就由众多个体分散地掌握，无法自发地以集中且整合的形式出现。

2. 知识产权客体的特殊性

知识产权与有体财产权均有对世性，本质上是对他人实施特定行为自由的限制；为了不给公众的自由造成不合理的妨碍，应当尽可能在事前明确权利内容与效力范围。但是，这一点对于知识产权来说并不容易做到。首先，知识产权的对象是承载信息的符号组合[3]，缺乏可用感官认知和度量的物质特征，而必须依赖形而上学的法律组织技巧，通过提炼抽象概念与命题（如"独创性""非显而易见性"等）来界定其权利对象[4]。其次，

---

[1]　卢现祥，朱巧玲．新制度经济学 [M]．北京：北京大学出版社，2012: 166.

[2]　理查德·A. 波斯纳．正义 / 司法的经济学 [M]．苏力，译．北京：中国政法大学出版社，2002: 150.

[3]　李琛．论知识产权法的体系化 [M]．北京：北京大学出版社，2005: 116-139.

[4]　谢晓尧．倾听权利的声音：知识产权侵权警告的制度机理 [J]．知识产权，2017(12): 31.

"概念需要解释，解释又必然引入新的概念" "在知识产权领域，一面是直观素材的缺乏，一面是抽象概念的膨胀"，对人的抽象思维能力和语言表达能力提出了更高的要求。[1] 而抽象思维固有的局限性与权利语言的模糊性并不足以厘清权利的边界。知识产权的明晰性是从核心区向模糊区渐次过渡的；越远离核心，权利与侵权越难界定，即使在核心区，也有可能存在合理使用的"权利飞地"。故知识产权交易市场中信息的不完全相较于一般有体财产交易市场更为明显。

3. 信息搜寻与处理的成本

根据新制度经济学的"有限理性"假说，人虽然在主观上追求理性，"但只能在有限程度上做到这一点"。[2] 有限理性包括以下两个方面的含义：其一，从复杂而不确定的外部环境中获取信息所需的资源和时间十分稀缺而昂贵，人不可能无止境地收集信息。其二，人脑的信息处理能力是有限的，即使拥有相应的信息，也不可能完全明白这些信息。理性思维也是一种成本高昂的心智活动，人类倾向于将有限的脑力资源配置到最需要的用途上。因此，人们常常愿意保持"理性的无知"。[3]

在缺少直观、可信的权利信息的情况下，要确认作品的权利状态和著作权人的身份并取得联系不仅要耗费时间、人力和物力成本，而且可能到头来一无所获。如王迁教授所言，假设公安部门像侦破跨国犯罪案件那样运用刑侦手段进行查找，也许能确认匿名权利人的身份与所在，但是这种手段"对于大多数人是毫无意义的"。[4] 一般来说，人们更青睐于"高可能性的低成本"，而不是"低可能性的高成本"。因此，当查找成本超出

[1] 李琛. 论知识产权法的体系化 [M]. 北京：北京大学出版社，2005: 73.

[2] 卢现祥，朱巧玲. 新制度经济学 [M]. 北京：北京大学出版社，2012: 57.

[3] 卢现祥，朱巧玲. 新制度经济学 [M]. 北京：北京大学出版社，2012: 57-59.

[4] 王迁. 孤儿作品制度设计简论 [J]. 中国版权，2013(1): 31.

使用作品的可预期收益时，潜在使用者将放弃查找，摆在他面前的选择将是：要么自觉地放弃使用或者调整使用方案，在合理使用或法定许可框架下实现使用目的；要么在自认为可以承受的责任风险范围内，侥幸地实施侵权性使用。

权利人掌握着作品的权利状态、权属状况、个人身份和联系方式、授权意愿等与交易标的和当事人相关的信息；潜在使用者则掌握着作品的使用目的、使用方式和预期收益等与使用权定价有关的信息。如果双方自愿实施信息披露，将有效地促进许可交易实现。然而，正如使用者获取与处理信息需要成本一样，权利人生产与提供信息也有成本——有时这些成本还相当高；在缺少额外激励的情况下，难以假定权利人会自发地向市场提供足够的信息。这就是导致大量作品孤儿化的决定性原因。

这里存在的低效循环是：权利人进行信息公示和权利管理（例如，将许可使用权委托给集体管理组织）的激励来自对行为预期成本－收益的核算——其中，预期收益主要是权利转让或授权使用的回报。但是，市场需求、潜在交易对象、使用目的和方式等与收益紧密相关的信息掌握在未来的使用者手中，权利人要通过使用者的要约、双方的沟通协商来获得相关信息，或者观察实践中同类作品的市场行情来加以推测。对孤儿作品来说，这些需求信号无法有效传递，权利人无法理性地作出决策，导致大量作品价值被禁锢，得不到充分的利用。

孤儿作品权利信息在使用者与权利人之间的非对称分布，使对信息的占有与需求严重分离。这种信息不对称又会制造新的交易成本：由于双方都有机会主义倾向，都可能利用各自的隐藏信息优势逃避风险，将交易成本转移到另一方身上，甚至对对方实施欺骗或讹诈，丧失许多互利合作的机会。

这种信息不对称很大程度是制度环境或制度安排的产物，反映了著作权制度上固有的权利义务结构失衡。借用美国版权法专家 David Nimmer 的话来说，著作权制度允许权利人"袖手以待，冷眼旁观"，即权利人既没有公示权利信息的义务，也没有就他人提出的许可请求作出回应的义务。言下之意，法律不能因为权利人的不作为而限制其权利。[1]

如果寻求授权的交易成本较低，要求使用者遵循"先授权后使用"公理性原则是无可厚非的；而当信息不对称导致交易成本过高而难以实现时，固守这一原则就可能背离著作权制度的目标。崔国斌教授曾指出，在"从个人本位向社会本位过渡"的大趋势中，现代民法是落后于知识产权法的。[2] 然而，著作权法却没有像现代民法那样采取一种社会的、全局的视角，在必要的情况下对权利人课以一定义务来保障有效率的运作，以协调权利本位与社会公共利益政策的关系。[3] 莱斯格教授认为："在当今时代中，法律所面临的问题并不是如何实现保护，而是现有的保护是不是过强了。……关键不在于著作'权利'，而在于著作'义务'，即受保护的财产所有人应当负有使其财产可被他人使用的义务。"[4] 美国法院在减免孤儿作品使用者的法律责任时，就"含蓄地承认了权利人应当对推动著作权制度有效率地运行履行一定义务……并将这种义务的履行视作权利人享受著作权保护的条件"[5]。

---

[1] Authors Guild v. Google, Inc. , 770 F. Supp. 2d 666(S. D. N. Y. 2011), at 681.

[2] 崔国斌. 知识产权法官造法批判 [J]. 中国法学, 2006(1): 157.

[3] 例如，在侵权法上，事故的受害人应当及时就医，积极治疗；若放任损失扩大，侵权人不对扩大部分承担责任。合同法也有类似规则，一方虽然违约在先，但如果非违约方未采取合理措施，放任损失扩大，也不能就扩大的损失主张赔偿。

[4] 劳伦斯·莱斯格. 代码2. 0: 网络空间中的法律 [M]. 修订版. 李旭, 沈伟伟, 译. 北京: 清华大学出版社, 2018: 190.

[5] LESSIG L. Letter from Stanford Law Professor Lawrence Lessig to the Hon. Zoe Lofgren [EB/OL].(2006-03-06)[2018-05-12]. http: // www. lessig. org/blog/archives/20060306-lofgren. pdf.

如果能够对权利人课以如下义务之一，就能够极大地缓解信息不对称：①公开并维护作品信息和联系方式，使自己处于可联系的状态；②在发现作品使用不合己意时及时发侵权告知函或移除通知；③采取其他简便有效的方式公示自己对作品使用的态度（例如，不允许公开传播等）。不过，如何在不违背《伯尔尼公约》等国际法基本原则的情况下实现上述效果，则需要在具体制度设计中审慎地把握。

（二）使用者对权利人的制度性依赖

交易费用理论认为，当市场上同质的、可选择的交易对手数量较多时，由于存在竞争压力，无论是查找的信息成本抑或等待对方回应的成本都比较低，交易双方的相互依赖性程度也比较低，合同则易于达成和履行。概言之，完全竞争的市场起着抑制机会主义行为的作用，从而减少了交易者为防止机会主义行为而付出的代价。反之，在竞争不充分的或垄断的市场中，由于可选的交易对手大为减少，就会出现交易的"小数目问题"，就会增加交易的搜寻和等待成本，降低合同谈判成功概率，从而增加交易顺利完成所需的成本；处于非垄断地位的交易方对垄断者的依赖性很大，垄断者的机会主义可能性大为增加。[1] 例如，政府部门对公共权力的垄断，从某种意义上为政府官员实施寻租等机会主义行为提供了便利。

1. 著作权的排他性——对他人行为自由的约束

美国法学家霍菲尔德（Wesley N. Hohfeld）将"权利"的概念分解为以下四种基本含义：狭义的权利（right），即权利人可以要求他人为或不为一定行为；特权（privilege），即法律允许但并不通过强加义务予以支持的自由；权力（power），即权利人可通过为或不为一定行为来改变某种法律关系；豁免权（immunity），即人们所处的法律关系不因他人行为

---

[1]　卢现祥，朱巧玲. 新制度经济学 [M]. 北京：北京大学出版社，2012: 82.

而被改变。

在有体财产法上，财产权可以看作由三种权能组成：其一，权利人享有对财产进行占有、使用、收益的"特权"；其二，权利人享有将财产进行转让的"权力"；其三，权利人享有排除他人侵入财产或者干涉自己对财产的占有、使用、收益的"请求权"（right to claim）。[1]事实上，由于法律对所有者以外的世人课以了"不去干涉所有者行使特权"的义务，因此当有人违反这种"自我克制"的不作为义务时，财产所有者就有权要求法律排除其干涉（right to exclude）。这种排除干涉的请求权是对世人不作为义务的反射，是所有者得以有效地使用财产的必然要求。就像霍菲尔德用"小虾沙拉"例子所揭示的，若立法仅给予公民以（吃沙拉的）特权，却像小虾沙拉的主人一样"不答应不干预他（吃沙拉）"，这种特权只是形同虚设。[2]同理，如果所有者仅有使用、消费的特权而无排除他人干涉的能力——无论是从事实上抑或从法律上，也无法实现对财产的独占性支配。这是由有体财产的稀缺性与竞争性特征决定的。

著作权客体——表达，本质是传递信息的符号组合，不属于竞争性的稀缺资源，一个人的消费或使用并不会减少以后的人们消费或使用同一表达的可能性；同时被多人使用也不会造成相互的干扰或者争夺。[3]形象地说，苹果被某人吃掉后就不可能再被其他人享用；而复印一篇文章却不会妨碍其他人复制同一篇文章，演唱一首歌曲也不妨碍其他人演唱同一首歌曲。如果权利人只是要实现对财产的利用（例如，对表达的复制），通过

[1] GORDON W J. A property right in self-expression: equality and individualism in the natural law of intellectual property[J]. Yale Law Journal, 1993(102): 1550.

[2] 王涌. 寻找法律概念的"最小公分母"：霍菲尔德法律概念分析思想研究 [J]. 比较法研究, 1998(2): 155.

[3] CHRISTOPHER Y. Copyright and public good economics: a misunderstood relation[J]. U. Pa. L. Rev., 2007(155): 645-50.

自身行动即可达成，不需要法律施以额外的援手。就此而言，仅确认作者享有"复制的特权"（privilege to copy）是无意义的、不必要的；关键在于确认作者就表达所享有的复制权是"排他的"，即权利人不仅可以自行复制，而且有权独占地进行复制。要实现这一点，就必须对权利人之外的公众课以"未经权利人同意或者缺少法律依据者不得复制"的义务，并依仗法的强制执行力来保证该义务得到履行；缺少了"不得复制"的义务（duty not to copy）的配合，整个权利束将是一纸空文。[1] 可见，著作权激励机制的构造极度依赖于相对人不作为义务的创设和执行。有学者指出，排他权属性是禁令这种救济形式在著作权法领域得以"无限制适用"的内在动因。[2] 而在进入数字时代之后，权利人对技术保护措施的广泛运用，以及立法者对破坏或规避技术保护措施行为的非法化，使著作权的支配范围从"对客体的使用提升为对客体的接触"，进一步增强了著作权的排他效力。[3]

然而，正如有体财产法规制的不是人与物的关系，而是人与人的关系；著作权法规制的对象也是人的行为方式。一旦确认某人享有著作权，其他人的行动自由就会相应地受到人为制约。这一点往往被"无体物所有权"的装饰掩盖。[4]

2. 财产规则——著作权的一般交易规则

（1）财产规则与责任规则

法经济学耶鲁学派的代表人物卡拉布雷西与梅拉米德将财产权利的初

---

[1] BALGANESH S. The obligatory structure of copyright law: unbundling the wrong of copying [J]. Harvard Law Review, 2012(125): 1670.

[2] 杨红军. 版权禁令救济无限制适用的反思与调适 [J]. 法商研究, 2016(3): 186.

[3] 熊琦. 著作权激励机制的法律构造 [M]. 北京：中国人民大学出版社, 2011: 92.

[4] 田村善之. 田村善之论知识产权 [M]. 李扬, 等译. 北京：中国人民大学出版社, 2013: 4.

始配置、交易和保护规则分为"财产规则"（property rules）和"责任规则"（liability rules）两种模式。财产规则坚持权利的排他性与绝对性，他人只有事先获得权利人同意才能获得该权利，实现权利的价值；法律禁止他人违背权利人的意志，侵害该权利。责任规则弱化了权利的排他性，他人可以不经权利人同意而取得财产权，但必须依据第三方确定的补偿金；权利人无权禁止他人使用，只能主张获得补偿。[1]某种财产权利适用的是财产规则还是责任规则，直接影响着权利的排他性强弱。

从交易条件的决定权方面来看，适用财产规则时，权利人可以根据自己的意志挑选交易对象、确定交易价格，以契约的方式将权利让渡给最能发挥财产效用的主体（理论上就是出价最高者）。"一旦权利的初始分配由财产规则确定，国家就不能排除权利人而重新确定财产的价值。"[2]适用责任规则时，由第三方来决定交易对象和价格条件，他人只要符合第三方设定的条件并支付了既定价格即可取得权利，而交易的成立与否不取决于权利人的意志。

从侵权认定与救济方面来看，适用财产规则保护某种财产权时，任何人未经权利人同意均不得以受控方式使用财产，否则权利人可主张强制履行、停止侵害、恢复原状等责任形式。若适用责任规则，权利人只能主张赔偿金，而侵权人支付了赔偿金就相当于按照第三方（如法院）确定的价格对该项（受侵害的）权利进行了事后的赎买。

两种规则在排他性强弱上的差异，使它们在不同的具体社会情势下互为补充，以实现资源配置的效率。[3]财产规则的突出优势之一是价格机制。

---

[1] CALABRESI G, DOUGLAS M. Property rules, liability rules, and inalienability: in view of the cathedral [J]. Harv. L. Rev. , 1972(85).

[2] 熊琦. 著作权激励机制的法律构造 [M]. 北京：中国人民大学出版社，2011: 120.

[3] 同 [2] 21.

它要求双方当事人就每一次的权利让渡进行协商；在一个有效运作的市场中，经由双方讨价还价达成的价格，相较由第三方确定的一揽子价格，双方讨价还价更能反映交易标的的真实价值。[1] 但财产规则仅适用于交易成本（搜寻和协商）较低、市场机制运转正常的情况。当交易成本很高以致协商无法进行或协议难以达成时，责任规则更有优势——它弱化了权利的排他性，允许相对方不经权利人同意，直接通过支付既定价格取得权利，实现财产的最大效用。

如果交易成本足够低，采取何种规则都没有区别，因为无论法律上的权利初始配置如何，市场总是能够将权利流转到最能实现其价值的一方手中，纠正初始配置的无效率，使资源利用效率达到最优。然而，在充满交易成本的现实世界中，当交易成本高于权利带来的预期收益时，这种协商和交易就无法自发地达成，此时，权利的初始配置就会对经济运行效率产生影响，某种权利安排会比其他形式的权利安排具有更高的效率。换言之，法律应当将产权预先配置给最能发挥使用价值的一方，来模拟无成本条件下的市场对资源的配置。[2] 责任规则就相当于将财产使用权预先配置给了潜在的使用者，他可以单方面决定是否支付补偿金来行使该权利。[3]

决定适用权利规则是责任规则的关键在于交易成本。在著作权法中，由于不同类型客体在传播和利用方式上存在成本差异，财产规则和责任规则是同时存在的。财产规则是著作权排他性的内在逻辑和必然要求。每当技术发展催生出新的作品传播、利用方式时，法律通常都是先通过界定排

---

[1]　WU T. Tolerated use[J]. Columbia Journal of Law & Arts, 2008(31): 624.

[2]　理查德·波斯纳. 法律理论的前沿 [M]. 武欣，凌斌，译. 北京：中国政法大学出版社，2003: 6.

[3]　例如，我国著作权法规定的"报刊转载法定许可"中，使用者（报刊社）有权决定是否按照《使用文字作品支付报酬办法》中规定的 100 元 / 千字的标准向文著协送交报酬代为转付，来换取已发表在其他报刊上的作品的转载权。

他性财产权的方式将权利配置给作品的创作者，再通过责任规则来限制著作权的排他性，给必要的使用行为保留一定自由余地。虽然在著作权法上责任规则的适用面很广（诸如合理使用、法定许可等），但它依然是著作权交易与保护的例外模式：仅针对特定的权利客体，在特定的条件下，法律才允许使用者不经权利人许可、仅支付既定报酬来取得作品使用权。[1]

（2）侵权认定与主观过错分离

与普通民事侵权认定不同，知识产权侵权成立本身无须主观过错要件，只要客观上未经权利人许可且没有法律规定，实施专有权控制范围的行为就构成侵权。知识产权法上适用无过错责任的主要出发点是改善司法活动的效率。美国版权法专家 Melville Nimmer 曾指出，以主观过错作为侵权构成要件，将极大地增加原告的举证难度和法院裁判的难度。[2]"如果接受被告以无过错进行侵权抗辩，所带来的举证难题将严重地妨碍著作权人行使国会赋予的司法救济权。"[3]

适用无过错原则在专利法和商标法领域中不会有太大问题，因为专利权与商标权的取得和范围都是经过行政机关审查并公告的，侵权人"应当知道"相关权利的存在；即使真的不知道，也可以认为其存在"过失"。

---

[1] 合理使用的"无须支付报酬"可以视为法律将报酬确定为零。

[2] Nimmer 认为，应当让侵权制品的转售者内化其行为产生的负外部性，因为后者可以通过审慎注意来避免购入侵权制品，也有机会运用合同条款或者投保责任险转嫁风险。在他看来，现实中，许多中间商、零售商对版权制品的侵权可能性不予正视或视而不见，主观上不仅有过失，而且存在恶意，无过错责任有助于打击盗版侵权；如果为了保护无过错的侵权制品转售者而引入主观过错作为侵权要件，那么无异于以牺牲著作权人的利益给恶意侵权人发放制度红利。NIMMER M B, et al. Comments and views submitted to the copyright office on liability of innocent infringers of copyright[C]// Omnibus copyright revision legislative history. Buffalo: William S. Hein & Co. , Inc. , 2001: 164, 169.

[3] ABKO Music, Inc. v. Harrisongs Music, Ltd. , 722 F. 2d 999(2d Cir. 1993).

但著作权的取得采取非形式化的自动取得原则，也没有强制信息公示的要求，"不能像专利权和注册商标那样推定侵权人应当知道某种权利的存在"。[1]加之著作权客体是符号组合，权利范围有待解释，权利是否存在瑕疵也无法直观判明，因此第三人在根据"著作权人"授权而行使权利时，也很容易发生无过错侵权。

著作权法在制度沿革史的早期阶段一直努力避免使无过错行为人承担侵权责任。[2]自18世纪初到19世纪晚期，著作权客体和排他权的种类只是缓慢地渐进式增长，著作权保护期限整体较短，出版物上普遍加具权利标志，总体而言，著作权的实际覆盖范围较窄，法律对侵权行为的界定有限而清晰，侵权发生率远低于当下；公众在过失甚至无过错情况下踏入他人权利领域的概率则更低。有限的侵权风险集中于专门从事创作、印制和发行的主体身上[3]，他们本身也常借助法律保护自身利益，故对法律多有了解，甚至可以说十分熟悉。因此，当时的人们可以凭借各种法律机制有效地绕开侵权而行，完全无过错的侵权发生概率也很低。换言之，凡是客观上实施了侵权行为者，均可以合理地推定其在主观上知道或者应当知道被使用作品的著作权属性、行为的违法性与侵权性。[4]1710年《安妮女王法》就表达了保护无过错侵权人免于责任风险的用意："如果不能通过法

[1]　李明德. 美国知识产权法 [M]. 北京：法律出版社, 2015: 369.

[2]　REESE A. Innocent infringement in U. S. copyright law: a history[J]. Columbia Journal of Law & the Arts, 2007(30): 160−175.

[3]　通过对立法和司法实践的观察，在19世纪中叶以前，侵犯复制权都局限于对作品整体或者主要部分的原样复制 (verbatim duplicative copying)，即今天被称为"盗版"(piracy) 的行径，这种复制权实际上是权利人控制作品印刷和再版印刷的排他权；翻译和改编等演绎权尚未得到确认。而在20世纪模拟复制技术出现以前，由于复制技术和设备无法普及私人家庭层面。因此，能够实施侵犯复制权行为者大多系相关行业从业者。

[4]　LITMAN J. Digital Copyright[M]. Los Angeles: Prometheus Books, 2006: 18−19, 29−30.

律条款要求每一本依本法受到保护的图书对其财产权属做出明确提示，必会有许多人因无知（ignorance）而违反本法。"[1] 在个别情况下，法律上的漏洞和模糊可能导致行为人无法准确预判作品的权利属性和行为的合法性，陷入侵权的境地，法院也倾向于从行为人的主观状态（认识和意志层面）上寻找为其开脱责任的理由。在 20 世纪以前，英美法上将侵权人分为侵权复制者与侵权复制品的销售者，后者只有在明知所售系侵权制品的前提下才会被追究侵权责任。当著作权的效力范围从原先仅控制"原样复制"（verbatim copy）拓展到控制"模仿性复制"（imitative copy）时，法院也常常在个案中通过审查行为人的主观过错状态，来判断被告行为的合法性或非法性。[2]

然而，自进入 20 世纪以来，著作权法不再将被告的主观过错作为侵权成立要件[3]，曾一度被用来缓解无过错侵权责任的消极影响的机制大多式微。与之形成鲜明对比的是，发生无过错侵权的风险正在极速增加，主要原因包括：①著作权保护期的延长和权利取得形式要件的取消；②受保护客体类型的增加和同时期处于著作权保护下的对象数量的激增，权利内容的拓展，受著作权控制的行为方式增加；③缺乏有效的权利外观，作品是否受保护不易判断；④著作权法中包含许多技术性规范，大量运用了专业概念，法律的适用依赖于对概念的解释，这对人的推理、分析等抽象思

---

[1]　Statute of Anne, 1710, 8 Ann. c. 19(Eng.).

[2]　REESE A, ANTHONY. Innocent infringement in U. S. copyright law: a history [J]. Columbia Journal of Law & the Arts, 2007(30): 160-175.

[3]　例如,1931 年美国联邦最高法院明确宣告"侵权的主观意图并非必要""对特定行为的侵权性是否知晓无关紧要"。Buck v. Jewell-LaSalle Reality Co. , 283 U. S. 191(1931). 在制定法方面,早先立法上明确规定的适用于侵权制品销售者的"知情"要件和适用于模仿性复制者的"规避法律的意图"要件,在 1909 年《版权法》中也都被删除了。

维能力提出极高的要求，行为人难以准确预判行为是否侵权。

当下，著作权法上用以救济无过错侵权人的机制主要是赔偿责任限制。一般来说，无论主观是否存在过错，侵权人至少需要承担停止侵权的责任，有时可能还要返还不当得利，但无须承担赔偿责任。我国著作权法就没有明确规定主观过错是承担赔偿责任的构成要件，但在司法实践中，被告主观过错大小通常会影响赔偿责任。例如，根据司法解释，出版物侵犯他人著作权的，出版者应当根据过错、侵权程度及损害后果等承担民事赔偿责任；出版者对其出版行为的授权、稿件来源和署名、所编辑出版物的内容等未尽到合理注意义务的，依据《著作权法》第四十八条的规定，承担赔偿责任；出版者尽到合理注意义务，著作权人也无证据证明出版者应当知道其出版涉及侵权的，依据《中华人民共和国民法通则》第一百一十七条第一款的规定，出版者承担停止侵权、返还其侵权所得利润的民事责任。[1]可见，我国是将过错作为赔偿责任的基本条件。在少数著作权保护水平较高的国家（地区），无过错侵权人的责任抗辩主要体现在以下两个方面：一是在适用法定赔偿责任形式时对数额加以限制，二是授权法院根据侵权人的主观过错大小决定是否令其赔偿原告的律师费、诉讼费，以及赔偿额的大小。但是，"无过错"同样不能对抗禁令和实际损害赔偿的诉讼要求。例如，美国版权法第504（c）（2）条规定，如果法院认定侵权者不知道也无理由知道其行为构成侵犯版权，那么法院可酌情将法定赔偿金减少至不低于每件作品200美元。受美国影响的 TRIPs 和欧盟《知识产权执法指令》也有类似的适当赔偿规定。不过，追究侵犯著作权的刑事责任通常以主观故意和"营利目的"为要件。

---

[1] 参见《最高人民法院关于审理著作权民事纠纷案件适用法律若干问题的解释》第 20 条。

这样的侵权归责原则和责任形式与"财产规则"的立法模式是相匹配的。当被告没有过错或者过错十分轻微——被告诚实地相信自己的使用行为是合法的，或者被告并未意识到自己复制了他人作品，他仍然必须因原告的要求停止侵权，并向权利人支付因侵权使用而产生的收益。

有研究显示，近年来，"版权蟑螂"诉讼特点的一个变化是从以"企业和技术服务提供者以商业使用者"为被告，转变为越来越多地针对"不带有商业目的、不存在直接市场替代效果，甚至因为不了解版权规定而不慎侵权的普通个人"。[1]一个可能的原因是数字网络技术方便了著作权人追踪作品的在线使用情况。

一些学者对著作权法的无过错责任进行了反思。他们认为，在传媒稀缺的时期，作品因与传播渠道结合而获得排他性，消费者可以通过作品的有形载体来认识抽象权利客体的权利归属与权利边界；但时至今日，复制的便捷性和媒体的充裕性使著作权的实施面临很大困难。[2]侵权行为呈现易发性、弥散性、非营利性、无过错等特点。对此，仅仅"依靠法院深思熟虑地拿捏赔偿金数额，来缓解适用无过错责任原则带来的不公平感受"，显然是不够的。[3]"无过错归责原则可能会给后继而起的艺术家带来真正的威胁。"[4]因此，应呼吁立法者提供更多的救济机制，包括"限制潜意

---

[1] 易继明, 蔡元臻. 版权蟑螂现象的法律治理：网络版权市场的利益平衡机制 [J]. 法学论坛, 2018(2): 10.

[2] 吴伟光. 著作权法研究：国际条约、中国立法与司法实践 [M]. 北京：清华大学出版社, 2013: 592.

[3] SINCLAIR K. Liability for copyright infringement—handling innocence in a strict-liability context [J]. California Law Review, 1970(58): 945.

[4] GORDON W J. Toward a jurisprudence of benefits: the norms of copyright and the problem of private censorship [J]. University of Chicago Law Review, 1990(57): 1031.

识侵权"（subconscious infringement）的法律责任，或者以行为人明知作为适用赔偿责任的条件，以便"缓和当前著作权保护过分强大的态势"[1]，"维持社会的创造活力"。[2]

3."授权文化"

"授权文化"（clearance culture）的概念最早由美国学者Patricia Aufderheide和Peter Jaszi教授提出，指的是在著作权产业内形成的，以"使用作品前必须征得权利人的授权许可"为特征的群体性心理。对被卷入法律纠纷的风险畏惧与规避心理是这种共同偏好形成的主要驱动因素。[3]

（1）以授权文化为特征的行业惯例

授权文化是一种法律文化心理，属于意识形态范畴，与所属的社会经济基础相适应。著作权产业发达的国家在相关产品服务贸易中通常处于输出方地位，在国内和国际上都倾向于采取强保护政策来保障本国权利人的利益，对盗版侵权的制裁比较严厉，国内公众整体的著作权意识也比较强；在这些国家，授权文化更加普遍、根深蒂固。当今，著作权产业最为发达的美国，在影视、音乐、出版、软件等行业中皆已形成授权文化色彩浓厚的惯例：创作及出版发行的作品凡涉及他人的著作权、商标权、商品化权

---

[1] REESE A. Innocent infringement in U. S. copyright law: a history [J]. Columbia Journal of Law & the Arts, 2007(30). CIOLINO D S, DONELON E A. Questioning strict liability in copyright [J]. Rutgers Law Review, 2002(54). BRACHA O, GOOLD P R. Copyright accidents [J]. Boston University Law Review, 2015(96). HETCHER S. The immorality of strict liability in copyright [J]. Marquette Intellectual Property Law Review, 2013(17).

[2] GORDON W J. On owning information: intellectual property and the restitutionary impulse [J]. Virginia Law Review, 1992(78): 227.

[3] AUFDERHEIDE P, JASZI P. Untold stories: creative consequences of the rights clearance culture for documentary filmmakers [R]. Association of Commercial Stock Image Licensors, 2004: 22.

（right of publicity）等知识产权的，都必须事先取得授权；若无法取得授权，出版商、发行商会敦促作者删除相关内容。以传记类文学为例，虽然美国法院传统上历来对于纪实、非虚构的文学写作中触及他人的版权、商标权或商品化权的行为较为宽容，给予较大的自由余地[1]；但主要出版商始终坚持作者必须就所使用的内容逐一取得授权，以求免于陷入被诉境地，或者在被诉的时候据以证明自己遵循了业内惯例、主观上并无侵权恶意，以避免高额的惩罚性赔偿。学者 Cathy Davidson 和 Ada Norris 撰写了一部记录美国作家和社会活动家 Zitkala-Ša 生平的图书，交由企鹅出版社出版。企鹅出版社在出版协议中有了明确的限制性规定——"受预算限制，请勿在传记中使用任何创作完成于 1922 年之后的作品，即使被诉侵权的可能性不大"。由于无法自行完成权利清算，两位作者被迫割舍了部分内容，无法将珍贵的史料完整地呈现给读者。[2]

受到授权文化影响并拥护授权文化的，不仅是能够从中受益的著作权人和著作权产业利益集团，而且一些作品使用大户对授权文化以及出版行业的强版权保护水平表现出一种逆来顺受、亦步亦趋的态度。在连续发生

---

[1] New Era Publications International v. Carol Publishing Group, 904 F. 2d 152, 157(2d Cir. 1990). Rosemont Enters. v. Random House, Inc. , 366 F. 2d 303, 307(2d Cir. 1966). Seale v. Gramercy Pictures, 949 F. Supp. 331, 337−38(E. D. Pa. 1996).

[2] 值得注意的是，企鹅出版社官网上关于作品使用许可的政策声明中也对他人使用自己出版的作品进行了类似的严格限制："将版权作品中的片段用于其他作品中"必须取得版权人的许可，而这种片段使用就包括"对他人书中内容的简短引用"(a short quotation from one book used in another book)。Penguin Group(USA), Inc. , Permissions FAQ, http: // www. penguinputnam. com/static/html/us/permissions/PermissionsFAQ. html.

了数起引人注目的诉讼后，[1]高校在对待教师制作的课程材料——包括从版权图书和刊物上复印的阅读材料和对版权素材进行摘编再印制而成的阅读材料，可谓谨小慎微、草木皆兵。纪录片制片人也面临同样的困境：尽管就影片中所用到的所有版权素材逐一取得使用授权的成本十分高昂，"但如果不能提交令广播电视机构的律师满意的书面授权文件，该影片可能就无缘播出"。[2]

　　尽管著作权法上不乏思想表达二分法、合理使用原则等"利益调整器"，但这些原则无一不包含极为抽象、模糊的概念；概念需要解释，而解释又往往带有较强的主观性，当事人尤其是使用者难以预料自己的行为会如何被司法者解读。因此，但凡使用行为的合法性存在疑义和不确定性，获取授权就是作品出版发行和公开传播的必要前提。[3]可见，以授权文化为特

---

[1]　例如，1983 年的 Addison-Wesley Pub. Co. v. New York University 案、1991 年的 Basic Books, Inc. v. Kinko's Graphics Corp. 案和 1996 年的 Princeton Univ. Press v. Mich. Document Servs. , Inc. 案，这三起案件都是由于大学师生将课堂教学所需的若干版权资料交给校内外的复印店印制而引发的。在第一起案件中，被告是纽约大学，最终原被告双方达成和解。和解协议的内容中就包括要求纽约大学设立一项关于版权材料复印的政策：原则上，为课堂教学而使用版权材料必须遵循由美国出版商联合会、美国作家联盟与教育研究所与机构特别委员会三方订立的协议——"（关于图书与期刊的）非营利教学机构课堂复制指南"。教职人员在"指南"规定的范围之外使用版权材料的，必须征得权利人许可；在不为权利人所许可的情况下，教职人员可以将使用计划提交本校的法律顾问审查，若不经审查擅自使用而引发的侵权责任将由教职人员个人而非大学承担。在后两起案件中，被告是数家为师生提供复印服务的复印店；法院未采纳被告的合理使用抗辩，认定其在为客户（大学生）制作教辅材料包时侵犯了原告的版权。

[2]　AUFDERHEIDE P, JASZI P. Untold stories: creative consequences of the rights clearance culture for documentary filmmakers [EB/OL].(2004-12-30)[2017-06-17]. http: // www. centerforsocialmedia. org/rock/backgrounddocs/printable_rightsreport. pdf.

[3]　ROTHMAN J E. The questionable use of custom in intellectual property [J]. Virginia Law Review, 2007(93): 1913-1914.

征的行业惯例所体现的，与其说是行业共同体对作品使用规范的理想化设计，不如说是出于畏讼心理而采取的避险之策。[1]

新制度经济学对遵循规则和惯例给出了一种解释，即人的有限理性不足以把握复杂现实的全部细节，企图对每一项决策都作出完全明智的选择，从信息收集和计算的工作量上来说是不现实的，因此大多数人因循规则、惯例来作出日常决策，而不是尝试根据每一个具体情况作出调整来实现利益最大化。习惯可能导致决策质量下降，但节约下来的成本将抵消这种损失且有余。[2]

有学者指出，由于著作权法则、行业惯例、教学科研规范和指南等正式或非正式社会规范对高校、科研院所及其师生的作品使用作出了严格要求，当后者将来作为著作文献的出版者和著作权人时，也倾向于采取同样不宽容的态度来对待他人的使用需求。[3]同样，尽管纪录片制片方谴责过于严苛的授权法则，但对于自己的作品，也是不遗余力地主张实施强知识产权保护。[4]可见，人的行为心理中固有的"禀赋效应"[5]和创作者（权利人）与使用者的身份互易性，对授权文化产生了"连锁反应"式的传导和扩散作用。

---

[1] ROTHMAN J E. The questionable use of custom in intellectual property [J]. Virginia Law Review, 2007(93): 1922.

[2] 马尔科姆·卢瑟福. 经济学中的制度：老制度经济学和新制度经济学 [M]. 陈建波，郁仲莉，译. 北京：中国社会科学出版社，1999: 67, 82.

[3] MAZZONE J. Copyfraud [J]. New York University Law Review, 2006(81): 1060-1067.

[4] AUFDERHEIDE P, JASZI P. Untold stories: creative consequences of the rights clearance culture for documentary filmmakers [EB/OL].(2004-12-30)[2017-06-17]. http: // www. centerforsocialmedia. org/rock/backgrounddocs/printable_rightsreport. pdf.

[5] 禀赋效应 (endowment effect) 是指对于损失的感受要比对于获得收益的感受更加强烈，因此拥有某物的人在放弃该物时所要求得到的补偿高于他们在没有该物时愿意为此支付的价格。

（2）授权文化对著作权法的影响

当授权文化成为行业惯例，不仅左右着行业共同体内部的行为模式，而且反过来对著作权法产生潜移默化的影响。在司法实践中，美国法院经常将行业惯例作为评判合理使用第一因素"使用目的与性质"以及衡量第四因素"使用对原作品市场的影响"的指标。在 Ringgold v. Black Entertainment Television 案中，情景喜剧制片人因未经许可将原告绘制的海报布置在场景中并展示在镜头前而遭到起诉。被告认为，海报是剧组合法购买的，在电视画面中出现的时间总共不超过 30 秒，且始终作为背景的一部分而非画面拍摄的焦点，故其行为应当构成合理使用。但法院认为，制片人未从权利人处获得授权就将作品用作布景使用，违反了影视行业的惯例，因而拒绝采纳被告的合理使用抗辩。[1] 在该案中，艺术家权利协会和毕加索遗产基金会出具的"法庭之友"意见书发挥了重要作用：它使法院确信，许多影视节目制作者在类似情况下事先就布景使用的美术作品取得了授权并支付了"惯常对价"（customary price）。在 Bridgeport Music, Inc. v. Dimension Films 案中 [2]，被告未经许可而采用"选录"（sample）的创作手法，将他人的歌曲旋律和音效片段复制下来并穿插运用到自己的作品中而遭起诉。法院认为，被告未遵循业界惯例，即未能像大多数唱片公司和音乐家一样"自觉地向权利人征求许可"，这导致其行为的合理性大打折扣。类似案件不胜枚举，所涉作品类型还包括课程材料包、设计图纸、期刊论文、杂志封面、电影和视听作品等。也有与前述相反的情况，即在一部分影视节目制作过程中使用作品而引发的侵权纠纷案中，由于原告没有提供证据表明此类活动中存在授权使用惯例，从而使被

---

[1]　126 F. 3d 70, 73(2d Cir. 1997).

[2]　410 F. 3d 792, 801−02, 804 & n. 19(6th Cir. 2005).

告的合理使用抗辩最终得到了法院认可。[1]

归根结底，这种思维模式的形成与美国联邦最高法院在 1988 年的 "Harper & Row" 一案中的表态不无关系。在该案中，联邦最高法院指出，"区分使用的营利性与非营利性的关键不在于使用者是否以获取金钱为唯一动机，而在于使用者是否因使用版权作品而获得收益且未支付惯常对价"；如果被告获利而未支付惯常对价，其行为通常不应被认定为"合理"。[2]

美国纪录片制作者联合会制定的《合理使用最佳实践》中写道："从某种程度上说，合理使用是由相关职业共同体的实践塑造的……因为律师和法官在评判任何批判性或创造性活动领域内行为的'合理性'时，都会考虑职业共同体的预期与做法。"[3]不过，具有讽刺意味的是，从现实来看，这些"最佳实践"和行业惯例带给司法的影响更多地表现为压缩，而不是扩张合理使用的范围。

理论上，合理使用指的是使用者可以不经许可，亦无须支付报酬地使用版权作品；合理使用维护与追求的价值与授权文化正好相反。在实践中，合理的使用与功能发挥并不尽如人意，对许多使用者和创作者来说，合理使用所起的保障作用十分有限。"版权法本是作为抵御盗版者不正当竞争，保卫出版商利益的盾牌而创设的，如今，它进化为一把咄咄逼人的利剑，

---

[1] See Ringgold v. Black Entertainment Television, 40 U. S. P. Q. 2d 1299, 1302(S. D. N. Y. 1996). Amsinck v. Columbia Pictures Indus. , 862 F. Supp. 1044, 1046, 1050(S. D. N. Y. 1994). cf. Sandoval v. New Line Cinema Corp. , 147 F. 3d 215, 216, 218(2d Cir. 1998).

[2] Harper & Row Publishers, Inc. v. Nation Enterprises, Inc. , 471 U. S. 539(1985), at 562.

[3] Ass'n of Indep. Video & Filmmakers et al. , Documentary Filmmakers' Statement of Best Practices in Fair Use [EB/OL].(2005−11−18)[2018−01−01]. http: // www. centerforsocialmedia. org/rock/backgrounddocs/bestpractices. pdf.

任何使用行为——无论转换性与否，都在所难免。"[1]

（3）授权文化对作品创作与使用的影响

相对而言，授权文化对大型内容提供者（如出版商、音乐唱片公司和影视传媒公司等）的影响要小于给个人及其他小型内容提供者带来的影响。从某种程度上说，授权文化对前者有利。

大型内容提供者既是版权素材的使用者，也是版权作品的所有者，其自身拥有多样化的、可替代的权利组合（portfolios），在经营过程中对其他版权人授权的依赖性较低；反而可以在对外进行授权或转让权利时，利用许可费或其他许可条款干预被许可人和受让人的作品使用行为和二次创作活动，给新晋竞争者进入相关市场制造障碍和阻力，因而具有一定的反竞争效果。

将自有的版权作品授权给他人使用，是内容提供者的主要收益来源，其手中掌握的版权作品大多具有明显的商业价值，因此在实施权利管理方面比业余创作者、非商业性权利人以及小型商业性权利人具有更强的激励、更大的技术优势和边际效益优势。推行授权文化不会给其业务造成过分的阻碍，反而符合它们的利益，拉开了与小型创作者在创作和权利管理方面的差距，巩固了竞争优势。

对于广大作品使用者，尤其是后续创作者而言，无论是获取授权的高昂成本，还是权利人对作品使用方式的不满，都可能导致"自我限制"——修改创作内容以去除版权要素、调整使用方式规避版权控制或者索性放弃使用计划，哪怕从法律角度来看，某些使用行为并不在版权的控制范围

---

[1] LESSIG L. Free culture: the nature and future of creativity[M]. New York: Penguin Press, 2004: 99.

内。[1] 对此现象，莱斯格教授在著作中写道：

"我们正在坐失（创作的）大好时机。创作人才被迫放弃表达自己的想法。新的（表达）内容层出不穷，但它们无法传播出去。哪怕这些内容已转化为客观存在的对象……你仍无法使它通过主流传媒传播出去，除非律师递给你一纸文书，上书'内容已获授权'。没有这种授权许可，作品根本无法登上 PBS（编者注：美国公共广播公司的缩写）。这就是他们实施控制的节点。"[2]

综上所述，著作权制度采取"以财产规则为原则，以责任规则为例外"的权利交易与保护模式决定了使用者对权利人具有很强的制度性依赖。而授权使用法则衍生出的"授权文化"以及以授权文化为根基的行业惯例，进一步强化了使用者对权利人的依赖性，事实上将著作权的效力拓展到了法定界线之外，并通过"权利人—使用者（未来的权利人）—其他使用者"之间的连锁效应而不断地自我强化，逐渐屏蔽了基数庞大但实力不济的创作群体的声音———一种希望弱化著作权排他性的呼声。[3]

---

[1] 例如，使用者的行为方式实际上属于合理使用，或者使用对象实际属于不受保护的"思想""事实"范畴或者已归入公共领域。

[2] 这段内容是莱斯格教授在转述 Jed Horovitz 对他说的话。LESSIG L. Free culture: the nature and future of creativity[M]. New York: Penguin Press, 2004: 187–188.

[3] 贯彻"授权文化"将使一些本属于合理使用范畴的行为被迫在事前征求权利人的许可并向其支付报酬，可能导致使用者就一些本已归入公共领域的作品履行"许可使用"的手续。从这个意义上说，著作权的效力范围突破了法律上划定的界线，事实上侵入了原本属于"权利例外或限制"的范围。

第三节　数字时代解决孤儿作品使用难题的必要性

一、保障作品大规模数字化的实现

欧盟委员会在 2012 年《孤儿作品指令》序言部分开门见山地指出，大规模数字化是保护（欧洲）文化遗产的必要举措，而网络传播是实现欧盟公民对文化资源的跨境获取和利用的重要手段。[1]

美国学者 David Hansen 等人将公共文化保藏机构在实现这种社会文化福利目标过程中发生的作品使用行为分为以下两个层次：第一层次的使用（first-order uses）包括对馆藏作品的初始数字化；保存；创建索引、目录或者建立其他工具以实现读者对作品及作品内容的检索；对作品进行梳理、分类、编排和陈列。第二层次的使用（second-order uses）是指研究人员、公众或者其他机构使用者在第一层次使用的辅助下实现的作品使用活动，包括阅读、欣赏、检索、再创作。就此而言，公共文化职能机构通过帮助公众更便捷、高效地获取知识信息和实施后续利用，建立了一种共享共建的、民主参与的文化模式。[2]

大规模数字化不仅是文化资源保藏的重要手段、传播利用的前提，而且具有重要的文化民主功能，要充分发挥大规模作品数字化的社会效用，就必须打破制约孤儿作品使用的制度约束。

（一）大规模数字化是文化资源保藏的重要手段

传统非数字的文化资源在保藏、传播和利用方面存在明显的缺点，制

---

[1]　EU Commission, Directive on Certain Permitted Uses of Orphan Works(2012/28/EU).

[2]　HANSEN D R, HASHIMOTO K, HINZE G, et al. Solving the orphan works problem for the United States [J]. Columbia Journal of Law & the Arts, 2013(37): 15.

约了图书馆等公共文化机构发挥知识信息集散中心的功能。首先，许多早期作品使用的有形物质载体容易损毁、变质，对保存环境的温度、湿度要求较高，还需要占据较大的存储空间；要做到妥善保存，成本很高。其次，这些作品的传播和利用方式受到载体的物理属性的限制，一旦存储格式过时或者读取设备被淘汰，存储的内容将难以获取和使用。最后，有形载体不仅在并发数量上有限，无法为不同读者同时使用，而且在传播利用的过程中会产生物流、保管、损耗等成本，限制了作品传播利用的范围与效率。在投入成本不变的情况下，文化资源总量越丰富，相对越难以实现妥善的保藏和充分的利用。

随着数字时代的来临，文化产品在内容生产、产品形态与发行媒介方面摆脱了传统纸质载体和电子出版时代的电磁载体，实现了产品虚拟化和传输网络化，不仅使存储与物流的成本趋零，而且具备了"按需出版"的可能，从而"自带预防绝版的基因"。同时，数字技术为更好地保存和传承文化资源带来福音。以早期的数字扫描技术为例，一台1991年版的施乐扫描仪可以在5秒左右将一页文字内容转变为一幅可存储并通过传真或互联网传递的数字图像。这意味着在操作者将下一页需要扫描的内容翻开并在扫描仪上摆好的短短数秒内，上一幅图像就能呈现在显示屏上并保存到计算机硬盘中；操作可以不间断地进行。转化为数字图像格式后，就可以通过与计算机相联的打印机将其打印出来，或者通过传真、电子邮件发送到世界各地。再花费30~60秒，扫描仪自带的图像识别软件还可将数字图像转化为可编辑的文档格式，或者根据数据库查找协议，检索出与之近似或相同的图像。借助这一重要工具，图书馆、档案馆、高校等在保存、编排、归档和管理书面材料上的工作效率可谓突飞猛进。

数字化和分布式的保存被认为是保证资料完整性与安全性的最佳方式。美国谷歌公司的创始人 Larry Page 和 Sergey Brin 均毕业于斯坦福大学。1998年，水灾给该校图书馆造成了巨大损失，使两人萌生通过将图书馆馆藏转变为更易保藏的格式和形式的想法。他们还有感于传统出版产业"大浪淘沙"的残酷现状——出版商快速淘汰销量不佳的图书，转而发行最新、最热门的图书；由于图书版权往往已被出版商买断，拒绝再版很大程度上意味着早先出版的图书将逐渐淡出人们的视野，落入"20 世纪的文化黑洞"。基于以上两个方面的考虑，谷歌公司创立不久后就提出了一个宏大构思——"谷歌图书馆计划"，希望借助这种在线数字图书馆让全世界读者得以一睹顶级学术图书馆内深藏的图书，分享前人智慧的结晶。[1] 美国国会和法院也在不同场合多次对以数字化技术保存文化资源——包括但不限于替换物理性质极不稳定的赛璐珞胶片、挽救容易毁损虫蛀的纸质手稿，以及谷歌、HathiTrust 等数字图书馆对传统印制图书的数字化转换等——的社会效益予以高度评价，并常常用合理使用原则来保护这类行为，使之免于侵权责任。[2]

绝大多数孤儿作品缺乏显著的商业价值，著作权人往往也放弃了持续的权利管理，更容易就此被淡忘，并因保存不善而永久失传。以数字化技术对孤儿作品加以保藏，对于文化的代际传承和永续发展殊为必要。

（二）大规模数字化改进了文化资源的传播与使用

数字化不仅有效改进了文化资源保藏的效率与品质，而且数字化过程的产物——可供编辑利用的数字文档、图像和音视频等数字形态的文化资源，成了后续多元化开发使用的对象。在后续的使用方式中，除了传统的引用、改编、翻译、"挪用"（appropriation）、"选录"（sampling）

---

[1]　BRIN S. A Library to Last Forever[N]. N. Y. Times, 2009-10-09(A31). 当然，谷歌图书馆计划并不是没有营利目的的，谷歌自己也从未否认这一点。作为能够提供这种强大搜索服务的极少数网络技术服务商，它势必会吸引可观的访问流量，因而可以从商业广告中获利。

[2]　H. R. Rep. No. 94-1476(1976), at 73; Sundeman v. Seajay Society, 142 F. 3d 194, 203(4th Cir. 1998). Authors Guild, Inc. v. HathiTrust, 902 F. Supp. 2d 445, 459-60(S. D. N. Y. 2012).

及剪辑重混（remixing）等所谓后现代主义的使用方式外，还出现了技术性更强的使用方式——下文所举的"创建数字索引""文本数据挖掘""机器学习"，就是典型的只有依托大规模作品数字化形成的数字内容资源才得以实现的使用方式。这种技术性使用方式补强了人类有限的思维能力，拓展文化资源开发利用的深度和广度，有望发现以往被忽视和埋没的信息价值与审美意义。随着新兴技术的不断研发和投入应用，受益者的规模和社会效益也会远远超越传统的作品使用方式。

1. 数字索引的创建增加了作品被发现的可能

只有能够被"发现"的文化资源，才谈得上利用；知名度不高的作品或者根本不为公众所知的作品，即使保存下来、面向公众开放，也依然是"在书架上休眠"而无人问津。传统上，图书馆和档案馆等机构是通过目录和索引的形式来引导用户查找所需的作品。数字技术的出现大大增强了这种查找功能，用户不仅可以根据作品的元数据（如作者、出版社、出版年份、来源国、类型、主题等）进行"作品外"的数据检索，还可以利用技术服务提供者创建的字段索引实现"作品内"的检索，迅速、准确而全面地从海量作品中筛选出符合需要的作品。

从这个意义上来说，美国纽约南区联邦法院和第二巡回上诉法院都先后认定谷歌数字图书馆对图书的复制使用构成合理使用。法院认为，谷歌数字图书馆对书籍的数字化复制和索引是建立具有文本字段检索的引擎技术工具的必要前提；而片段式（snippet）的文本展示表明其不想也不会对作品本身造成实质性替代，它是为了向用户提供更多种类、更全面的图书资料检索工具，满足用户对图书相关信息的需求。这一行为构成对原告作品的转换性使用，不会影响原告作品的正常使用，也不会不合理地损害原告的合法利益，反而为许多冷门作品创造了为人所知的机会。[1]

---

[1] Author's Guild, Inc. v. Google Inc. 2013 WL 6017130(S. D. N. Y.). Authors Guild, Inc. v. Google Inc. , 721 F. 3d 132, 134(2d Cir. 2013).

2. 文本数据的挖掘拓展了信息提取和分析能力

"文本数据挖掘"（text and data mining）是借助计算机技术，对数字文档内的文本和数据实施自动提取与分析的技术操作。它极大地节约了数据采集的成本，提高了数据采集的效率和规模，增强了实证分析研究的价值与结论的说服力；它还有助于"解锁"海量文献中隐藏的关联信息，为研究提供跨主题、跨领域的视角与思路。目前，这种研究方法已经为自然科学广泛采用。医药研究人员通过文本数据挖掘发现了沙利度胺（thalidomide）这种药物的新的治疗功能。[1]这种技术的应用还极大地影响和改变着人文社科的研究范式。心理学家利用谷歌数字图书馆对特定语词使用频率进行时间和空间两个维度的比较研究，发现随着人口从乡村向都市迁移，一些个人主义色彩鲜明的语词的使用变得频繁，进而提出当代社会文化中个人主义和物质主义的趋势与城市化进程紧密相关的论断。[2]有文学研究者从《最后的莫西干人》和《白鲸记》这两部名著中抽取出高频词，将其与同时期为数千计的小说进行对比，以实证方法揭示了贯穿于19世纪文学的主流议题。[3]

---

[1]　阮开欣.欧盟版权法下的文本与数据挖掘例外 [J].图书馆论坛,2019(12):103.

[2]　GREENFIELD P. The changing psychology of culture from 1800 through 2000 [J], Psychological Sci. , 2013(24): 55, 57.

[3]　JOCKERS M L. Macroanalysis: digital methods and literary history [M]. Urbana: University of Illinois Press, 2013. Sag 教授指出,英国著名文论家伊安·瓦特 (Ian Watt) 出版于 1957 年的著作《小说的兴起》(*The Rise of the Novel*) 对小说这种叙事手法和文学现象进行了深刻的探讨,但研究对象的局限不能不说是该书的一个缺憾——该书仅以笛福、理查逊和菲尔丁等 3 位 18 世纪著名小说家的作品为研究对象;如果能将这些经典之作与同时期的、知名度较低的小说进行横向比较,更有助于揭示经典之所以成为经典的原因。当然,对处于前数字时代,没有网络和计算机技术辅助的文论研究者来说,这种大规模实证研究显然是可望而不可即的。Sag M. Orphan works as grist for the data mill [J]. Berkeley Technology Law Journal, 2012(27): 1527−1528.

无论是对作品本身的检索，还是对作品内容的挖掘，其结果的有效性和价值大小与可供检索的数据来源的丰富程度成正比。许多数字化项目实施者指出，通过权利清算将馆藏（尤其是某个主题的系列馆藏）中的孤儿作品与非孤儿作品区分开来、区别对待，既不现实也不可取。"对于一些宏大的问题，不可能仅仅依靠个案提供的碎片化知识的拼凑来达到全面理解；因为它不是个案的累加，而是一个集中的系统，必须从整体上加以把握……"[1] 如果因为无法获得授权而将孤儿作品一概排除在数字化利用的对象之外，那么我们通过查找、研究以及学习所得的认知结果都可能是局部的、不全面的，甚至可能因为遗漏了关键信息而变得偏颇或出现谬误。加州大学图书馆员理事会就指出，只有对馆藏进行完整的数字化，并按照创作者或者收藏家等对其进行归类保藏，才可以保证原始资料的系统连贯性，也才能使人们在完整的语境下理解、把握其内容。[2] 而当前政策和法律对大规模作品数字化合法性支撑的普遍缺失使研究人员和学者不得不将研究的视域投注于公共领域的作品，而非特定地域或特定时代的全部作品。

3. 机器学习是实现和深化发展人工智能的方法

机器学习（machine learning）指的是基于特定的算法来解析输入的数据，从中找到统计规则（模型），并基此自动达成一定功能、完成某种任务（如作出判断和预测）的技术。[3] 它属于人工智能技术范畴，是目前主流的人工智能实现手段。机器学习必须通过数据训练（data training）来

[1] MORETTI F. Graphs, maps, trees: abstract models for literary history 4(2005). HANSEN D R,HASHIMOTO K, HINZE G. et al. Solving the orphan works problem for the United States [J]. Columbia Journal of Law & the Arts, 2013(37): 22.

[2] The council of university librarians at the university of California. Statement concerning orphan works notice of inquiry, 2013, https: //perma. cc/9WPF−CY55.

[3] 例如,将打好标签的图库开放给机器学习,让其从中学会将具有某种特征的图片与特定标签关联起来,进而能够自动地帮助人类按人物肖像、风景、静物、动物等不同主题对图片进行归类。

实现，换言之，工程师要用大量的历史数据来训练机器，让机器学会自己从数据中找出规律。就这方面而言，机器学习尤其是深度学习，是大数据技术的一个应用。

谷歌等超大型网络平台在大数据技术的应用方面具有明显的优势。一方面，它们往往在网络服务协议中加入授权条款，用户选择接受平台提供服务的同时，必须将上传到平台服务器上的个人作品等信息授权给平台使用。当然，平台可能会承诺仅以"不呈现具体表达性内容"的方式使用——包括但不限于作为培育人工智能的训练数据。[1]另一方面，搜索引擎技术服务提供商能够利用搜索引擎技术，直接从互联网上抓取公开的素材。此外，谷歌对其数字图书馆项目中形成的海量数字文献资源有着"近水楼台"的优势。

然而，机器学习过程中存在著作权侵权风险。

其一，学习前对输入数据的收集。"收集"是指计算机对工程师"投喂"的训练数据的数字化复制，包括对传统载体的作品进行数字化扫描以及对数字形态的作品进行直接复制。除非科技企业、工程师能够保证用于训练人工智能的数据全部来自公共领域，或者全部取自授权使用的版权内容，否则这种数据收集行为将侵犯相关作品的复制权。[2]

其二，学习时的临时复制。在机器学习的过程中，输入数据会在计算机内存中多次形成临时性存储，其性质与用户在计算机上浏览文字、图片，

---

[1] 例如，2015 年，谷歌在邮箱服务系统中增加了一项人工智能特征——"智能回复"(smart reply)，它能够根据所收到的邮件自动生成三种不同风格的回复邮件，供用户选择，使用户免于亲力答复。在第一代"智能回复"的机器学习过程中，它被"投喂"以 2.38 亿封电子邮件（据推测是选取自用户的 Gmail 账户）作为训练数据。自 2016 年 5 月起工程师开始采用小说作为训练数据，意在使第二代"智能回复"在遣词造句方面更进一步。SOBEL B J W. Artificial intelligence's fair use crisis [J]. Columbia Journal of Law & the Arts, 2017(41): 68–69.

[2] SOBEL B J W. Artificial intelligence's fair use crisis [J]. Columbia Journal of Law & the Arts, 2017(41): 61.

观看视频等过程中计算机内存产生的临时复制件相同。对此，美欧国家主张将其与一般的复制等同视之。王迁教授认为，这是客观技术现象，而非有意识的行为，产生的临时存储是"计算机信息交换的技术性中介"，不具有直接的消费意义上的经济价值。[1]

其三，计算机应用学习输出的规则模型自主生成表达性内容。向计算机提供大量不同流派的油画图像，目标是让其能够归纳出各种绘画流派的特征并根据这种归纳特征进行相应的"创作"。如此一来，即便工程师无意模仿已有作品，但由于计算机的"创作"是根据学习后输出的模型自主完成的，所产生的"表达"很可能会与学习数据包中的某些版权性表达高度相似，从而涉嫌侵犯相关作品的复制权或者演绎权。[2]

机器学习需要海量的优质数据。基于孤儿作品的形成原因及其存量现状，笔者有理由认为，互联网企业通过上述渠道和方式获得的海量训练数据中含有一定比例的孤儿作品。尽管大数据使用者可以与用户（潜在的作品权利人）订立私人协议（如在平台的服务协议中加入用户授权条款）来取得数据的特定使用权，[3] 但这种协议的覆盖面有限，且作为格式条款的效力还存在不确定性，因而不能完全排除侵权的可能性。

近年来，随着大数据技术在众多行业的应用落地，用户数据已成为一种无可争议的生产资料和市场要素。这将导致早期形成的"数据信息的

[1] 王迁. 著作权法 [M]. 北京：中国人民大学出版社，2015: 172-175.

[2] SOBEL B L W. Artificial intelligence's fair use crisis [J]. Columbia Journal of Law & the Arts, 2017(41): 65.

[3] SOBEL B L W. Artificial intelligence's fair use crisis [J]. Columbia Journal of Law & the Arts, 2017(41): 76. 该作者认为，这就证明了以用户数据为交易标的的市场已经存在。

'非表达性使用'不影响权利人市场利益"的认识再次陷入争议和摇摆。[1]
如果不加审慎思索就确认这类技术研发应用中的作品使用行为构成合理使
用，无异于允许网络平台等大型使用者以很低的代价、轻易地从海量用户
那里取得数据并通过数据使用获得巨大利益。这样的利益分配是否符合合
理使用乃至著作权制度的价值取向，还有待商榷。

综上所述，有必要对训练数据中包含的孤儿作品和非孤儿作品的使用
权交易规则加以区分，对因为权利人怠于实施权利管理而无法直接通过协
议取得使用授权的孤儿作品，可以考虑在诉讼中支持使用者提出的合理使
用抗辩主张。

（三）大规模数字化推动了文化民主和文化多样性

大规模作品数字化具有不可替代的社会文化工具价值。这种价值除了
体现为"为文化知识的保藏、信息交换的推动和对创造与知识无止境追寻
提供帮助"外，[2] 还表现在为阅读障碍人群和行动不便的人群提供适宜的
信息获取方式，以及为少数族群、传统族群的边缘文化、弱势文化提供传
承与发展的机遇，实现广泛的文化民主，维护文化多样性和多元发展。

1. 保障残障人士的文化需求

从作品中获取知识信息是人们接受教育、参与文化生活、表达自我、
发展自我的重要手段。在各种类型的作品中，文字作品传递的信息量是其

---

[1] 更何况，如本书先前所言，当前也只有美国等少数国家在判例法上确认了非
表达性使用的转换性合理使用地位，在欧盟等大陆法系国家以及我国的司法实践
中，都曾作出谷歌搜索引擎、数字图书计划等作品使用行为侵权的裁判。我国司
法实践中更是有从反不正当竞争法角度，支持原告对不具有独创性的数据加以保
护的先例。

[2] HADZIMA E A. WOOD A A. BAILEY L I, et al. How Flexibility Supports the
Goals of Copyright Law: Fair Use and the U. S. Library Experience [EB/OL].(2013−02−
15)[2019−11−01].https://infojustice.org/wp−content/uploads/2013/04/Hadzima−and−
Wood−How−Flexibility−Supports−the−Goals−of−Copyright−Law.pdf.

他作品难以相比的。但由于先天残疾、后天疾病和事故等原因，有相当一部分人无法正常阅读文字作品。联合国《残疾人权利公约》第30条第3款要求各国采取适当措施，确保保护知识产权的法律不会给残疾人获取文化资料制造不合理或者歧视性的障碍。当代各国也已经对保障盲人的平等获取作品权利达成了基本共识，将制作已出版作品的盲文版本规定为著作权合理使用的一种情形。我国就在《著作权法》第二十四条第一款第十二项和《信息网络传播权保护条例》第六条第六款作出相关规定，允许将已发表的作品改成盲文出版，以及以"盲人能够感知的独特方式"通过信息网络将已发表作品提供给盲人，可以不经著作权人许可，不向其支付报酬。

现有制度对保障残障人士获取知识信息的权益所起的作用依然比较有限。首先，为了实现公共利益与权利人私人利益的平衡，著作权立法对于权利例外通常规定了严格的适用条件，长期以来仅允许制作和传播传统的触摸式的盲文读本，若采取其他无障碍格式版必须以"仅能为盲人所感知的"为前提；而一些使用起来更加便捷、高效且造价低廉的电子书（可借助电子阅读器的调节、优化功能进行明暗对比度调整、字号的缩放，还可以利用智能语音插件进行"朗读"）和有声读物等数字出版形式则得不到有效运用，换言之，要以数字形式出版作品仍要遵行授权使用的法则。其次，除了严格意义上的"盲人"群体外，还有大量尚未达到失明程度，但仍因视力及其他官能障碍而无法正常获取作品、读取信息的人群。例如，无法触摸盲文凹凸的肢体残障人士；失去行动能力，无法造访书店、图书馆的残障人士；因神经官能障碍而影响自主控制眼球运动和眼部聚焦的残障人士等。他们的文化信息需求没有获得足够的关注和积极的回应。最后，由于成本和制度的约束，发展中国家与欠发达国家的无障碍格式版资源远远少于发达国家。相对于这些国家、地区的残障人群的规模，这种缺口更加明显，需求更为迫切。

2013年6月，世界知识产权组织在摩洛哥马拉喀什召开外交会议，会上缔结了《关于为盲人、视力障碍者或其他印刷品阅读障碍者获得已出版作品提供便利的马拉喀什条约》，将受保障的特殊群体从"盲人"扩大到因其他官能性障碍而无法正常阅读的群体，并要求缔约国进一步对著作权作出例外和限制规定[1]，充分保障视障者和其他阅读障碍者的言论自由与平等发展的权利。该条约在序言中指出，为了确保世界范围内，特别是发展中国家和欠发达国家的阅读障碍群体能够享有平等获取知识信息的权利，"有必要增加无障碍格式作品的数量，也有必要改善这种作品的流通"，使"新的信息和通信技术对视力障碍或其他印刷品阅读障碍者的生活产生的积极影响通过加强国际法律框架而得到扩大"。

显然，在解决了制约制作和提供无障碍格式版的技术和制度瓶颈之后，文化机构对馆藏作品实施大规模数字化所形成的巨量数字资源，就能够被迅速地转化为便于残障人士读取的版本形式，极大地改善他们的文化福利状况。

2. 维护文化的多样性

"文化多样性是交流、革新和创作的源泉""就像生物多样性对维持生态平衡那样必不可少"。[2]"各种形式的文化遗产都应当作为人类的经历和期望的见证得到保护、开发利用和代代相传，以支持各种创作和建立各种文化之间的真正对话。"[3]

无论是在世界范围还是一国内部，都存在多元文化群体。这里所称的文化群体并不仅指民间文学艺术作品语境中的原住民群体、传统部族，而是更加广义地包括了所有亚文化群体（大至非裔美国人群体，小至某个"饭圈"）。维护文化多样性就意味着尊重少数人群体的权利，尊重他们的语

---

[1] 根据该条约第4条第1款，缔约方应当在国内版权法中规定对复制权、发行权和向公众提供权的限制或例外，并允许将作品制成替代性无障碍格式所需要的修改；缔约方还可以为便于受益人获得作品而规定对公开表演权的限制或例外。

[2] 《世界文化多样性宣言》第1条。

[3] 《世界文化多样性宣言》第7条。

言、宗教以及生活方式的独特性与差异性。维护文化多样性，就是要保障"言论自由、传媒多元化、语言多元化，所有文化平等享有艺术表现形式、科学和技术知识——包括数码知识——以及所有文化都有利用表达和传播手段的机会"。[1] 唯有确保这种同等的权益，文化多样性才有实现的可能。

当前，文化多样性所受的威胁主要来自两个方面：其一，少数精英文化对大众文化话语权的垄断和少数发达国家对其他国家（包括但不限于发展中国家）的强势文化输出，导致民族国家的传统文化以及其他弱势群体的文化被进一步边缘化。其二，由于知识财产私权化的扩张趋势，公有的知识信息被划归私人领域，可供少数群体和弱势群体无偿利用的知识领域相对缩小，导致其创作后劲不足，文化失去延续性。而发达国家和著作权产业推动的强知识产权保护，不顾创作者的意愿将"保护"强加给他们，客观上限制了少数群体和弱势群体平等表达和被广泛认知的机会。

崔国斌教授指出，出于保护文化多样性而主张对民间文学艺术、传统族群文化成果提供产权保护来促进传统文化持续发展，表面上能够为相关少数群体带来些许利益，实际上却是一种"变相的税收政策"，实施这一政策将带来巨大的社会成本，引发诸如权利主体难以确认、权利管理机构官僚化、利益分配困难等制度难题，以及产权保护对传统文化群体成员在内的社会公众的创作和表达自由施加的限制。[2]

著作权的自动取得与长期性导致许多并非为商业目的创作的表达被动地接受了保护，而作者本身可能无意取得著作权，甚至没有意识到著作权的存在，不曾实施权利管理，因此导致可著作权性的表达因缺少权利信息而沦为孤儿作品。作品孤儿化导致大量文化资源得不到有效的传播和利用，其中不乏来自少数群体和弱势群体的文化成果。例如，从整体来看，录音

[1] 吴汉东. 文化多样性的主权、人权与私权分析 [J]. 法学研究，2007(6): 7.

[2] 崔国斌. 否弃集体作者观：民间文艺版权难题的终结 [J]. 法制与社会发展，2005(5): 69-70.

作品的孤儿化现象比较严重。其中，属于主流文化、商业化的录音作品的权利清算相对容易，而那些少数族群的传统音乐演奏或演唱、民间传说的口述和访谈录音，查找权利人的难度极大。欧美各大图书馆、档案馆收藏了大量录音形式创作或保存的史料。大英图书馆收藏了许多早期欧洲研究者到非洲进行实地调研时采集的录音，例如有关非洲独立运动的采访录音，以及对传统族群居民文化表达的采访录音。这些录音作品的权属情况十分复杂，清算难度很大。因为除了录音作品本身的著作权外，被录制的作品和表演可能归属于其他权利人；而录音中是否包含有其他著作权元素，仅从载体的表面上是无法判断的，必须由专业人士逐一细听后加以判断。据估计，这批史料中至少有64%的权利人和85%的表演者（如录音中的朗诵者或吟唱者）是难以追查到的，可以推断，潜在的孤儿作品比例极高。导致权利主体难以查找的重要原因之一就是很多权利人缺乏著作权意识，从未主动与项目方联系来主张权利。大英图书馆方面认为，将这批资料通过网络向所有公众开放而不仅仅是提供给有关研究人员，既是一种道德责任，也是其文化使命。最终经过复杂的影响评估，大英图书馆公开了其中80%的资料——其中既有完成权利清算的，也有以孤儿作品身份公开的。[1]

不过，大多数非营利性文化机构和学者并没有足够的经济力量来承受或者预防未经授权使用所遭致的法律风险。例如有研究指出，美国国家爵士乐博物馆收藏的一批20世纪三四十年代爵士乐大师创作并演奏的稀有音乐录音制品，就因为无力实施权利清算而无法向公众开放完整的录音欣赏，只能提供片段试听。[2]美国作家Tim Brook在研究美国黑人对爵士乐时代以前的录音产业贡献时，需要引用若干早期录音作品作为旁证。由于

---

[1]　VUOPALA A. Assessment of the orphan works issue and costs for rights clearance[R]. European Commission, 2010: 34-35.

[2]　BRADRICK L N. Copyright: Don't forget about the orphans: a look at a(better) legislative solution to the orphan works problem [J]. Western New England Law Review, 2012(34): 538.

这些录音作品仍然可能处在著作权保护期内，他最终被迫放弃直接引用这些具有史料意义的素材。他耿耿于怀地将这些早期录音称作"法律的人质"，并指出这是著作权法对公开关于黑人历史研究内容的限制。[1] 又如，Cathy Davidson 和 Ada Norris 两位美国学者合作撰写了一部记录少数族裔作家和社会活动家 Zitkala-Ša 生平的传记，其中使用了不少珍贵的史料。遗憾的是，由于作者无力负担对所有资料逐一进行权利清算的成本，出版社也委婉地表达了不会替其进行权利清算或者负担相关费用的意思，他们最终不得不删去了大量完成或公开于 1922 年以后的资料，以便将图书出版的侵权风险降到最低。[2] Susan Pichett 和 Catharine Chism 两位音乐专业的学者则坦言在关于女性作曲家的十多年研究历程中亦频频遭遇孤儿作品使用难题的阻扰。[3]

孤儿作品中不乏年代久远、一旦失去就难以复得的传统文化遗产，唯有通过数字化保藏和广泛传播，才能使后人和处在不同文化传统下的人们在一个比较完整的语境中认识孤儿作品所代表的亚文化，消除偏见，以平等、包容的姿态去接纳这些文化，从而实现文化的多样性发展；避免作品因被边缘化而孤儿化，或者因为孤儿化而边缘化。

二、维护和充实公共领域

公共领域也称公有领域，是知识产权法的范畴，是指未被法律确认为私权的空间，在该空间内任何资源都可以为社会公众自由利用，无须征得

---

[1] DAHLBERG B. The orphan works problem: preserving access to the cultural history of disadvantaged groups[J]. Southern California Review of Law and Social Justice, 2011(20): 292.

[2] 企鹅出版社官网上关于作品使用许可的政策声明中也对他人使用本出版社的作品进行了类似的严格限制："将版权作品中的片段用于其他作品中"必须取得版权人的许可，而这种片段使用就包括"对他人书中内容的简短引用"。

[3] Center for the study of the public domain. Orphan works analysis and proposal[R]. Durham: Duke Law School, 2005.

他人许可或支付报酬。著作权法上的公共领域是指不受著作权保护、任何人都可以自由利用的文化资源的集合，通常认为其由不受著作权保护的对象、著作权保护期届满的作品、作品中不受保护的部分或元素以及著作权例外的（即"合理使用"所涵盖的特定情形）部分所组成。[1]公共领域的存在被认为是著作权法确认的公共利益的组成部分。[2]

（一）公共领域对著作权制度的重要意义

1.公共领域为创作提供必要原料

Jessica Litman 教授在《公共领域》一文中批判了"独创性"概念的虚构性，揭示了创作的"演绎"本质。她指出，"无中生有式"的个人创造只是浪漫主义虚构的意象；创作并不是某种神秘不可捉摸的活动，毋宁是对某些已转化为客观外部范畴的东西进行"重塑"（reshape）或"重铸"（recast）——这里并无指其"寄生性"贬义。一切创作都是主体将其对世界的认识以某种外部客观形式表达出来，而无论是认识本身还是借以表现认识的手法都会受主体体验的影响和塑造。"那些被标榜为原创性的内容，实质上只是对在先作品的间接的、无意识的、隐蔽而非坦率的模仿与挪用，是将模仿要素减少到最低程度或者有效地掩盖起来而已。"[3]当下的人们正在从事的"原创"从某种意义上说都是对前人成果的"演绎"，绝对的"原创"是不存在的。

"获得作品的能力可能是创造力的核心。"如果缺少了可供后来者借鉴利用的原材料，创作将无以为继。加拿大学者也指出，当前观念中将"使用者"与"创作者"作为对立的群体，将"作品使用"视作对资源的消费

---

[1]　杨利华. 公共领域视野下著作权法价值构造研究 [J]. 法学评论, 2021(4): 120-122.

[2]　迈克尔·盖斯特. 为了公共利益：加拿大版权法的未来 [M]. 李静，译. 北京：知识产权出版社, 2008: 39.

[3]　LITMAN J. The public domain[J]. Emory Law Journal, 1990(39): 1009.

而无生产性内涵的"单向词汇"，都是对创作和使用的肤浅认识。[1]

诚然，从他人的作品中取材并不总是要等到著作权保护期届满，但是相较于公共领域的无偿开放获取，使用版权作品显然要付出更多的成本。在一些情况下，这种成本可能非常高，以至于只有精英阶层才买得到、用得起。"如果所有知识财产都为私人所有，那么许多创作者将不得不做出艰难的选择，是不经许可擅自使用还是放弃创造。"[2] 从这个意义上说，公共领域对推动文化民主化，实现文化多样性也有着不可替代的作用。

2. 公共领域在创作者与使用者之间营造宽容关系

无论是发明创造还是文艺创作都遵循着不变的规律，即踏着前人的足印前行。每个创作者都兼具另一重身份——使用者，只不过这种使用是创造性而非单纯消费性的。[3] 鉴于创作者 – 使用者身份的双重性与角色的互换性，加强著作权保护水平虽然有利于当代创作者，却相应地提高了后续创作者的表达成本。他们不得不承担许可费和其他交易费用，以获得合法使用作品的资格；当交易成本过高而无法实现时，他们将被迫从公共领域中寻找可资替代的素材，尽管这种搜寻成本也可能不低。"或许就因此而减少了被创作出来的作品数量。"[4]

公共领域是法律为了保障创作的可持续进行而设置的首要防护机制。它不仅包括著作权保护期届满的作品，还包括所有不受著作权保护的对象，如思想、事实、"必要场景"、不具备足够独创性的表达等。立法者与司

[1] 迈克尔·盖斯特. 为了公共利益：加拿大版权法的未来 [M]. 李静，译. 北京：知识产权出版社，2008: 34.

[2] GORDON W J. A property right in self–expression: equality and individualism in the natural law of intellectual property [J]. Yale L. J. , 1993(102): 1557.

[3] 迈克尔·盖斯特. 为了公共利益：加拿大版权法的未来 [M]. 李静，译. 北京：知识产权出版社，2008: 966.

[4] 威廉·M. 兰德斯，理查德·A. 波斯纳. 知识产权法的经济结构 [M]. 金海军，译. 北京：北京大学出版社，2005: 84-89.

法者可以将其作为利益调整器，根据技术、文化等社会因素的变化和利益平衡的需要，动态地划定著作权的保护范围——"解释哪些作品元素属于公有领域、哪些作品元素属于私产时，就是对创作自由度的规划"。[1] 通过这种方式为后续创作者营造一个宽容的、自由的空间，在一定程度上抵消著作权边界模糊性可能带来的寒蝉效应。

Wendy Gordon 教授赋予了公共领域以实现"代际公平"（Intergenerational equity）的意义。她认为，任何人都有权不受干涉地去重新描述某一对象并赋予它新的意义，包括不受该对象的创作者本人干涉；有限的著作权保护期与公共领域制度的存在，保障了作家和艺术家享有这样的自由空间，以免他们的创作之路被前人不当地"堵死"（checkmated）。[2]

（二）著作权的扩张与公共领域的萎缩

缺少一个富饶的公共领域，创作就会成为无源之水，创作的自由也难以实现。当今知识产权领域争议最大的问题，其实既不是权利的不当行使，也不是权利的非法扩张，而是权利客体、权利内容的"合法"扩张，以及由此相应导致的公共领域的萎缩和创作自由度的限缩，使权利人与使用者、在先创作者与后继创作者、个体利害关系人与公众之间的关系趋于紧张。

功利主义的法哲学认为，赋予作者在有限期内对其创作成果的垄断权，是为了将创作产生的收益全部内化为作者个人所有，克服信息产品固有的公共财产属性所导致的生产与投资激励不足的问题。著作权的排他效力越强，覆盖范围越广，对创造和投资的激励水平也就越高，就会有更多有价值的作品被源源不断地创作出来，扩大文化产品的供给。

然而，强化知识产权保护有时反而会对科学和文艺的发展起到阻碍作

---

[1] 李琛. 著作权基本理论批判 [M]. 北京：知识产权出版社，2013: 109.

[2] See GORDON, WENDY J. A property right in self-expression: equality and individualism in the natural law of intellectual property [J]. Yale L. J., 1993(102): 1556-1557.

用。[1]著作权的强化与创作产出水平并不总具有正相关性，在某一个阶段，随着著作权效力的不断增强，创作激励水平和产出水平都会到达一个边际，此后，继续增强则会产生反效果。

大部分作品的市场寿命远远短于法定保护期。根据波斯纳和兰德斯的研究，1909 年美国版权法采取的是"首次 28 年 + 到期续展"（续展保护期随着立法沿革而数度得以延长）的做法；尽管续展成本极低[2]，但在 1883—1964 年，也只有不到 11% 的已登记作品办理了版权续展手续。在 20 世纪 30 年代美国出版的 10027 种图书中，时隔 70 年后仅剩下约 1.7% 还在印制流通。[3]另有数据表明，作品在其出版后的第 55 年至第 75 年已基本丧失商业价值，仅有约 2% 还保有商业价值。[4]学者们普遍认为，美国版权法一度采取的续展登记制度具有一种重要的"过滤功能"，即在客观上将不再有商业价值的作品与仍有商业价值的作品区分开，并促使前者提早进入公共领域。同时，续展登记为公众提供了关于作品著作权状态的信息公示，便于公众了解作品的权利状态和向权利人寻求许可。在取消续展登记制度后，所有作品无论是否仍有价值，也无论权利人是否仍希望继续实施独占性控制，都被动地长期处在著作权控制下。[5]权利人只需要根据自己的成本 – 收益曲线来决定是否公开与著作权交易有关的信息，使用者不得不投入大量成本进行权利清算，一些本来能够实现的利用方式也因

[1] 劳伦斯·莱斯格. 代码2.0: 网络空间中的法律 [M]. 修订版. 李旭, 沈伟伟, 译. 北京: 清华大学出版社, 2018: 199.

[2] 自 1909 年至 1947 年, 续展费用为 1 美元; 自 1948 年至 1965 年, 该费用涨至 2 美元。

[3] 威廉·M. 兰德斯, 理查德·A. 波斯纳. 知识产权法的经济结构 [M]. 金海军, 译. 北京: 北京大学出版社, 2005: 271–272.

[4] Eldred v. Ashcroft, 537 U. S. 186(2003), at 248.

[5] GINSBURG J C. The U. S. experience with mandatory copyright formalities: a love/hate relationship [J]. Columbia Journal of Law & the Arts, 2010(33): 314.

此而夭折。[1] 莱斯格教授指出，著作权保护期的延长对于"名作"来说是有益无害的，但是对于那些籍籍无名的、未被商业开发的作品，或者一度在市场上流通现已绝迹的作品，实际上是"以保护为名将它们埋没"。[2]

通常认为，著作权不断强化的趋势与著作权产业的积极推动以及晚近以来愈发密切的知识产权国际协调有关，而后者又何尝不是私权主体凭借强大的经济和技术优势游说政府、影响国际知识产权规则制定的结果呢。[3] 尽管学者们高声疾呼"知识生产具有依存性"，但权利人尤其是投资者往往不会考虑创作的伦理，支配其行动逻辑的是经济回报的最大化，"甚至希望阻断创造，以维持自己的市场优势"。[4]

一个典型的例子就是迪士尼为了延续对米老鼠动画形象的著作权控制而反复游说国会，最终成功地通过了《著作权保护期延长法案》，将原本50年的保护期额外延长了20年。对绝大多数作者和权利人来说，其作品的市场寿命早已完结，溯及既往地延长保护期并不能使其从中受益，也不会对已经发生的创作形成激励；对于今后的创作以及其他后续的创造者来说，慷慨地给予更长的保护期也不会增加边际激励效应，因为很少有人预期自己的作品能具有媲美米老鼠形象的市场寿命。相反，将大量保护期行将届满的、早已失去市场价值的作品继续留在私人领域，会导致公共领域

[1]　SPRIGMAN C. Reformalizing copyright [J]. Stanford Law Review, 2004(57): 500-502. 另一位学者 Van Gompel 教授也指出，著作权取得与行使的形式要件作为一种"作品分流装置"，具有扩展公共领域的功能。VAN GOMPEL S. Copyright formalities in the internet age: filters of protection or facilitators of licensing [J]. Berkeley Technology Law Journal, 2013(28): 1432.

[2]　LESSIG L. Free culture: how big media uses technology and the law to lock down culture and control creativity [M]. New York: Penguin Press, 2004: 227.

[3]　李琛. 论知识产权法的体系化 [M]. 北京：北京大学出版社，2005: 86.

[4]　威廉·M. 兰德斯，理查德·A. 波斯纳. 知识产权法的经济结构 [M]. 金海军，译. 北京：北京大学出版社，2005: 274.

内作品的数量在很长一段时间内增长缓慢[1]，减少公众可以无偿获取的知识信息和创作素材，提高了表达的成本，减少了社会的文化产出和福利水平，"造成了无谓损失"。[2]

另一个典型例子是计算机加密技术的发展使著作权人在法律之外实现对作品的"接触"的完全控制，甚至可以在著作权保护期结束后，继续利用这一手段限制公众的自由获取和利用。如果说以合同作为设定私人秩序的机制，最终还得依靠政府的强力来保障合同履行，那么技术不但可以设定私人秩序规则，还可以自力保证这种秩序得到执行，因此技术对著作权制度下的各方利益平衡的冲击更大。[3] "当知识产权由代码保护时，就不会有对平衡的考虑"，也"不保证对公有领域的保护"。[4]

（三）孤儿作品的存在及其使用难题对公共领域的消极影响

许多客观上应当归入公共领域的作品，由于无法确认作者和权利人的身份信息而导致著作权状态不明，不得不长期游离在公共领域之外。这直接限制了公共领域的成长壮大。

另外，交易成本过高以及使用行为后果的不确定性易于使潜在使用者放弃对孤儿作品的中介性使用与创造性使用，不仅减少了公众本来可以获取的、包含在孤儿作品中的知识信息，而且减少了公众原本可以从后续创

---

[1]　由于保护期突兀地延长，直到 2019 年，美国才重新有作品进入公共领域。

[2]　Australian Government Productivity Commission. Intellectual property arrangements: productivity commission inquiry report(No. 78)[R]. Canberra: Australian Government Productivity Commission, 2016: 8.

[3]　许多学者指出私人秩序取代公共秩序的结果，首当其冲的就是合理使用制度的消逝。权利人可以在"点击拆封合同"(click-wrap contract) 条款中要求消费者自愿放弃合理使用制度所允许的使用行为。技术更是可以将未附带授权标识的内容过滤剔除。

[4]　劳伦斯·莱斯格. 代码 2. 0: 网络空间中的法律 [M]. 修订版. 李旭，沈伟伟译，北京：清华大学出版社，2018: 200.

造性使用中收获新的知识信息。从创作活动的"演绎"本质和文化代际传承的发展规律来看，这将减少后续创作者可利用的素材，增加创作成本，限制创作空间，从而弱化著作权领域向公共领域的"输送"和"反哺"，间接地导致公共领域的萎缩。

概言之，无论是作品的孤儿化现象还是孤儿作品使用难题的存在，都会导致特定时期注入公共领域的"新鲜血液"减少，使之趋于"贫瘠化"和"老龄化"。

可见，广泛存在的作品孤儿化现象与著作权扩张一样，对公共领域的良性成长具有消极影响。根据对"作品孤儿化"和"孤儿作品使用难题"的成因分析，可以认为，孤儿作品问题本身也是著作权扩张的产物——准确来说，是因著作权人"合法"地践行法律赋予的权利而制造的交易成本过高的问题。

三、推动我国数字图书馆建设

（一）公共图书馆数字化建设存在的局限性

将图书馆的资源数字化，通过网络向读者提供作品，使读者足不出户就能获得不同图书馆的信息服务，是公共图书馆建设的重要方向。但是，不管使用行为是否具有商业性质或营利性目的，只要将作品公之于众，特别是进行网络传播，都会给作品的潜在市场造成伤害，因此对于各国法律在赋予公共文化机构为保藏版本的目的而对馆藏作品进行数字化的同时，均严格控制数字复制件被用于网络传输服务：一般仅限于在馆内阅览，不得开放远程访问，包括馆际互通。[1]换言之，要建立真正意义上的数字图书馆，不受时空限制地为用户提供海量知识信息存储与访问的平台，所需的行动必然超出现行法律上的合理使用边界，无法为合理使用所庇护，而

---

[1] 李明德，管育鹰，唐广良.《著作权法》专家建议稿说明[M]. 北京：法律出版社，2012: 255.

必须遵循一般的授权适用法则，取得权利人授权并支付使用费。

2017 年，我国通过的《公共图书馆法》第四条明确规定："县级以上人民政府应当将公共图书馆事业纳入本级国民经济和社会发展规划，将公共图书馆建设纳入城乡规划和土地利用总体规划，加大对政府设立的公共图书馆的投入，将所需经费列入本级政府预算，并及时足额拨付。"不过，我国公共图书馆的财政拮据仍然是一个不争的事实，经济欠发达地区和基层公共文化服务站点更加明显。将文化资源的数字化委诸面向公众提供非营利性文化服务（完全免费或仅收取很低的成本费用）的图书馆、博物馆、档案馆等机构，除非能够保证持续、充裕的外部资金注入，否则势必要为控制成本而压低对权利人的补偿，这样一来就等于让权利人放弃部分收益去补贴公共目标。

即使在英国等发达国家，也不乏数字化项目因资源有限而决定不向权利人支付报酬的情况。实际上，被找到的权利人往往会许可将作品无偿用于公益事业用途。[1]但由于在数字化项目中，前置且必经的权利清算过程占用了大量资源，以至于一些公共文化机构只能寻求权利人授予无偿使用的许可；如果权利人坚持以付酬为条件才予以许可的，按照项目政策，只能放弃使用相关作品，将其排除数字化项目。可以想见，若能够为解决馆藏文化遗产中普遍潜在的孤儿作品所带来的权利清算障碍，以某种机制绕开或者代替去逐一获取权利人的许可，则有望将节省下来的成本用于补偿权利人，这样一来，不仅能为找得到的权利人带来经济收益，而且可激励更多权利人主动现身公示权利。

（二）发展商业性数字图书馆具有合理性与可行性

鼓励商业主体参与文化遗产的数字化，有助于缓解公共文化机构数字化建设的重负。自"十三五"以来，"数字中国"和"网络强国"已成为

---

[1] VUOPALA A. Assessment of the orphan works issue and costs for rights clearance[R]. European Commission, 2010: 39.

国家重大战略部署的重要组成部分和顶层设计。党的十九大报告中强调了文化对国家民族发展的重要意义，明确了文化建设在中国特色社会主义总体布局中的定位，提出了新时代文化建设的总体目标和基本要求，对新时代文化产业发展作出了重要部署。其中明确提出，"完善公共文化服务体系，深入实施文化惠民工程，丰富群众性文化活动。加强文物保护利用和文化遗产保护传承。健全现代文化产业体系和市场体系，创新生产经营机制，完善文化经济政策，培育新型文化业态"，为我国数字内容产业的发展带来了新机遇。[1]

随着移动网络终端的普及和"全民阅读"工作的推进，国民的数字阅读习惯逐渐养成。根据中国新闻出版研究院发布的《第十六次全国国民阅读调查报告》，2018 年我国成年国民数字化阅读方式的接触率为 76.2%，较上一年度增加了 3.2 个百分点，连续 10 年增长。[2]《2018 年度中国数字阅读白皮书》显示，国民年人均电子书阅读量达到 12.4 册；有声字读物成为国民阅读的新兴增长点。[3] 加之近年来我国的版权环境明显改善，公众的版权意识增强，付费阅读开始为更多人接受。上述因素为数字内容产业创造了良好的市场氛围。

除了"天时""地利"外，"人和"因素也很显著——商业主体有能力对文化资源进行持续性的开发。这里的商业机构不仅指各种传统的新闻出版单位，而且包括网络时代具有出版功能的网络服务商、信息技术服务商甚至终端硬件制造商等，它们通过向集体组织获得许可、向权利人征求许可或购买版权，或者与传统的内容提供者建立商业合作关系，取得内容

---

[1]　张立. 2017—2018 中国数字出版产业年度报告 [R]. 北京：中国书籍出版社，2018: 10.

[2]　第十六次全国国民阅读调查结果公布：数字化阅读方式的接触率为 76.2%，纸质阅读率增长放缓 [N]. 光明日报，2019−04−19(09).

[3]　中国音像与数字出版协会：2018 年度中国数字阅读白皮书 [EB/OL].(2019−07−30)[2019−08−20]. http://www.199it.com/archives/911487.html.

资源后，也可以进行数字网络出版。较之公益机构，这些商业机构的财力更雄厚，财务更灵活，兼具技术优势。随着数字阅读领域商业运作的成熟，其收入结构从最初单一的终端销售或者内容销售走向"终端＋下载平台""终端＋预装内容＋下载平台""免费阅读＋嵌入广告"以及付费阅读等多元化发展。这种组合化的收益模式既有助于推动商业性数字图书馆的可持续发展，而且可以以极低的价格甚至免费向公共文化机构和社会公众提供产品或服务，同时也有能力给予权利人更充分的利益返还。

（三）孤儿作品使用难题增加了数字图书馆创建与运营的阻力

在数字图书馆建设和数字内容出版过程中，使用主体必须对著作权的内容进行采集、加工、出版、营销和传播等，而这一系列行为常常因为缺少授权、授权无效、授权超期或者超授权范围使用作品而引发纠纷。在"三面向版权代理有限公司（以下简称三面向公司）诉北京世纪读秀技术有限公司（以下简称读秀公司）、深圳图书馆、深圳大学、深圳大学城图书馆、北京世纪超星信息技术发展有限责任公司（以下简称超星公司）侵害信息网络传播权"一案中，读秀公司在其运营的"深圳文献港"数字平台上提供了指向涉案作品的定向链接。经审理查明，深圳图书馆、深圳大学、深圳大学城图书馆三名被告从事了以下行为：①向读秀公司开放其数据端口，允许其采集"MARC"格式的书目数据并通过链接展示这些信息[1]；②允许其对接图书馆自动化管理的系统并设置链接，以显示图书馆藏信息[2]；③向已办理借阅证的读者提供"读者证"（账号）和密码，允许持证读者登录并使用"深圳文献港"。超星公司辩称其仅为"深圳文献港"提供技术支持，但未提供证据证明其与读秀公司的合作方式、具体内容以及相关依据。鉴此，二审法院纠正了一审法院关于读秀公司的侵权行为与其余4

---

[1] 所谓书目数据是指书名或期刊名、版次、出版时间、馆藏信息等数据信息，不包括全文。

[2] 图书馆藏信息是关于馆藏纸质图书在馆舍内的具体书架和位置的信息。

名被告无关的有误认定；认为其余 4 名被告与主办单位读秀公司之间就创建和运营"深圳文献港"存在合作关系，客观上共同实施了未经许可提供他人版权作品的行为，共同侵害了涉案作品的信息网络传播权。[1]

在"中国社会科学出版社（以下简称社科社）诉北京世纪超星信息技术发展有限责任公司、重庆图书馆侵害作品信息网络传播权"一案中，超星公司辩称其系根据与社科社签订的合作协议，将已出版的图书加工成数字图书并制成"超星电子书库"进行销售。法院审理后认为，该协议约定的图书范围不包含涉案图书，因此超星公司对该图书的数字化使用行为构成侵权。而重庆图书馆因与超星公司签订《数字图书馆共建协议书》，向后者购买"超星电子书"数字资源，并向网络用户提供包含涉案图书在内的电子书在线阅读服务，而被法院认定与超星公司共同侵害了原告的信息网络传播权。[2]

这些案例表明，在高校图书馆、公共图书馆与商业主体合作共建并运营数字图书馆的过程中，任何一方或几方实施了未经许可传播他人版权作品的行为，都要承担（共同）侵权责任。侵害信息网络传播权并不以营利目的或者实际获得利益为构成要件。服务于教育、科研目的的高校图书馆以及服务于社会公众的公共图书馆也不因其主体身份或者行为的公益性而阻却行为的侵权本质；这些因素只是减轻其赔偿数额的考量因素。

可见，要实现数字图书馆的建设，增强我国数字化产业和文化产业的竞争力，为公众提供便捷、低廉的数字文化资源，当务之急是要为商业化利用等不为合理使用所庇护的利用方式建立可行、可靠的权利交易机制，提供有效的权源，保障其数字化开发利用和投资的安全性，对其参与数字化建设提供激励和保障。

以上案例中的涉案标的皆系晚近以来所发表或出版的文字作品，都有

---

[1]　广东省深圳市中级人民法院 (2017) 粤 03 民终 16893—16895 号民事判决书。

[2]　北京市海淀区人民法院 (2017) 京 0108 民初 5313 号民事判决书。

明确的权利主体。即便如此，由于数字图书馆建设中所使用的作品整体规模庞大，使用者常因失察而造成无意使用，陷入侵权境地。可以想象，若以文化机构收藏的海量作品作为数字化利用的对象，其中不乏年代久远的作品和大量权利清算难度远高于图书、论著等文字作品的客体类型——这些对象的孤儿化率和被认定为孤儿作品的可能性较高；这样一来，使用者获取授权的成本以及侵权风险都将大大增加。

近年来，我国知识产权保护水平逐步提升，侵权赔偿的裁判力度有所加大，客观上也滋长了滥用知识产权的机会主义行为。一些专业维权主体通过技术手段对网络上存在的作品不规范使用情况进行追查，锁定追诉的目标，再有针对性地从权利人处获取授权，对这些侵权使用者提起诉讼。这类诉讼通常不以缔造正版市场为目的，而是为了从侵权方"榨取"利益。[1] 如果使用行为的合法性存在较大的不确定性，那么不论公共文化机构还是商业出版商都会畏于侵权风险选择远离这一"是非之地"。这样一来，大量孤儿和非孤儿的馆藏文化资源所蕴含的社会效益与待挖掘的信息价值将被有限的"诉讼价值""和解金"掩盖。从这一意义上说，化解孤儿作品问题，提供有效的孤儿作品使用机制，推动海量作品数字化，不仅为数字图书馆建设提供了必要前提，而且客观上有助于抑制滥诉的空间，打击有违诚实信用原则的诉讼。

---

[1] 易继明，蔡元臻. 版权蟑螂现象的法律治理：网络版权市场中的利益平衡机制 [J]. 法学论坛，2018(3): 8.

第四章 解决孤儿作品使用难题的 制度路向：对域外法的考察

　　新制度经济学家认为，由于个人、经济组织和社会的利益方向不可能完全一致，人与人之间的策略行为常常会表现为零和博弈（一方的收益意味着另一方的损失），甚至负和博弈（所有的参与者利益都受损）等非合作博弈；而制度的基本功能之一就是减少人们之间交易的冲突或矛盾，为合作互惠提供一种解。既然个人的行为受成本－收益权衡的驱动，那么通过改变规则来引导个人的激励反应就是可能的。制度设计的"激励相容"，就是通过给相关行为主体设置恰当的内在激励，使个人在循自利而动的同时，客观上实现制度设计者想要达到的目标，以这种方式将多元异质的利益追求统一起来。[1]

　　孤儿作品的使用难题是世界性的。当前，许多国家或地区给出了对策，其方案在赖以建立的制度背景、法律理念和机制设计方面存在很大差异。本章对当前 4 种典型的孤儿作品使用制度模式进行比较研究，观察这些制度设计能否在抑制事后机会主义行为动机，实现社会资源有效利用方面做

---

[1]　卢现祥, 朱巧玲 . 新制度经济学 [M]. 北京：北京大学出版社 , 2012: 242–243.

到激励相容，为探索适合于我国的孤儿作品使用难题的著作权法对策提供借鉴与启示。

第一节　"延伸性著作权集体管理"模式

"延伸性著作权集体许可"（Extended Collective Licensing，简称 ECL）是指在法定条件下，将集体管理组织与使用者达成的作品许可协议扩大适用于非会员权利人的作品的制度。使用者只要取得了集体管理组织发放的一揽子许可，就可以"使用所有作品而不受非会员权利人的单独权利主张干扰"。[1]

20世纪60年代，ECL被用以解决广播节目许可使用的问题。[2]1974年，北欧著作权委员会提出动议将该机制移用于解决学校师生和企业内部复印文字、图片等作品的许可问题，这标志着延伸性集体管理开始成为北欧著作权法律体系的一个具有代表性的通行制度。时至今日，延伸性集体管理作为应对大规模许可中的交易成本问题的制度性安排，逐渐被推广适用于更多著作权交易领域。与其说该制度是立法者的"理性建构"，毋宁说是对"社会自生自发秩序"——私人创设的权利配置机制的确认。由于ECL

---

[1]　韦之. 论著作权集体管理机构管理的权利：关于著作权法修订稿的思考 [J]. 法商研究，1999(3): 75.

[2]　起初广播组织集团提议采取强制许可机制来解决大规模作品使用的许可问题，但遭到著作权人的强烈反对。后者认为这将剥夺他们自由协商以争取更好许可条件的机会。ECL是作为除强制许可之外的其他可选机制而登上历史舞台的。

最早诞生于北欧国家[1]，并长期在该地域范围内实施，并以北欧为中心向英国、克罗地亚、爱沙尼亚、匈牙利、波兰、斯洛伐克共和国等周边国家辐射，以此为手段解决孤儿作品问题的路径模式被称为"北欧模式"或"斯堪的纳维亚模式"。[2]

尽管统称为 ECL，但各国在具体制度设计上存在差异。[3]一些国家对于 ECL 适用的著作权客体和权利的类型有特殊限制，对于实施 ECL 的适格主体选任有不同的安排；对于 ECL 是否必须为权利人预留选择退出的可能性方面，各国的做法也不统一[4]；还有一些国家规定 ECL 引发的争议纠纷必须通过仲裁解决[5]；等等。

ECL 并非专为孤儿作品问题而设，而是由于它能够有效地降低著作权许可交易中的搜索成本，加速交易流程，与解决作品大规模数字化过程中的孤儿作品授权难题的需要不谋而合，从而成为一种现成的制度工具。对

---

[1]　各国确立延伸性集体管理的时间：瑞典为 1960 年；丹麦、芬兰和挪威为 1961 年；冰岛为 1972 年。

[2]　值得一提的是，在 2019 年 3 月通过的欧盟《单一市场版权指令》中，规定允许各国采用 ECL 和另一种与之近似的制度，即推定集体管理来解决绝版作品非营利性数字化利用的版权问题。

[3]　TRYGGVADÓTTIR R. Facilitating transactions and lawful availability of works of authorship: online access to the cultural heritage and extended collective licenses [J]. Columbia Journal of Law & the Arts, 2018(41): 517.

[4]　从欧洲学者的介绍中可知，在依据 ECL 制度实施的馆藏作品数字化项目中，有的允许非会员权利人选择性退出，如挪威国家图书馆的"书架"(Bokhylla) 项目；有的对非会员和会员权利人都保留了退出机制，如芬兰国立美术馆的画展项目；而根据丹麦著作权法，如果非会员权利人对许可费不满，不能行使退出权，而必须申请仲裁来维权。

[5]　BULAYENKO O. Permissibility of non-voluntary collective management of copyright under EU law: the case of the French law on out-of-commerce books [J]. Journal of Intellectual Property Information Technology & Electronic Commerce Law, 2016(7): 62.

于有着深厚的集体管理传统的国家不失为一种制度成本较低的路径选择。

一、ECL 制度在解决孤儿作品使用难题中的运作机理

（一）实施主体资格：广泛的代表性

一般采用 ECL 立法例的国家或地区将"在全国范围内，对同类著作权客体权利人具有广泛的代表性"作为实施主体的首要资格条件，[1]并且以"会员权利人的数量"与"作品库作品数量"两项指标来评判该集体组织的代表性是否达到"广泛"的程度。

由此可知，某一集体管理组织如果依法具备了实施 ECL 的资质，意味着它原本就拥有大量的会员权利人，能够为使用者提供广泛的作品选择余地。何况，它还进一步将集体许可协议的适用范围扩大至同类作品的非会员权利人，因而能有效地避免与之签订一揽子许可协议的使用者因不慎使用了非会员权利人的作品而面临侵权风险——这是它相对于传统集体管理的优势所在。

（二）实施效果：补强集体管理协议有效性

作品的价值要通过市场交易来实现。但是权利内容的多样化与碎片化，以及作品上权利主体的重叠使得著作权许可和转让过程中的清算变得十分复杂，如果分散逐一寻求许可，将导致大规模的作品使用因交易成本过高而无法实现。

"所有应对大规模许可的著作权制度工具，都是对特定环节作品交易

---

[1] 例如,挪威著作权法第 38a 条、丹麦著作权法第 50(1) 条和瑞典著作权法第 26i 条表述为"占国内某类作品领域作者的相当比例 / 数量 (a substantial part/number)";冰岛著作权法第 15、第 23、第 23a 和第 25 条均采用"相当一部分 (substantial portion) 冰岛作者"的表述;芬兰著作权法第 26 条则表述为"数量众多的 (numerous) 的作者"。

174

成本的控制。"[1]熊琦教授认为，法定许可和强制许可对交易成本的控制主要发生在协商缔约环节，以法定的或者第三方所做的安排来代替私人协商。传统的著作权集体管理制度对交易成本的控制则体现在更多方面：其一，由于集体管理组织本身已经集合了足够多的同类作品，形成了一个作品资源库和交易中枢，使众多权利人与众多使用者不必再分头寻找交易对象、确认作品来源，降低了大规模使用的信息成本。其二，集体管理也能够节约协商缔约成本，但运作机理与法定许可、强制许可不同。它没有取消交易双方的协商环节，而是由集体管理组织充当"中间人"，代替分散众多的权利人对交易条件作出决策并与使用者谈判，减轻个别沟通协商的负担；当三方之间"形成稳定的继续性合同关系"，[2]合同条款就可以实现格式化，收费就可以实现标准化，协商成本将进一步降低。其三，集体管理组织还可以专业化受托人的身份代众多权利人行使权利，节约了权利人分散收取报酬和维权诉讼的成本。不过，集体管理机制也有弱点。一般而言，它不可能对国内同类型作品的权利人具有百分之百的代表性；即使使用者与集体管理组织签订了"一揽子许可协议"，[3]若不慎使用了非会员的作品，就可能面临追责。如果这种现象频繁发生，"集体管理的有效性将丧失殆尽"。[4]可见，延伸管理的目的就是在不增加交易成本的情况下，有效地扩大使用者合法获取作品的范围，以补强集体管理的有效性。

（三）实施前提：维护权利人的私权自治

从非会员权利人的角度来看，ECL 是集体管理组织依法用其与使用者

---

[1]　熊琦. 著作权延伸性集体管理制度何为 [J]. 知识产权, 2015(6): 21.

[2]　熊琦. 大规模数字化与著作权集体管理制度创新 [J]. 法商研究, 2014(2): 101.

[3]　一揽子许可协议形式大多适用于具有数量庞大、单价不高、同质性、使用频繁且随机等特征的作品, 典型的例子就是集体组织将作品库中上千首音乐电视作品一揽子许可给申请使用的卡拉 OK 娱乐场所经营者, 根据数字点播系统对歌曲使用情况的统计并按照经营场所的规模等标准收取使用费。

[4]　王迁. 著作权法 [M]. 北京：中国人民大学出版社, 2015: 394.

之间的协议强行覆盖自己的作品，这种协议突破了传统上"债的相对性"原理。正如英国 ECL 条例指出的，ECL 旨在应对权利人不知晓集体管理组织的存在而未加入组织的情形，而不是强制其接受管理或者剥夺其自由选择权。

首先，被行政主管机关指定或者批准实施延伸性集体管理的组织，必须在全国范围内的某类著作权客体领域中具有广泛代表性。这是为了防止少数占据市场支配地位的权利人通过组建和控制集体组织，再凭借 ECL 的放大效应，将对弱势地位权利人不利的许可协议条款扩大适用于非会员权利人，损害后者的利益。[1] 较高的代表性表明该集体管理组织的管理和服务水平得到了相当数量的权利人的认可。唯此，才能最大限度地保证该集体组织代表权利人订立的许可协议条件也符合非会员权利人的利益。

其次，在一些国家，适用 ECL 的作品类型和权利类型也由法律规定或者由政府主管机关决定。

最后，非会员权利人可随时退出并排除许可协议的适用。集体许可协议和集中管理施加于非会员权利人，并非基于后者明示或默示的意思表示，而仅仅是基于权利人的"不作为"和"不明示反对"。这种做法极大地弱化了著作权的排他性，因此必须保障非会员的知情选择权。一方面，要对作品使用情况、许可费的收取和转付情况的明细在网站等处所进行公示，便于权利人监督；另一方面，要设置便捷、低成本的退出机制，权利人一经证明其权利主体资格，除了可以主张获得已经发生的许可使用费以外，还可将自己的作品撤出集体管理，并要求终止集体许可协议的适用。这意味着一旦有关作品的潜在价值被发现，非会员权利人可自行谈判授权以争取更好的回报。

---

[1] 熊琦.著作权延伸性集体管理制度何为 [J].知识产权,2015(6): 22.

二、以 ECL 解决孤儿作品使用难题的利弊分析

（一）优点

第一，ECL 大大降低了孤儿作品使用的交易成本。作为集体管理的一种衍生模式，ECL 与传统集体管理一样，以"中间人 + 一揽子许可"的运作机理降低了作品使用权交易中的信息搜索成本和谈判缔约成本。使用者不必进行事前权利清算，也不必像其他孤儿作品使用模式那样，履行事前的勤勉查找；ECL 制度负责履行查找义务的是集体管理组织，目的是向权利人发放许可使用费。由于不存在事前勤勉查找的环节，也就无须特地授权或者创建专门的审查机构负责审查勤勉查找，节约了管理成本，跳过了冗长的行政程序。这种节约成本、提高效率的优势在大规模作品使用活动中格外明显。

第二，ECL 增强了使用行为的合法确定性。ECL 将许可协议扩大适用于非会员权利人，避免了使用者因不慎使用非会员权利人的作品而面临侵权风险——这是 ECL 相对于传统集体管理制度的区别和优势所在。[1]

第三，ECL 对会员和非会员权利人适用统一的许可费条款。ECL 采用的许可协议文本和许可费率的标准与分配比例并非专门为非会员权利人的作品而设，而是与会员权利人一致。这意味着协议条款"已经过该领域大多数权利人的博弈与妥协，具备了广泛的代表性"[2]，尤其是 ECL 的许可费率被认为是集体组织代表权利人与使用者（往往也由其组织代表）谈判的结果，较之法定许可或强制许可制度下由行政机构等第三方确认的费率具有更强的正当性。

第四，ECL 尊重并增进了非会员权利人的权益。一方面，ECL 让集体

---

[1]　林秀芹, 李晶 . 构建著作权人与作品使用人共赢的著作权延伸性集体管理制度：一个法经济学角度的审视 [J]. 政治与法律, 2013(11): 28.

[2]　熊琦 . 著作权延伸性集体管理制度何为 [J]. 知识产权, 2015(6): 23.

管理组织代替身份和下落不明、缺乏权利管理能力或意愿的著作权人管理权利，接受使用者的许可请求，使已经退出市场的作品重新进入公众视野并继续为权利人创造收益。另一方面，ECL 在制度设计上通常为权利人提供了便捷、低成本的退出机制，使有能力和意愿实施权利管理的权利人得以拒绝这种替代性安排，自主决定交易对象和条件；也使认为早期作品不再代表自己当下观点的权利人得以终止许可协议，将作品撤出集体管理。

（二）不足

结合有关国家的实践和对相关法理的分析，笔者认为，以 ECL 作为孤儿作品问题的解决方案存在明显的局限性。

1.ECL 无法作为解决孤儿作品使用难题的单一方案

一方面，集体管理组织依据 ECL 制度取得的、对非会员作品的管理权利并非源于权利人的自主意思表示，因而属于"对著作权的限制"，需要符合国际公约的"三步检验法"的要求，这就决定了一国在立法上只能将该制度的适用范围限定于"有限的特定的情况下"。

另一方面，ECL 建立在相关集体管理组织的现有业务基础上，一般来说，集体管理组织业务范围并不涵盖所有作品类型和使用方式。例如，根据《俄罗斯联邦民法典》第 1244 条第 1 款第 1 项，集体管理组织有权实施延伸管理的情形只有广播、电视机构使用音乐作品和音乐戏剧作品的片段和对前述作品的表演。[1]丹麦著作权法规定 ECL 适用于以下著作权交易：①教学机构和商业实体为内部使用而进行复制（第 13 条、第 14 条）；②图书馆对作品进行数字复制（第 16b 条）；③为视障人士获取作品而对广播作品进行录制［第 17（4）条］；④复制已公开的美术作品（第 24a 条）；⑤特定的全国性广播电视公司对作品进行播放（第 30 条）；⑥特定的全国性广播电视公司对其收藏的作品进行播放（第 30a 条）；⑦向两个以上

[1] 孟祥娟.俄罗斯著作权法[M].北京：法律出版社,2014:244.

对象进行有线转播（第 35 条）等。上述列举看似纷繁众多，实则表明其有所不包。细看可知，该国 ECL 适用的客体类型主要是文字、音乐、美术、广播电视节目等，适用的使用方式主要是复制、公开播放，且大多以教学、研究、存档、帮扶残障人士等带有公益性目的为条件。大多数创造性使用和营利性使用很难借此获得许可。

2. ECL 的使用费价格机制未必合理

当使用者与集体管理组织签订一揽子许可协议时，因为无须了解该集体组织作品库（许可对象域）中包括哪些作品、这些作品是否有使用方式或区域的限制等问题，从而大大降低了事前的搜索成本。在延伸性集体管理模式下，该一揽子许可的约束力将覆盖所有未声明不得使用的同类型作品，这就意味着许可对象域的范围和具体作品数量是不确定的；无论是使用者还是集体管理组织都不可能事先明确知晓该一揽子许可覆盖的对象域内包含多少孤儿作品，也就不可能根据孤儿作品占作品总数的比重来确定许可费的结构。是故，无论延伸适用的一揽子许可协议采用的是集体管理组织单方面制定的标准化费率，还是在个案中由使用者与集体管理组织协商确定的费率，都只是对完全由非孤儿作品组成的一揽子许可费率的参考和沿用，而无法实现区别定价。换言之，孤儿作品使用者在按照非孤儿作品的价格支付使用费。

绝大多数孤儿作品已久不流通于市，当前缺乏可供参考的市价。实际上，绝大多数孤儿作品之所以孤儿化主要原因就是缺乏商业价值，对权利人形不成权利信息公示和权利管理的激励。如果承认这一点，那么也就应当接受这样的推论，即孤儿作品——尤其是绝版的孤儿作品的版权价值低于仍在市面上流通的作品。据此，对一揽子许可的被许可方——尤其是复印使用数量较大的文献资料的教育机构或其他公共文化机构等非营利性使用者来说，在延伸性集体管理制度下支付的费用很可能超过应然的费用，造成使用成本偏高。[1]

3.ECL 许可费的收取和分配机制存在利益冲突的隐患

集体管理组织代为收取的许可费和其他经济收益形成的资金池，在管理和分配中存在"委托－代理成本"问题。要确保集体管理组织忠实地代表权利人的利益并非易事——尤其在找不到权利人的情况下，资金无从分配，事实上可能为集体管理组织或其会员所占用，不利于激励集体管理组织事后努力查找权利人。[2]

4.外国权利人的利益难以得到平等、充分的保障

首先，延伸性集体管理通常也适用于被该国使用者利用的外国作品，而外国作品权利人绝大部分不是集体管理组织的会员；尽管有资格实施延伸性集体管理的集体组织在本国范围内具备了较高的代表性，但来自不同国家的作者和权利人有着不同的文化偏好与市场利益诉求，某一国的集体管理组织能否恰当地代表他国作者或权利人一直备受质疑。例如，有学者指出，北欧社会是建立在高度相互信任与公开基础上的小型同质性社会，著作权人的利益取向比较集中，集体团结意识较强。[3] 其中一种表现是，

---

[1] 欧盟《孤儿作品跨境网络传播影响评估》指出,据估计,英国有 5000 万件孤儿作品,如果实行 ECL,将给英国图书馆带来高达 6.5 亿欧元的成本;为了直观展现作品使用成本的规模,该文件指出,2008—2009 年度,英国版权许可机构从国内复制使用一项中取得的收入是 6350 万欧元,而大英图书馆的预算则高达 1.4 亿欧元。Commission Staff working paper: Impact assessment on the cross-border online access to orphan works accompanying the proposal for a directive of the european parliament and of the council on certain permitted uses of orphan works, COM(2011) 289 final(May 24, 2011).

[2] HANSEN D R HASHIMOTO K, HINZE G, et al. Solving the orphan works problem for the United States [J]. Columbia Journal of Law & the Arts, 2013(37): 47.

[3] RIIS T, SCHOVSBO J, JENS. Extended collective licenses and the nordic experience: it's a hybrid but is it a volvo or a lemon? [J]. Colum. J. L. & Arts, 2010(33): 496.

北欧国家素有经著作权人或其所属协会的同意，将版税收入用作集体性目的，而非直接分配给著作权人的惯例，这对其他国家的著作权人来说是无法理解和接受的。[1]另一种突出表现是，这些国家的权利人愿意接受集体管理采用的"一揽子协议"——对所有作品适用统一的许可条款和统一定价，这实际上是畅销作品的权利人在对非畅销作品的权利人进行补贴。[2]

其次，目前在北欧国家，有资格实施延伸管理的集体组织通常会根据与他国同类作品的集体组织所签署的协议，将本国使用者使用外国作品所产生的许可费转交给对方，再由后者转付给著作权人。[3]但是，域外的集体组织在其本国也并不具有百分之百的代表性；在查找本国权利人并在转付许可费的过程中也同样受制于能力与成本。因此，即使存在这种国际协作，客观上仍有一定比例的著作权人游离于集体管理之外，无法查明其身份或与其取得联系。可以说，相对于本国的非会员权利人，外国非会员权利人尤其是孤儿作品权利人更难以发现、监督和取证作品被使用的情况，这势必使法律赋予的选退权与获酬权无法得到及时、有效的行使。此外，

---

[1] GERVAIS D. Application of an extended collective licensing regime in Canada: principles and issues related to implementation [R]. Vanderbilt Public Law Research Paper, 2003: 19.

[2] HANSEN D R HASHIMOTO K, HINZE G, et al. Solving the orphan works problem for the United States [J]. Columbia Journal of Law & the Arts, 2013(37): 47.

[3] 以丹麦为例，该国规模最大的集体管理组织 Copydan，与加拿大的 Access Copyright、瑞典的 Bonus Prsskopia、澳大利亚的 Copyright Agent Limited、美国的 Copyright Clearance Center、西班牙的 Cedro、英国的 Copyright Licensing Agency、爱尔兰的 Irish Copyright Licensing Agency、意大利的 Societ à Italiana degli Autori ed Editori 以及德国的 VG Musikedition 均签有此类双边协议。在 Copydan 的官方主页上有这样的自述："鉴于 Copydan 代表了大部分丹麦著作权人以及——通过与联盟组织之间的双边协议——大部分外国著作权人，Copydan 有权依据丹麦著作权法的规定就适用于全体著作权人的集体许可与使用者展开协商。"参见 http: // www. copydan. dk/UK/Copydan/Organisation/Joint_collecting_society. aspx.

出于管理成本的考虑，集体管理组织的章程往往规定，只有当待分配的版税累积达到一定数额时才向权利人分配，换言之，低于分配门槛的少量版税将暂不予分配。可见，外国孤儿作品著作权人的权利在许多情况下只是"停留在理论上"。

最后，根据延伸集体管理的版税分配规则，集体管理组织从收取的版税中抽取一定比例的管理费（在北欧国家通常为10%），用于集体管理的开支和实现会员权利人利益相关的用途；若权利人始终无法找到而无法支付的版税由集体管理组织保管，权利人未现身主张获酬权达到一定年限（通常为5~10年）的，该笔收益将交由集体管理组织用作集体性目的或与该行业相关的公益用途。这样一来，就间接地将外国非会员权利人排除在受益群体的范围之外，有违背《伯尔尼公约》确立的国民待遇原则之嫌。

5. 并非所有 ECL 制度设计都包含"选退"机制

尽管许多研究文献将"选退"（opt-out）视为延伸性集体管理制度的基本特征和必要机制，但这种认识与实际并不相符。在大多数情况下，权利人无法选择退出排除集体协议的延伸适用而自主行使著作权。以丹麦为例，非会员权利人如果对集体许可协议设定的使用费不满，无法"用脚投票"——行使选退权；只能先与集体管理组织协商，在无法达成一致的情况下，再向著作权许可仲裁庭申诉，要求适用其他费用计算方式。而退出机制阙如将使非会员著作权人的排他性财产权弱化为"报酬请求权"，具有类似于法定许可的法律效果。

6. 该模式不易移植

ECL 制度的吸引力在于，它有着法定许可、强制许可的有效性，又维护了著作权人对作品使用的话语权。但这并不意味该制度是一种能够轻易推广、移植的模式。ECL 的有效运作不仅要以一个运作透明、高效、专业的集体管理组织为基本条件，而且与特定的社会环境、产业状况与文化传统有关。

　　ECL 制度起源于北欧国家并在该地区取得成功，并非巧合。北欧国家有着历史悠久的工会制度，参加工会的劳动者比例很高。劳动者以工会形式与雇主或其团体展开集体协商，达成的集体协议对于缔约各方及其会员具有法律约束力——雇主与雇员订立的个人雇佣合同不得与集体协议相冲突。由于集体协议条款是在劳资双方相对均势的条件下达成的，被认为为劳动者争取到了最大的权益，因此也适用于工作场所中的非会员劳动者，以保障后者的权益水平不低于会员劳动者。[1] 其最初应运而生是为了解决 20 世纪 60 年代广播产业发展和模拟复制技术应用带来的大规模作品使用需求。广播组织曾试图引入强制许可解决作品来源过多而导致的交易成本问题，但著作权人认为强制许可将使著作权沦为没有排他性的获酬权，严重限制了权利的私人自治，因此拒绝接受这一立法方案，而是建议通过集体管理机制来克服使用者与著作权人逐一协商的障碍。[2] 最先提出 "utsträckt generellt tilstånd"（延伸性著作权集体管理）概念的是瑞典学者 Svante Bergström，他的研究领域跨知识产权法与劳动法。他完成于 1948 年的博士论文以"集体协议"为研究对象，在 1960 年出版的论著中，他强调了建立作者组织的重要性，并主张在著作权交易领域建立 ECL。[3] 可以说，正是北欧国家劳资集体协商的实践传统使得延伸性著作权集体管理"成为顺其自然出现的一种权利保护模式"。[4]

　　北欧国家都属于"小型同质性社会"，较之幅员辽阔、人口众多、情

---

[1] 丁丽瑛，韩伟．延伸性著作权集体管理的理论基础探析 [J]．中国版权，2014(1)：27．

[2] 熊琦．著作权延伸性集体管理制度何为 [J]．知识产权，2015(6)：23．

[3] RIIS T, SCHOVSBO J. Extended collective licenses and the nordic experience: it's a hybrid but is it a volvo or a lemon?[J]. Colum. J. L. & Arts，2010(33): 474, 495.

[4] 丁丽瑛，韩伟．延伸性著作权集体管理的理论基础探析 [J]．中国版权，2014(1)：27．有学者指出，我国民众更倾向于"单对单"地解决争议．胡开忠．构建我国著作权延伸性集体管理制度的思考 [J]．法商研究，2013(6)：25．

况复杂、利益多元的大国，前者在权利人之间、权利人与集体管理组织之间更易建立信任关系，非会员对"被代表"不排斥。[1] 在著作权法领域确立 ECL 制度，有助于克服单一国家在人口和地域范围、作品数量和著作权市场规模方面的局限，形成统一而扩大的区域性市场，既可为著作权人开辟更广阔的收益来源，也为使用者和公众提供了丰富的作品选择。在语言、文化、历史和社会结构方面的亲缘关系，也使这几个国家在立法政策方面的协调成为可能。自 20 世纪 70 年代起，北欧五国成立了统一的著作权法立法协调委员会，互相借鉴立法经验，并在修法上保持步调一致。

概言之，ECL 制度的有效性与北欧特定的社会环境、产业状况和文化传统密切相关，其能否在其他国家或地区有所作为，成为解决孤儿作品问题的制度工具，则必须考量其立法价值与制度构造与拟移植适用的国家著作权产业发展状况和社会环境是否契合，才能对制度移植的前景作出合理预测。

第二节　"权利限制"模式

2004 年，谷歌公司启动了"数字图书馆计划"，引发了欧洲国家对文化资源被互联网公司垄断，文化产业竞争力被美国赶超的焦虑。在 2010 年谷歌与原告方达成了初步和解协议之后，法、德等国曾就此向美

---

[1]　可以看到，在音乐作品集体管理组织势力十分强大的美国，也没有在该行业内形成 ECL 的传统。在 2009 年的"谷歌图书馆"侵权案中，谷歌与原告方达成的补充和解协议给出的孤儿作品和绝版作品解决方案，就是 ECL 的改造和移植，引起利益相关方的强烈反对，也在一定程度上表明这种模式有其特定的制度土壤。我国的音乐作品集体管理组织也存在比较严重的信任问题。

国司法部抗议，要求将非英语图书排除在谷歌协议适用范围之外。同时，法国、德国、波兰、意大利、匈牙利等联合向欧盟委员会倡议加快推动文化遗产数字化进程并整合欧洲的数字资源，以期在体量和辐射效应方面与谷歌计划抗衡。欧盟委员会于 2005 年发布了《i2010——促进欧洲信息社会的经济与就业增长》的指导性文件，将建立欧盟统一数字图书馆——Europeana，实现文化遗产的保藏和在线跨境获取作为一项优先开展的计划。当然，欧盟数字进程与谷歌计划一样，面临着大规模许可使用的成本障碍以及使用对象范围内潜在的大量绝版作品与孤儿作品的利用机制缺失问题。

　　谷歌图书馆计划的实施让欧洲认识到了对孤儿作品的数字化对国家或地区文化资源保存与利用的重要意义，并促使其自发探索适合于欧洲制度背景和著作权产业特点的孤儿作品问题解决之道。2008 年 6 月，欧盟境内的博物馆、图书馆、档案馆、视听资料档案馆以及著作权人的代表共同签署了一份谅解备忘录，表明著作权人支持对孤儿作品问题进行立法规制。欧盟委员会在 2008 年发布的《绿皮书：关于知识经济中的版权》中指出，各成员国在欧盟版权指令允许的范围内制定的"权利例外或者限制"规则在具体内容和对权利的制约程度上存在较大差异。[1]阿姆斯特丹大学在"关于《欧洲议会和欧盟理事会关于协调信息社会中版权和相关权若干方面的指令》（以下简称《信息社会版权指令》）在各成员国国内法上的贯彻与效力的研究"中指出，（当时）25 个成员国中仅有 18 个在国内法上制定了为《信息社会版权指令》第 5.2（c）所允许的"权利的例外或者限制"，允许"可公共访问的图书馆、博物馆、教育机构以及档案馆"在"不直接

---

[1]　The EU Commission. Green Paper on Copyright in the Knowledge Econom(2008).

或间接从中获得经济或者商业利益"的情况下，实施"特定的复制行为"。[1] 由于《信息社会版权指令》不允许将上述复制行为产生的复制件通过网络进行公开传播利用，大多数成员国的"权利例外或者限制"规则也只允许前述公共文化机构为保存馆藏作品而实施复制；也有部分成员国允许公共文化机构在馆舍内向用户提供合法的复制件，供用户个人研究和学习（如法国）。从公共文化机构的立场来看，指令所允许的有限范围远远不够，最大的局限就体现在不允许它们将数字化复制件向馆舍外的用户开放远程访问，即通过网络进行公开传播。

在北欧国家，公共文化机构的处境相对不那么艰难。这些国家运用 ECL 制度来解决大规模许可的交易成本问题，使公共文化机构不必直面孤儿作品使用难题，只需将查找权利人和报酬给付等事务交由集体管理组织处理。法国则采取了"推定集体管理"机制解决绝版书籍及其中可能包含的孤儿作品的授权使用障碍。[2] 另外，部分国家，如英国和匈牙利等采取由一个集中机构代替分散未知的权利人向符合条件的使用者发放强制许可，解决孤儿作品因权利人查找无果而无法现实协商的问题。

对欧盟而言，规制孤儿作品大规模数字化利用的有效路径是进行统一的、自上而下的立法，但私法问题属于成员国立法权限范围，欧盟无权直接立法后强加给各国，只能以"指令"的形式要求各国利用立法工具创设能与谷歌和解协议的"选退"机制相媲美的解决方案，并设定基本的原则和方向。2012 年 10 月 25 日，欧盟通过了《孤儿作品指令》。[3] 该指令称

---

[1] The institute for information law of University of Amsterdam. A study on the implementation and effect in Member States' Laws of directive 2001/29/EC on the harmonisation of certain aspects of copyright and related rights in the Information Society(2007).

[2] 陈晓屏. 绝版书数字化利用的著作权对策：以法国"20 世纪绝版书数字化法案"为视角 [J]. 出版发行研究，2019(12): 62.

[3] Directive 2012/28/EU on Certain Permitted Uses of Orphan Works.

不上是为孤儿作品使用难题量身定做的全面解决方案，毋宁是实现欧洲数字图书馆构想、提高欧盟内文化作品的数字化及在线访问性的铺路之举。[1] 成员国必须在 2014 年 10 月 29 日前完成由指令向国内法的转化过程，使修订后的国内法与该指令中的强制性规定保持一致。

一、《孤儿作品指令》的主要内容

《孤儿作品指令》一共包括 11 个条款和 1 个附录，以下根据条款的立法目的和作用，进行分类阐述。

（一）严格限定适用范围

指令对其适用范围作了十分具体细致的限定。

第一，指令适用的对象应当满足"首次发行或者公开播放于欧盟成员国境内"[2] 以及"被公共图书馆、教育机构、博物馆、档案馆或者影视作品保存机构所收藏"两个基本条件。使用对象的类型包括：①图书、期刊、报纸及其他书面出版物形式的作品；②录音制品、电影作品及其他视听作品；③被包含、融合在前述客体中或者作为前述客体组成部分的版权客体和邻接权客体。单独存在的美术作品、图形作品和摄影作品等均被排除在外。

---

[1]　数字图书馆构想是促进信息化时代数字经济发展、欧盟理事会整体战略"欧盟电子化 2002 行动计划"与"i2010 战略"下的三大旗舰项目之一。Europe's Information Society, i2010-A European Information Society for Growth and Employment, http: //ec. europa. eu/information_society/eeurope/i2010/index_en. htm.

[2]　此前从未发行或者公开播送，而是由该指令规定的公共文化机构在取得权利人同意的前提下公开的作品或录音制品也属于指令的适用对象范围。此处的"权利人同意"采取法律推定，即如果能够合理地推断权利人不会反对此种使用的，就可视为取得了权利人的同意。例如，某档案馆收藏的数卷录音带系由匿名权利人捐献，且并未声明要求不得公开，则可以合理地推断权利人同意将录音带用于公共信息服务目的。

第二，指令的直接受益者（beneficiaries），即依据指令合法使用孤儿作品的使用者，仅限于欧盟成员国境内向公众开放的图书馆、教育机构、博物馆、档案馆、视听作品保存机构和公共广播机构（统称为公共文化机构）；而民营的商业机构只有作为前述公共机构的合作伙伴，参与公益性使用项目时，才能成为指令项下的使用主体。[1]

第三，孤儿作品使用的目的仅限于此类公共文化机构所固有的公益职能（public-interest missions）的范围内，主要是指馆藏文化遗产的维护、存储，以及为文化传播和开展教育教学活动等目的而向公众提供作品。

第四，使用行为的性质限于非营利性和公益性。使用主体不得从使用行为中直接或间接地营利，但如果使用行为中产生的收益被专用于抵偿数字化和在线提供的成本，仍视为非营利性使用。

第五，孤儿作品的使用方式仅限于以数字化、对公众传播、建立索引、编制目录、保存复制件等目的对作品进行复制，以及公开传播作品这两大类受控行为。可见，《孤儿作品指令》所限制的著作权包括《信息社会版权指令》第2条规定的复制权和第3条对应的向公众传播权。

（二）勤勉查找与孤儿作品的认定

经过勤勉查找而无果是确认和合法使用孤儿作品的前置程序和实质条件。指令第3条第1款规定："本指令第1条第1款规定的机构必须本着诚信（good-faith）对每一件作品或者其他权利客体实施勤勉查找，根据作品和其他权利客体的类型就恰当的信息来源（appropriate sources）展开查询。"具体而言，查找行为必须满足下列要求，才认为使用者做到了"勤勉查找"。

首先，勤勉查找应当先于相关使用活动，这是"诚信"的体现。

其次，指令附录中就不同类型的版权客体规定了最基本的查找范围，

---

[1] 但在双方合作协议中不得对公共文化机构的使用孤儿作品作出限制性约定，也不得授予商业机构独立使用孤儿作品或者控制孤儿作品使用的权限。

具体内容见表4-1。各国主管机关可以在听取权利人和使用者等相关利益者的意见后，在附录罗列的信息来源基础上规定更大的查找范围。[1]原则上，使用者应当在作品首次发行或者首次播放的国家——概言之，作品首次公之于众的国家——实施查找；对电影及其他视听作品的查找，应当在其制作人的总部所在地或者惯常居住地所在国实施查找；对未公开的作品，则在收藏该作品的公共文化机构所在国范围内实施查找。此外，若有迹象表明权利人身处境外的，应当将查找范围扩大到相关国家或地区。

表4-1　欧盟《孤儿作品指令》附录

孤儿作品类别	查找范围与途径
已出版的图书	各国的出版商协会和作者协会
	现有的数据库和注册系统、WATCH①、ISBN②以及在版（in-print）图书数据库
	版权集体管理组织，尤其是复制权集体管理组织
已出版的图书	以 VIAF③、ARROW④为代表的多数据源综合管理体系
报纸杂志	ISSN⑤
	图书馆馆藏索引和目录
	接收法定呈缴样本的机构
	各国的出版商协会、作者协会与新闻记者协会
	版权集体管理组织，尤其是复制权集体管理组织
视觉作品（美术作品、摄影作品、设计图、建筑与建筑图纸等）	图书、报纸和杂志项下的信息来源
	版权集体管理组织，尤其是视觉艺术作品复制权的集体管理组织
	若无不可抗拒的障碍，还应包括图片版权代理商的图库
视听作品和录音制品	接收法定呈缴样本的机构
	各国的制片人公会
	电影或视频资料保存机构和图书馆的数据库

---

[1]　例如，可公开查询的电话黄页（包括纸质或者数字化形式）；要求在版权主管机关指定的全国性报纸上刊登查找告示等。

续表

孤儿作品类别	查找范围与途径
视听作品和录音制品	如 ISAN[⑥]、ISWC[⑦]和 ISRC[⑧]等标准化识别技术的音乐作品和录音制品数据库
	相关集体管理组织尤其是作者、表演者、录音制品制作者和视听作品创作者协会的数据库
	作品包装上的署名和其他信息
	其他相关权利人协会的数据库

注：① WATCH 是 "Writers, Artists and their Copyright Holders" 的缩写，是一个关于作家、艺术家和其他从事创作的版权所有人的信息。该信息库由隶属于美国得克萨斯州立大学的兰森中心 (Harry Ransom Center) 与英国雷丁大学图书馆合作创建和运营，最初主要提供的是英美文学手稿的版权信息。自 1994 年创设至今，已经成为世界最大的版权信息库之一。

② ISBN 是国际标准书号 (International Standard Book Number) 的缩写，是专门为识别图书等文献而设计的国际编号。国际标准化组织 (ISO) 于 1972 年颁布了 ISBN 国际标准。采用 ISBN 编码系统的使用范围包括教科书、印刷品、缩微制品、教育电视或电影、混合媒体出版物、微机软件、地图集和地图、盲文出版物、电子出版物。2007 年 1 月 1 日前，ISBN 由 4 段共 10 位数字组成，分别是组号 (国家、地区、语言的代号)、出版者号、书序号和校验码，各段间以 "–" 相隔。2007 年 1 月 1 日起使用的新版 ISBN，由 13 位数字、5 个部分组成，即在首位数字前加上 3 位欧洲商品编号 (EAN)。

③ VIAF 是虚拟国际规范文档 (Virtual International Authority Files) 英文首字母的缩写。由于不同国家、不同机构存储的规范文档所采用的数据组织形式 (如编目规则、对数据元素的表达和描述) 存在较大差异，妨碍了对世界范围内海量且分散的异构数据资源进行检索和共享。VIAF 联盟对参与者——通常是国家图书馆，也有其他文化机构提供的同名文档进行分组，将既定实体对应的各种名称信息加以匹配和链接，整合为一个群集，为用户 (图书馆和图书馆用户) 提供更加规范而全面的信息结构，降低检索成本并提高检索质量。

④ ARROW 是隶属于欧盟图书馆项目之下的 "版权信息登记与孤儿作品系统" 项目 (Accessible Registries of Rights Information and Orphan Works Towards Europeana) 英文首字母的缩写。2008 年，欧盟委员会启动了这一项目，旨在解决泛欧盟作品数字化项目进程中遇到的孤儿作品识别与授权问题。该项目参与者包括欧盟的大型图书馆、其他公共文化机构、出版商、版权集体管理组织和提供技术支持的企业。与 VIFA 相比，ARROW 除了实现各主体之间的信息交换和对采用不同来源的著录数据格式进行兼容整合以外，它还通过相关信息和公告系统对作品的版权状态加以确认——处于版权保护期 / 已进入公共领域、绝版 / 在版、孤儿作品 / 疑似孤儿作品等，并按照确认后的版权状态将对应作品分别录入不同的作品登记系统。ARROW 是欧盟数字化使用者实施 "勤勉查找" 进而实现孤儿作品使用的重要辅助手段和信息来源。时任欧盟委员会数字化进程专员、欧盟委员会副主席的 Neelie Kroes 于 2011 年 3 月 10 日在布鲁塞尔就孤儿作品问题发表演说时提出，对 ARROW 的远期展望是将其建设成为一个通往欧洲的文化门户和一站式检索平台，为人们提供关于作品版权的所有必要信息 (未来将逐渐扩大至覆盖图像、视频等非文

字类作品)；人们只需在 ARROW 进行检索就足以确认某一作品是否系孤儿作品。

⑤　ISSN 是国际标准连续出版物编号 (International Standard Serial Number) 英文首字母的缩写。原则上，ISSN 具有唯一性；连续出版物题名和版本变更的，应视为新的连续出版物，另行分配一个编号。编号的格式以 ISSN 为前缀，由两段各 4 位数字组成，以 "−" 相隔；前 7 位数字为顺序号，最后 1 位是校验位。通过 ISSN 可以准确便捷地识别期刊名称和出版单位。

⑥　ISAN 是国际标准视听作品号 (International Standard Audiovisual Number) 英文首字母的缩写，是由国际标准化组织创设的，用于标志视听作品的国际统一编号体系与图书等出版物使用的 ISBN 和期刊等连续出版物使用的 ISNN 一样，编号与作品具有一一对应性。制片商、工作室、广播电视组织、网络服务供应商和视频游戏开发商等主体可以利用 ISAN 对进入流通领域的各种形式或物理形态的视听作品进行追踪。编号的格式以 ISAN 为前缀，由 48 位二进制数 (或 12 位十六进制数) 构成的根字段、16 位二进位制数 (或 4 位十六进制数) 构成的剧集字段，32 位二进制数 (或 8 位十六进制数) 构成的版本字段等 3 个片段组成，外加 1 个校验符 (由字母 A−Z 构成)。

⑦　ISWC 是国际标准音乐作品编码 (International Standard Musical Work Codes) 英文首字母的缩写。ISWC 是唯一、永久标志音乐作品的国际识别系统，可以用于任何已出版、未出版、新创作或者已经问世的音乐作品，不论其版权状况如何。通过适当技术 (如加密与水印)，将该编码与音乐作品的数字表现形式和载体形态相关联，便于追踪作品的使用情况。编号格式以 ISWC 外加 1 位字母的前缀元素、9 位数作品识别符和 1 位数校验码三段组成。

⑧　ISRC 是国际标准音像制品编码 (International Standard Recording Codes) 英文首字母的缩写，是音像出版社使用在其制作的每一种音像制品 (包括唱片、录音带、录像带、激光视盘等) 载体上，与录入的每一项节目相对应的编码。编码格式是以 "ISRC" 为标志的国际标准音像制品编码。编码格式以 "ISRC" 为前缀，外加国家码、出版者码、录制年码、记录码、名称码 5 个数据段共 12 个字符组成，以 "−" 相隔。2012 年后改为国家码、出版者码、录制年码和名称码 4 个数据段。录像制品 (除音乐录像外) 不再使用 ISRC 编号，改用专有的 ISBN 号。

最后，在满足相关国家法律规定的勤勉查找义务后，仍然无法确认权利人身份或者虽能确认其身份却无法取得联系的，则可以认定该作品系孤儿作品。[1] 使用者应当对所有查找步骤和结果，以及最终结论予以记录和保存，并将该记录以及使用方式和使用者的联系方式一并提交给本国主管机关。

---

[1]　由于《孤儿作品指令》规定的查找范围只是最低限度的，各成员国可能在此基础上确定额外的查找信息来源，因此使用者要满足 "勤勉" 要求，就必须依据该作品的首次出版国、首次播放国或者视听作品制作人总部所在地或者住所地所在国的法律规定，来实施查找。例如，大英图书馆在查找所收藏的一份首次出版于意大利的文献时，必须依据意大利著作权法的相关规定在该国实施查找。

（三）保障权利人的合法权益

德、法等欧盟大国均是典型的作者权体系国家，在其传统理论中，作者常被预设为弱者，故著作权合同制度极力限制当事人的意思自治，以防合同结果对弱势的作者不利，体现为赋予作者以"收回权"、"追续权"、禁止约定转让未来作品的著作权等规则。欧盟指令中贯彻了保障作者或权利人利益的精神。

依据指令，特定使用者以特定方式使用经查找无果而确认为"孤儿"的作品，虽未经权利人许可，但并不违反授权使用法则，系合法使用，不构成对著作权的侵害。这种立法模式属于"权利的例外或限制"。根据《伯尔尼公约》，著作权法上属于"权利的例外或限制"的规则或制度，必须符合"三步检验法"才具有正当性。该指令的有限适用范围显然能够满足三步检验法的第一项标准"限于特定的特殊的情况"；而指令还必须保证以立法形式许可公共文化机构以数字化复制和在线公开传播使用方式，不与作品的正常利用相冲突且不会给作者或权利人的合法利用造成不合理的损害。

纵观指令，直接涉及权利人合法权益保护的规定有三个方面。[1]

其一，权利人的复出将终止作品的孤儿状态（put an end to the orphan works status）。使用者若要继续使用该作品，必须向权利人征求许可。当然，为了避免造成其他使用者——尤其是他国的使用者在不知情的情况下发生无过失侵权，当事人在核实权利人的身份和权属后，应当及时通过本国当局将孤儿作品状态改变的情况提交到欧盟内部市场协调局设立的孤儿作品数据库。

其二，复出的权利人有权向使用者主张"公平补偿"（fair compensation）。补偿标准、给付补偿的时机和条件均交由各成员国自行确定。各国应当综合考虑使用活动对于推动文化传承目标的效用，公共文化机构使用行为的

---

[1] "勤勉查找"等规定也间接地起到保障权利人的合法权益的作用。

非商业性质及其在提升公众的知识水平和传播文化方面的职能，可能给权利人造成的利益损害等因素来确定补偿的标准。

其三，使用者在实施使用行为时必须以恰当方式标注当前能够确认的作者或权利人的姓名／名称。

（四）促进孤儿作品的跨境使用和信息共享

自 2000 年至今，欧盟所出台的若干与版权相关的指令在不同程度上反映了这样的政策方向，即建立统一的文化市场，促进欧洲文化财富的保存与跨境互通。2012 年《孤儿作品指令》中主要通过以下三项机制来实现该政策目标。

1. "成果共享"

根据该指令对孤儿作品进行数字化使用的公共文化机构，应当确保其使用行为产生的成果（主要指数字化成果）不仅向本国公众开放，也为其他成员国的公民提供获取的渠道。

2. "信息公开"

使用者应当保存勤勉查找构成与结果的记录，连同对确认孤儿作品的结论、使用方式、使用者的联系方式等信息递交给本国主管机关，后者应当及时地将相关信息提交至由"欧盟委员会内部市场协调局"设立的唯一的在线数据库。该数据库的建立保证了"权利限制"模式运作的透明度，有助于推动各国当局之间的信息交换，这是实施孤儿作品"相互承认制度"的前提。同时，便于作品权利人与公共文化机构及时了解欧盟内部孤儿作品的确认、状态改变和使用情况，以及减少无过失侵权的发生。[1]

3. "相互承认"

为促进欧盟内部孤儿作品的跨境使用，减少无效率的重复查找，指令要求各国对在其他国家主管机关确认的孤儿作品给予相互承认。当成员国

---

[1] 在权利人已重新现身的情况下，防止其他公共文化机构因不知该作品状态的改变，而继续将其当作"孤儿作品"使用而造成侵权。

主管机关将某一文化机构提交的查找记录和孤儿作品认定结论呈递给"欧盟委员会内部市场协调局"的在线数据库后，有关作品的孤儿身份就成为一种初步认定的事实，各成员国都应当予以承认。

二、以"权利限制"模式解决孤儿作品使用难题的利弊分析

（一）优点

第一，该模式下，使用行为的合法确定性程度较高。由于指令和各国国内立法对适用这一责任限制模式的公共文化机构类型做了明确规定，很明确地排除了不适用的使用方式，因此具有较强的规则指引性。使用者在规定的使用目的范围内，履行了勤勉查找的义务，并将相关记录提交给本国主管机关（由后者转交给欧盟委员会内部市场协调局指定的数据库）后，即获得合法使用作品的资格，为公共文化机构实施大规模作品数字化提供了法律保障。

第二，对合理补偿的安排考虑了使用者的公益性和财务压力。指令不要求符合条件的使用者提存使用费，仅当权利人现身并行使报酬请求权时，使用者才需依据国内立法上规定的标准和方式支付补偿。根据实践来看，大多数孤儿作品的权利人实际上并不会现身，少数事后经查找或联系到的权利人也不会就公益性使用提出付酬要求。因此，事后付酬的做法事实上"免除"了大部分使用者的付酬义务，尤其适合于为大规模使用作品的文化机构"减负"。

（二）不足

1. 该模式的适用范围狭窄、条件严格、受益使用者有限

欧盟对文化遗产数字化的关注源于繁荣欧洲文化的初衷和实施数字化战略的需要，因而更多体现了公共政策的考量。一种有代表性的观点认为，将查找无果的版权作品统统作为孤儿作品，允许使用者在不实际取得授权

的情况下使用这些作品，不啻为恶意使用者留下了可乘之机。互联网企业得以以低廉的成本从海量作品（如建设和运营数字图书馆）中收割私人利益，而艺术家、权利人却难以从这部分增加的作品使用中获得收益。因此，无论是2012年的《孤儿作品指令》，还是2019年的《数字化单一市场版权指令》都将文化遗产数字化方案限定在公共文化机构的非营利性使用这一范围内，严格排斥商业性、营利性使用。同时，欧盟指令主要适用于文字和视听资料；图画、图形、图表和照片等图像类作品当且仅当其包含在前述作品中、作为其内容的一部分时，才属于适用对象。适用作品类型的限制使欧盟孤儿作品使用制度较之其他国家、地区具有更明显的政策指向——为文化记忆机构开展文化遗产数字化战略提供合法性进路，无法回应现实中的多样化需求。各成员国不得不于法律调整的空白处自行创设补充机制，国内法上的孤儿作品使用制度显得较为臃肿、复杂。

任何全局性方案既不应该只着眼于大规模数字化中存在的孤儿作品问题，也不应当绝对排斥商业性使用者对孤儿作品的利用。首先，在现实中，商业与非商业使用无法做到泾渭分明，许多商业性使用行为也具有显著的公益性和利他性；美国联邦最高法院在 Campbell 案中就承认了在现代社会中，资本因素无处不在，各种复杂的状况层出不穷，再将"使用目的与特点"一刀切为商业性或者非营利性，对兼具商业和公益、利己与利他色彩的行为是不公允的。[1] 其次，商业性使用对于社会整体文化福利的重要意义一点也不亚于公共文化事业上的使用。[2] 在美国，许多新兴的作品利用方式和经营模式被法院确认为"转化性使用"，从而得以受到合理使用

[1]　Campbell v. Acuff-Rose Music, Inc. , 510 U. S. 578(1994).

[2]　Register of Copyright. Orphan works and mass digitalization [R]. U. S. Copyright Office, 2015: 52.

的庇护。[1]这些转换性使用所形成的大量具有独创性的表达内容增加了社会整体可享用的文化财富，然而，转换性创作的过程又依赖于已有的作品；而孤儿作品问题的存在使许多素材无法获得、无法利用。[2]但由于适用范围过窄，若无其他法律措施的补充与配合，只能是"跛足而行"。

2. 对勤勉查找设定的起点较高，使用者查找负累较大

勤勉查找责任限制模式以使用者在使用前履行诚信的勤勉查找作为确认孤儿作品身份和允许有限使用的前提。《孤儿作品指令》并未明确规定统一的勤勉查找步骤，仅就各国立法上应当实现的最低限度查找范围作了规定。查找范围的大小直接决定了查找负担的轻重，从前文介绍中可以看出，所谓的"最低标准"已经达到了相当细致的程度。在此基础上，逐件进行查找并上报查找结果，必然会给海量数字化等大规模作品使用者带来沉重的负担。从各国已经完成或者仍在完善的国内法上看，查找信息源的数量最少的为 10 个（如塞浦路斯），最多的为 357 个（如意大利）。显然，由于指令只作最低限度的规定，各国国内法的差异依然很大；其中一些信息源并非完全开放（例如，需要注册会员或者交纳费用才可以在线访问和检索查询）。这种勤勉查找要求的可操作性和可持续性仍不明朗。EnDOW 课题组曾以英国当代艺术家 Edwin Morgan 的拼贴作品集为对象进行实验性的权利清算，并对实验中所取得的数据进行实证分析，得出结论：在《孤儿作品指令》设定的"权利限制"模式框架下，作品权利清算单位

---

[1] "转换性使用"观点及其概念化始见于 20 世纪 80 年代初的 Sony 案，后借 Leval 法官的论述而形成理论雏形，终因联邦最高法院在 Campbell 案中对该理论的引述而奠定了其在合理使用分析中的核心因素地位，20 余年来被联邦法院奉为圭臬。在孤儿作品语境下，最典型的例子莫过于 2015 年审结的 The Authors Guild Inc. , et al. v. Google, Inc. 案和 2014 年审结的 The Authors Guild Inc., v. HathiTrust 案。

[2] BRITO J, DOOLING B, BRIDGET. An orphan works affirmative defense to copyright infringement actions [J]. Michigan Telecommunications and Technology Law Review, 2005(12): 76.

成本过高，这种模式更适用于数量少但法律风险高的作品使用场合，而用于公共记忆机构开展的海量馆藏数字化时可操作性就显得很低。

第三节 "强制许可"模式

孤儿作品的强制许可制度是指这样一种机制，即由使用者就无法查找到权利人的作品，向政府主管机关提出使用申请，并提交相关证据，经主管机关审查符合法定条件的，授予非排他性许可；使用者根据许可条件规定的金额和方式支付许可费。这种方案实质上就是用责任规则替代财产规则，对"先许可后使用"的排他性法则予以弱化和变通，将"经由权利人许可"转化为"经由第三方——行政机构许可"，将"对权利人支付报酬"转化为"支付报酬"的方法，赋予满足实体和程序条件的申请人以合法使用孤儿作品的资格；以此克服因作品权利信息缺失而导致的交易成本问题，满足公众接触和利用文化资源的需求。[1] 由于这种利用模式是围绕行政主管机关的审查和授权来开展的，因此也称为"中央授权模式"。当前，采取这种模式的国家和地区还包括日本、韩国、印度、匈牙利、英国以及我国台湾省等。[2] 一般认为，我国于 2014 年公布的《著作权法（修订草案送审稿）》创设的孤儿作品制度也属于这种模式。

根据 1988 年修订的《加拿大版权法》第 77 条，潜在使用者在查找作品权利人无果的情况下可以向加拿大版权委员会提出强制许可的申请。首

---

[1] 陈晓屏. 加拿大孤儿作品强制许可制度研究 [J]. 图书馆建设，2020(2): 32.

[2] 在笔者收集的数据材料中最为全面详细的是加拿大的立法与实践，故主要以加拿大孤儿作品强制许可制度为对象展开分析评价。该制度自 1990 年开始运行直至 2020 年年末，共计作出 325 次许可决定和 33 次驳回申请决定。本文中的数据皆统计自这段时期。

先，由申请人填写格式申请书，内容包括：申请人或其代理人的身份信息与联系方式；欲申请使用的版权客体的各项已知信息，如客体类型、名称、是否已出版发行、作者及其基本情况、出版发行的年份、发行商等；预申请使用作品的方式；对使用计划的具体阐述；希望取得许可的时间与许可使用的时间；为查找权利人所做的努力与结果；其他相关信息。委员会对收到的申请书与相关材料进行审查，原则上于 45 日内审查完毕作出决定。委员会就是否准予许可所作的决定是不可复议的，如果申请人对结果不服，可以提请司法机关审查——现实中尚无此种情况。

一、孤儿作品强制许可制度的主要内容——以加拿大法律实践为例

（一）审查内容

《加拿大版权法》第 77 条第 1 款规定，在付出合理努力仍无法查找到权利人的情况下，使用者可就以该法第 3、第 15、第 18、第 21 条所规定的方式使用（已发行的作品、已固定的表演、已发行的录音制品及已固定的传输信号等）提出强制许可的申请。据此，委员会在决定授予许可前，必须对以下内容进行审查。

其一，使用对象仍在著作权保护期内。这是孤儿作品概念的应有之义。如果已逾保护期，则无须许可即可自由使用。实践中基此驳回的申请占驳回总数的 33%（33 项中有 11 项）。

其二，使用对象须满足"已发行"或者"已固定"的要件。这一要件的设定，在保护作者公开作品的意愿和隐私等人格利益的同时，也保障了权利人通过出版发行作品、录音制品获取经济利益的可能。以"已固定"作为对表演者的表演、广播电视节目强制许可的前提，也是基于保障表演者、广播组织通过"首次固定权"获取经济利益的考虑。由于拟使用对象不满足"已发行"要件而导致的驳回占历年驳回申请总数的 51%（33 项中占据 17 项）。

其三，使用方式限于该法第3、第15、第18、第21条所规定的受控行为。其中，第3条规定了复制、发行、改编、翻译、摄制、公开表演、公开传播、出租等若干种版权的受控行为；第15、第18、第21条分别规定了表演者权、录音制品制作者权和广播组织权的受控行为。而不适用强制许可的作品使用行为则包括以下3类：第一类是"非侵权性的作品使用行为"。这主要是指微量或非实质性使用。基此被驳回的申请占总数的9%（33项中有3项）。第二类是"构成合理利用（fair dealing）的行为"。加拿大沿袭了英国的合理利用制度，允许为研究和学习、批评或评论、新闻报道等目的，不经权利人同意且无须支付报酬而使用作品。基此被驳回的申请占总数的3%（33项中有1项）。第三类是"其他条款规定的受控行为"。例如，该法第27条所规定的"平行进口"行为虽为版权控制的行为，但如果就孤儿作品实施平行进口，则不适用有关强制许可的规定。

其四，经合理努力查找而无果。"查找无果"包括权利人身份无法确认和虽能确认身份却无法取得联系两种情形。立法者未就"合理努力"作出明确界定或评判标准，而是将认定"查找是否达到合理努力程度"作为一项个案审查事项，将裁量权授予了版权委员会。从后者多年的实践来看，与"合理努力"判定相关的因素包括但不限于：①申请者的身份性质；②使用方式是否具商业性或营利性；③权利客体的类型；④已知的作品权利信息；⑤作者或其他权利人是否健在；⑥相关信息能否从公开来源获取等。

（二）强制许可的主要内容

如果版权委员会经审查决定授予许可的，应当在决定书中就许可使用的条件作出规定，主要条款见表4-2。

表 4-2　加拿大孤儿作品强制许可的主要许可条款

主要许可条款	许可条款内容			
许可效力条款	明确规定该许可为非排他性许可。			
	明确该许可原则上仅在本国范围内有效。			
	明确该许可是否具有溯及力，即是否对许可作出前已经实施的使用行为进行追认。			
许可期限条款（关系到权利付酬请求权的行使时效）	可以明确设定许可到期日，也可以作品的版权保护期截止日为许可到期日。			
许可费条款	许可费的金额及计算	定额许可费。		
		定率许可费。		
	许可费的给付	给付时间	一次性预付。	
			定期计付。	
		给付对象和方式	直接向权利人给付。	
			向指定的集体管理组织预付，再由后者向权利人转付。	
署名和标注义务条款	为已知的作者署名。			
	在复制件上或者（表演等）使用场合标明，此系依据孤儿作品强制许可而作的合法使用。			
停止使用请求权条款	原则上，权利人复出后只享有限期的报酬请求权，无权要求被许可人停止使用。			
许可生效条款	以被许可人履行许可费给付义务（由集体组织开出预付款付讫证明）为生效条件。			
	以被许可人保证履行许可费给付义务（被许可人签署保证书）为生效条件。			

二、以"强制许可"解决孤儿作品使用难题的利弊分析

（一）优点

总体来说，这种模式具有以下四方面优点。

第一，基于强制许可而实施的使用行为合法确定性极强，有利于保障

使用者的投资。使用者（即申请人）在取得许可后实施的使用行为是合法行为；从保护合法使用者的信赖利益出发，即使权利人在时效期内出现，也不得就尚在许可期限内的使用行为主张停止使用，而仅得主张获得许可费。这有助于鼓励商业性使用和创造性使用等前提投入较大的使用活动。加拿大版权委员会前主席 Mario Bouchard 就曾用"保单"（insurance policy）来喻指强制许可对作品使用者的责任风险保障意义和效果。[1]

第二，该模式的覆盖面广，适用于各类型的作品使用方式和大部分权利客体，不排斥商业性、营利性使用。不过，使用对象的种类、使用方式和性质等因素还是会影响审查机关对使用者的事前查找是否足够合理、勤勉的判断，并影响到有关许可条款的设定——最重要的就是许可费的给付方式与金额（或费率）。

第三，审查程序比较灵活，审查机关有较大的自由裁量权，有利于保障结果的公平合理性。首先，强制许可的程序规则有别于普通诉讼程序。就加拿大版权委员会而言，它在审查中不必严格恪守司法证据规则，可以更加灵活地引入各种相关证据、运用推定和心证等技术得出结论。其次，审查机关拥有较大的自由裁量权。例如，加拿大版权委员会具有最终决定权——即使申请人已满足前述法定要件，版权委员会也不是必须授予许可，其有权在法定要件之外基于利益平衡的考量作出决定，[2]避免因法律规则与现实状况脱节而导致个案中的决定结果有违孤儿作品使用制度的旨趣。[3]再次，可以通过对许可条款的设计来平衡使用者与权利人的利益。

---

[1]　BOUCHARD M. The Canadian Unlocatable Copyright Owners Regime[Z]. Copyright Board of Canada: Bridging Law and Economics for Twenty Years, 2011: 153.

[2]　加拿大版权法第77(1)条的表述是版权委员会"可以 (may)"而非"应当 (shall)"授予许可，这意味着议会授予版权委员会以最终决定权。

[3]　加拿大版权委员会曾在一件许可决定书中指出，"对明显与现代加拿大社会利益相悖的使用目的，纵然可能得到权利人的支持，也不应予以许可"。Copyright Board of Canada. File: 2004-UO/TI-33, https: //cb-cda. gc. ca/unlocatable-introuvables/licences/156r-b. pdf.

这一点在加拿大版权委员会的实践中十分突出。例如，申请人欲使用孤儿作品为素材拍摄纪录片，由于投资巨大，使用者不能满足于仅在短期内使用，对此，可以将许可期限的截止日设定为作品著作权保护期届满之日，从而赋予使用者长期使用许可。又如，版权委员会在对一桩申请授予许可的决定书中指出，尽管申请人在提交申请时已先期对使用对象（一本"二战"士兵传记中的片段）进行了改编并摄制为电影的一部分，但目前该片尚未公映。且"申请人已经取得了其他所有版权素材的权利人的授权，没有理由认为如果自传的权利人面对许可请求会做出相反的决定"，因此基于立法授予的自由裁量权，决定对已经发生的使用行为追授许可，使之免于侵权责任。[1]

第四，强制许可模式保障了权利人的经济利益。利益平衡要求审查机关必须保障使用者的合法权益，协助推动作品利用与传播，提高公共文化福利。同时，也要保障权利人的利益，不使其因"缺席"而受到不公平对待。这种保障主要体现在两个方面：其一，由审查机关经过个案审查而作出的决定，能够较好地贯彻孤儿作品制度的立法意图，维护权利人的利益；其二，审查机关可以在许可费条款中要求被许可人向指定的著作权集体管理组织（或其他指定机构）预付许可费，以防止其将来丧失支付能力或者拒不支付。近年来，随着不同作品类型相继建立了本行业的著作权集体管理组织，委员会大多采取"预付－转付"的形式。其优点在于保障了权利人的付酬请求权不至落空，而且便于其主张权利——向单一的资金管理主体行使请求权，比直接向使用者行使请求权更为便利，成功率也更高。

（二）不足

该模式也有若干为人诟病的不足之处。

第一，社会成本较高，运作效率较低。此处的社会成本包括使用者因

---

[1] Copyright Board of Canada. File: 2004-UO/TI-33, https: //cb-cda. gc. ca/unlocatable-introuvables/licences/ 156r-b. pdf.

利用该制度所需的私人成本，以及政府创设和运行这套制度所需的成本。在强制许可模式下，许可的取得以申请人履行了"合理努力的查找"、提起了申请以及审查机关履行审查决定职能为前提，对海量作品使用者来说，逐件查找会导致总体使用成本增高，难度加大，就海量作品许可费进行事先预付也可能带来不小的财务负担。换言之，这种利用模式对交易成本的控制主要体现在以法定安排代替私人协商，而非信息搜索成本方面——使用者无法回避查找。鉴于此，许多学者认为，海量作品数字化及网络传播的使用主体，遭遇孤儿作品的概率远远大于其他使用者，查找成本负担是一个不容回避的现实问题。即使谷歌、亚马逊等大型网络服务提供商有能力负担这种成本，但是以图书馆、档案馆为代表的公共文化机构却会面临不小的压力。不过，凡以"事前查找"为特征的孤儿作品使用模式，如欧盟"权利限制"模式、美国"责任限制"模式也都存在逐一查找的问题。强制许可在这方面并不特别"糟糕"。

在效率方面，官僚机制的确可能存在运行低效的问题。由于加拿大式的强制许可模式必须经历"查找—申请—审查—决定"的流程，较之"合理使用 + 责任限制"的美国模式，使用者在合法使用作品之前要花费更多时间。加拿大版权委员会在单次申请中，从收到完整申请材料到作出决定，原则上不超过 45 天，但实践中有时耗时短于这一规定期限，也有的则远远长于这一期限——造成耗时较长的原因绝大多数源自申请人提交的材料不完整，被退回补充；也有的是因为申请人不清楚要以何种努力程度进行查找，在版权委员会的建议和协助下，申请人又进行了补充查找。因此，对于有着大规模作品数字化需求的使用者来说，不仅要考虑查找权利人的费用，而且要充分预计从申请到取得强制许可的时间，对使用计划作出合理安排。

第二，许可费定价机制不理想。对强制许可价格机制的批评主要来自美国《孤儿作品报告》。该观点认为，如果存在有效运作的市场，那么，由双方自主协商达成的价格相较于由第三方确定的价格，更能反映标的的真实价值和市场规律，故应尽可能地推动使用者与权利人的自行协商，而非由第三方代替权利人设定许可费。而由第三方设定许可费可能存在作品内在价值与定价偏离的问题——实践中往往表现为定价过高。例如，加拿大版权委员会在确定许可费时会要求相关集体管理组织提供最近的许可收费标准信息，若尚未建立相关集体组织，则会参考类似客体的近期一般市场收费水平。孤儿作品的价值普遍较低，依据非孤儿作品市场价格进行定价，会导致作品使用成本偏高。[1]

第三，预付许可费可能导致不合理、不公平。如前述的强制许可制度优点第四项所指出的，该制度往往将许可费的实际交付（预付）或者提存作为许可生效的条件与合法使用的前提，以防止权利人事后现身主张权利时，使用者无力支付或者拒不支付。但从另一方面来看，这意味着在权利人实际缺位的情况下，使用者依然会被课以支付许可费的义务。不仅如此，为提高运作效率，加拿大版权委员会不强制集体管理组织将收到的许可费交第三方账户托管，而是允许其自行管理，并可以有利于其成员利益的方式运用该笔资金；只要保证许可费的公开透明，且当权利人在时效内行使报酬请求权时，能够及时足额地转付相关费用即可。这意味着，使用者要预支许可费，即使权利人事后未在时效期限内主张权利，也不予返还。[2]版权委员会表示，该费用将被用于补偿集体管理组织为协助查找、出具证明等花费的成本。这被认为是强制许可模式的一个缺陷，也是美国与加拿大在孤儿作品制度模式选择上的重大分歧。

---

[1] Register of Copyrights. Report on orphan works[R]. Washington: U. S. Copyright Office, 2006: 11.

[2] 在实践中，有一部分集体管理组织在权利人逾期主张时仍自愿给付。

第四节　"合理使用＋责任限制"模式

一、"合理使用"：美国版权法的开放性规定与司法实践的精髓

各国著作权法均包含不同数量与程度的"权利的限制与例外"规定，其目的是在特定而有限的条件下，缓和版权的排他性，兼顾权利人之外的主体的利益需求，以便实现版权法的宗旨——增进社会整体文化福祉。在"权利的限制与例外"中，"最彻底的一种当属自由无偿使用"[1]。严格来说，自由无偿使用的立法模式主要有三种；"合理使用"只是对其中一种模式的称谓，这种模式是美国版权法所特有的。我国学术界和实务界长期以来用"合理使用"一词指称"自由无偿使用"，造成这一概念因与原生法律体系相脱离而变得有名无实，甚至存在理论和实务上对法律所作的解释偏离立法本旨的危险。[2] 不过，我国著作权法在第三次修订过程中，已对封闭式列举的"合理使用"规则进行了较大的修订，增加了原则性条款和兜底条款，弥补了现行法灵活性不足的缺陷。从规则体系的开放性程度与解释规则来说，立法修订后比较接近于英国、加拿大等国采用的"合理利用"模式，但还远未达到美国合理使用模式的开放性程度。

（一）合理使用抗辩在孤儿作品使用情形中的运用

过去数年来，合理使用一直被视为大规模孤儿作品数字化使用的"一根救命稻草"，因为版权法中尚无专门的孤儿作品使用规则，同时，现

---

[1]　李琛. 著作权基本理论批判 [M]. 北京：知识产权出版社，2013: 195.

[2]　李琛. 著作权基本理论批判 [M]. 北京：知识产权出版社，2013: 197.

行的"权利与例外"规则不足以庇护这类使用。[1]一些版权法学者和公共文化服务业界人士力主在合理使用框架内解决孤儿作品的使用和传播难题[2];图书馆和档案馆等行业协会通过钻研法条与判例,结合实践经验编撰了"最佳实践"指南,为业内人员的合规性使用提供指导和建议,以便在卷入侵权纠纷时最大限度地借助合理使用来保障自身利益。[3]

美国版权法第107条前半部分,列举了诸如批评、评论、新闻报道、教学、学术或研究等目的而不经权利人同意使用版权作品;后半部分为指引法院如何判断合理使用而规定了以下四项因素:使用目的与特点、版权作品的性质、使用部分的数量和实质重要性在整部版权作品中所占的比重以及使用行为对版权作品的潜在市场或价值的影响。不论是合理使用目的还是考量因素都仅具有提示性、参考性,而非限定性,也不必然对结论具有决定性影响。[4]

在"四项因素分析"框架内,与孤儿作品使用的合理性认定关系较为密切的是第一、第二和第四因素。

[1] 美国版权法关于"权利限制与例外"的规定体现在第108~122条,包括图书馆与档案馆复制、临时复制、教学使用、宗教活动中使用、慈善表演等,这些条款对适用条件有严格限制和详细规定。如果被告的侵权行为不能在上述规定中找到抗辩依据,仍可主张第107条所规定的合理使用抗辩。如李明德教授所言,合理使用是"权利的限制与例外之外的抗辩"。李明德.美国知识产权法[M].北京:法律出版社,2015:434.

[2] 因为根据版权法,一旦合理使用抗辩成立,就从根本上宣告了该行为的非侵权性。

[3] Library Copyright Alliance, Response of the Library Copyright Alliance to the Copyright Office's Orphan Works Report, 201; Stanford University Library, Comments on Orphan Works & Mass Digitization Report, 2015. New York Public Library, Reply Comments to Orphan Works and Mass Digitization: Notice of Inquiry, 2013. Statement of Best Practices in Fair Use of Collections Containing Orphan Works for Libraries, Archives, and Other Memory Institutions, 2014.

[4] H. R. Report, No. 94-1476, 94th Cong. , 2d Sess(1976).

  传统上，第一因素主要以"商业性－公益性"和"营利性－非营利性"这两组反对概念来对使用行为的目的和性质进行划分。商业性和营利性对合理使用认定有一定的消极影响；公益性和非营利性是有利因素。在 1994 年的 Campbell 案中，联邦最高法院重新阐释了第一因素的内涵："（该因素）主要考察……被告作品是为了取代原作品，还是为了达致不同的目的或特征而增加新的表达、含义或信息。换言之，它要考问的是新作品是否具有以及在多大程度上具有'转换性'（transformative）。"[1]该先例奠定了"转换性使用"原则在合理使用司法裁判中的核心地位；"转换性越显著，商业性等其他不利因素对结论的影响就越微弱。"[2] "戏仿"（parody）就因为具有显著的转换性而被认定为合理使用。自 21 世纪以来，法院就众多技术性使用作出的合理使用裁判也均以转换性使用理论为法理基础，其中包括与孤儿作品使用关系密切的两个判例——"谷歌图书馆"案和"HathiTrust 图书馆"案。[3] 根据这些判例，为实现文本内容检索和广泛的书籍信息查找功能而对海量馆藏作品进行的数字化复制，以及面向学术群体或公众提供有限的内容展示，具有不同于作品创作初衷的转换性使用目的，并因此创造了巨大的社会效益。由此可知，对目前已知的和未来可能出现的各种孤儿作品数字化使用来说，使用目的越有别于作品的通常创作意图，使用行为的公益性、利他性越强而营利性越弱，则越可能获得合理使用的庇护。

---

[1] Campbell v. Acuff-Rose Music, Inc. , 510 U. S. 578-579(1994).

[2] 转换性使用理论的主要内容是,被告的行为是否构成合理使用主要看其是否实现了价值创造;若仅是对已有作品的重整或再版,无非是原作的替代品;反之,将已有作品作为素材加以改造而产生新的信息、审美、观点或者体悟,也就创造了新的价值,符合版权制度的宗旨——增进社会整体福利。LEVAL P N. Toward a fair use standard [J]. Harvard Law Review, 1990(103): 1105.

[3] Authors Guild v. Google, Inc. , 804 F. 3d 202(2d Cir. 2015). Authors Guild, Inc. v. HathiTrust, 755 F. 3d 87(2d Cir. 2014).

第二因素考察的是作品的性质。法理上认为，有些作品相对更接近于版权所要保护的核心价值。例如，与纪实作品相比，虚构作品的独创性程度更高；与已公开的作品相比，未公开的作品附载了更大的隐私利益和潜在的经济利益。因此，当使用对象为虚构作品或未公开作品时，法院应适当从严把握合理使用的认定标准。不过，转换性使用理论的确立，在一定程度上动摇了传统命题。司法实践表明，应当结合"使用性质和目的"的认定结论来评判"作品性质"因素的合理性。在"谷歌图书馆"案和"HathiTrust 图书馆"案中，被告扫描、数字化并创建索引、无偿开放供网络用户进行文本内检索等使用行为皆以海量馆藏文献为对象，其中包含了纪实和虚构作品，但这并未给合理使用认定造成负面影响——这是由此种技术化使用方式和广泛的信息获取目的决定的。[1]

如果传统的作品性质划分在某些情况下对合理使用认定有决定性意义，[2] 而在另一些情况下保持相对的中立性，[3] 那么"孤儿作品"这一性质则应当成为合理使用认定的显著"利好因素"。Jennifer Urban 教授认为，"孤儿"性质表明该作品当前的市场供给状况和可获取性还不能达到版权制度预期的水平，因此为了实现学术、科研、教学等正当目的，允许图书

---

[1]　Authors Guild v. Google, Inc. , 804 F. 3d 202, 216(2d Cir. 2015). Authors Guild, Inc. v. HathiTrust, 755 F. 3d 87, 97(2d Cir. 2014).

[2]　在 1985 年的"福特总统回忆录"案中，联邦最高法院认为作品的未公开性质对合理使用认定有很强的负面影响。See Harper & Row Publishers, Inc. v. National Enterprises, 471 U. S. 539(Supreme Court 1985).

[3]　除了上述数字图书馆案例外，还包括 A. V. ex rel. Vanderhye v. iParadigms, LLC. 案。该案被告是"学术不端检测系统"的运营商，将送检的学生论文全部收录进自己的比对数据库。论文的虚构性程度不如小说，但也具有很强的独创性。法院认为，允许检测系统运营商建立这样的数据库，才能达到激励原创，遏制抄袭的目的——这一目的与版权制度的目标是一致的。562 F. 3d 630, 638(4th Cir. 2009).

馆等主体对其进行数字化和网络传播是合理的。[1]"孤儿"性质对合理使用认定的积极影响与以往判例中的"绝版作品"类似，甚至超过后者——二者都无法从常规渠道取得，这使未经许可而复制此类作品的行为具有正当性，[2]而绝版作品毕竟曾出版发行，孤儿作品却很可能从未面世。[3]Urban教授还指出，若使用对象为孤儿作品，还应进一步确认该作品的创作动机是否源于对经济回报的追求，又是否会因合理使用而受挫。[4]诸如家庭照片、书信、影像资料等非为经济回报而创作的作品，其史料信息价值可在合理使用认定中占据更大的权重。

第三因素考察"使用部分在整部作品中所占的数量及其实质重要性"。判例法表明，合理使用的内容没有绝对的"量"和"质"的标准；当被诉使用行为具有转换性时，评价标准应适当放宽。一般来说，复制部分比例越高，实质重要性越强，对原作品的替代性就越强。但"谷歌图书馆"案、"HathiTrust 图书馆"案等判例释放的信号是，为了实现转换性使用目的而对大量孤儿作品进行完整复制，不会对合理使用认定结论产生负面影响，因为复制件是实现特定技术功能的必要生产资料，且没有呈现实质内容而成为原告作品的替代品。可见，假如为了"大数据采集和分析""人工智能机器学习"而对孤儿作品进行完整复制，复制部分的"质"和"量"至少不应该成为妨碍合理使用成立的因素。

第四因素考察的是"使用行为对原告作品的价值及其潜在市场的影

[1] URBAN J M. How fair use can help solve the orphan works problem [J]. Berkeley Technology Law Journal, 2012(27): 1394.

[2] 例如，第二巡回上诉法院在 Maxtone-Graham v. Burtchaell 案中指出，潜在使用者是否能够从常规市场渠道取得涉诉作品，对合理使用认定是一个非决定性但关键的因素。803 F. 2d 1253, 1264 n. 8(2d Cir. 1986).

[3] URBAN J M. How fair use can help solve the orphan works problem [J]. Berkeley Technology Law Journal, 2012(27): 1394.

[4] URBAN J M. How fair use can help solve the orphan works problem [J]. Berkeley Technology Law Journal, 2012(27): 1398.

响"。联邦最高法院指出,权利人可主张利益保护的"相关市场"只能是"传统的、常规的"市场,是使用者能够以合理价格取得授权的市场。[1] 孤儿作品自身的特殊性在于,其存在标志着著作权市场的完全失灵。[2] 如有证据表明被告经勤勉查找仍无法确认权利人身份或者找不到其联系方式,就意味着涉诉作品的著作权市场因为自始缺少一方当事人而无法形成。"市场不存,利益焉附?"当使用对象为孤儿作品时,任何有关作者或出版商市场利益的担忧都是无的放矢。Stevens 大法官在"Sony 案"中指出,对非商业性使用而言,必须有足够多的优势证据证明会给权利人的潜在市场利益造成损害,否则没有必要为了保护抽象的创作动机而阻碍思想的自由交流。[3] 因此,当孤儿作品使用发生在非营利性的教育、研究活动中,或者其他具有明显公益性、可带来巨大社会效益的活动中时,利益权衡的结果会更倾向于使用者一方。

综合以上分析,可以笼统地认为,公共文化机构对馆藏孤儿作品进行数字化复制并进一步用于非营利性的转化性目的的行为,主张合理使用抗辩有一定的胜算。当然,在具体个案中,相关因素对结论的影响可能随着时间、技术、市场等条件变化而有所不同。

（二）以合理使用解决孤儿作品使用难题的局限性

合理使用是侵权抗辩规则,属于事后分析,以对个案事实的审查和确认为基础,其自身的开放性规则结构也为法官具体判断使用行为的合理性,通过解释法律扩张合理使用内涵留下了很大空间;较之大陆法系国家封闭式的合理使用立法,更能有效地保障个案结果与著作权法目标的契合性。

---

[1] Campbell v. Acuff-Rose Music, Inc., 510 U. S. 569, 592(1994). Harper & Row, Publishers, Inc. v. Nation Enters., 471 U. S. 539, 568(1985).

[2] URBAN J M. How fair use can help solve the orphan works problem [J]. Berkeley Technology Law Journal, 2012(27): 1403.

[3] Sony Corp. v. Universal City Studios, Inc., 464 U. S. 417, 450-51(1984).

一旦某一使用行为被法院认定行为构成合理使用，则"不构成侵权"，具有了合法性，而不仅仅是在侵权责任方面得到减免。

但仅靠合理使用无法为孤儿作品使用难题提供可靠的出路。合理使用作为解决孤儿作品使用难题的对策，存在以下局限性。

第一，作品使用行为法律后果的不可预期性。合理使用的开放性虽然使之能够自足、灵活地应对社会关系的新变化，但是灵活性过强则有损于确定性；当事人难以预料作品使用行为的后果，可能导致本可自由使用的当事人因担心被诉甚至败诉转而寻求不必要的许可，[1] 助长了美国版权产业中的"授权文化"。"美国式的合理使用并不如人们想象的那样一定有利于社会公众。"[2] 不过，司法实践中类型化判例的增加，为使用者提供了可循的模式。例如，自21世纪以来，有为数不少的案例，将技术服务提供商以实施信息检索为目的而对大量作品进行完整数字化复制存储的行为确认为合理使用。又如，有学者通过实证研究发现，转换性使用理论不仅主导了合理使用第一因素层面的分析，而且从整体上影响案件的结果；凡是被法院认定具有转换性目的或特点的使用行为，最终均成立合理使用，而凡是被认定为不具有转换性或者仅具有"微量""些许""部分"转换性的使用行为大多不成立合理使用。[3] 而所涉作品皆系绝版作品、无法通过常规渠道合法获取且权利人无法查找到，也被认为是作品性质方面的利好因素。基于此，美国的图书馆、档案馆等文化机构在实践中将合理使用判例中提炼出的经验作为最重要的操作指引。

然而，合理使用毕竟是一般的抗辩规则，而非立法者专为孤儿作品使

---

[1]　李琛 . 著作权基本理论批判 [M]. 北京 : 知识产权出版社 , 2013: 204.

[2]　李琛 . 著作权基本理论批判 [M]. 北京 : 知识产权出版社 , 2013: 204.

[3]　BEEBE B. An empirical study of U. S. copyright fair use opinions, 1978−2005[J]. University of Pennsylvania Law Review, 2008(156). SAG M. Predicting fair use [J]. Ohio State Law Journal, 2012(73). Netanel N W. Making sense of fair use [J]. Lewis & Clark Law Review, 2011(3).

用行为量身打造的"权利的例外"。现实中的孤儿作品使用者显然不光是图书馆、档案馆，利用对象也不仅限于文字或图片，一旦超出"海量作品数字化"的语境，相关司法先例的适用性与拘束力都将受到极大限制。[1]换言之，既有判例中确立的特定使用模式很难为潜在的各种各样的孤儿作品使用方式提供可靠的庇护；如果使用者不加区分地一概援引合理使用加以抗辩，其诉讼结果将存在很大的不确定性。

第二，以合理使用解决孤儿作品的使用难题，不可避免地会产生诉讼成本。既然合理使用属于对抗权利人侵权指控的"积极抗辩"，必然与司法程序有着内在的逻辑联系；合理使用抗辩的主张和审查通常发生在诉讼的实质审查阶段，因此对被告来说，诉讼费和律师费等成本在所难免，只能在取得胜诉后向败诉的一方主张补偿。在诉讼结果不明朗的情况下，这些费用显然增加了被告应诉的风险，后者可能迫于压力而放弃应诉，寻求和解。

第三，合理使用这种解决孤儿作品使用难题的路径是其他法域难以仿效的。美国的合理使用理论是"自成一派的（sui generis）"，其弹性特点是其他普通法系国家的"fair dealing（合理利用）"和大陆法系国家的"exception of copyright"（权利的例外）所不具备的。[2]可以说，严格意义上的"合理使用"是美国版权法特有的概念。依靠在侵犯版权的诉讼案件中适用合理使用原则来解决孤儿作品使用难题，这种做法只在美国版权

---

[1] 在英美法中，"从宏观上看，判例法是法律之确定性的承载者，制定法则充当着保证法律灵活性的角色。"判例一经作出，其中包含的法律原则便具有普遍拘束力，但这种拘束力仅意味着让相同的情况得到相同的处理；"判例法的大部分原则乃是针对具体案件创立的特性使其概括性较低"，这成为"维持法律的确定性"的"牢固基础"。徐国栋. 民法基本原则解释：诚信原则的历史、实务、法理研究 [M]. 北京：北京大学出版社，2013: 310–311.

[2] PARTRY W F. The fair privilege in copyright law [M]. BNA Books, 1995: 589–590. 李琛. 著作权基本理论批判 [M]. 北京：知识产权出版社，2013: 197.

法制度下才具有较强的可操作性，难以同国际上其他国家／地区的著作权法律制度相衔接与协调。此外，从其本土的司法实践来看，这种模式也无法为非数字化的作品使用方式提供稳定的、可预期的合法化出路。

就在联邦最高法院正式宣告《松尼·波诺法案》不违反宪法之后[1]，美国国会不得不承认，由于版权保护期的延长而导致孤儿作品问题日益严峻；其下属的知识产权委员会则致函美国版权局，敦促其就孤儿作品问题开展立法调研，并要求其在提交的调研报告中特别就国际协调、数据库创建和文化机构的作品保存等问题予以研究和解决。联邦版权局在2006年版的《孤儿作品报告》中明确提出，修订版权法是解决孤儿作品使用问题的必由之路。

二、"责任限制"：制定法上增设的"孤儿作品使用者"抗辩

早在2006年美国联邦版权局就发布了首部孤儿作品报告，其中包括为解决孤儿作品问题而起草的立法建议稿，即2006年版《孤儿作品法案》[2]，但未被列入国会议程。2008年版权局又向国会递交了新的立法建

---

[1]　Eldred v. Ashcroft, 537 U. S. 186(2003). 申请人 Eric Eldred 是一家网站经营者，专门对版权保护期届满的作品进行数字化并向公众提供复制件。1998年《松尼·波诺法案》颁行后，当时保护期尚未届满的作品均获得了额外的20年保护期，这意味着到2017年以前都不会有作品落入公共领域，Eldred 的网站在这段时期内将无法获得新的素材。故，Eldred 及其他依赖公共领域素材的商业、非商业主体联合起来，向法院提出违宪审查请求，请求法院认定该法案违反了美国宪法第8条"知识产权条款"的"有限时间"限制，并侵犯了申请人就宪法第一修正案所享有的言论表达自由权利。See Eldred v. Reno, 74 F. Supp. 2d 1(D. D. C. 1999)(No. 01–618), 1999 WL 33743484, at 16, 24–25; Eldred v. Ashcroft, 537 U. S. 186(2003), at 193. 不过，联邦最高法院最终根据少数服从多数的规则判决该法案不违宪。

[2]　Orphan Work Act of 2006, H. R. 5439.

议稿[1]，并经修改后形成了《肖恩·本特利法案》[2]，提交参议院表决获得通过，然而最终在距离成为正式法律仅一步之遥的众议院表决中失败。此后，立法活动进入一段低潮期。自 2011 年以来，几起关于海量图书数字化的重要诉讼案重新引发了业界对孤儿作品问题的关注和热议。[3] 自 2012 年至 2014 年，美国版权局数次以座谈、致函等形式，就孤儿作品立法向权利人、使用者及其集体组织等利害关系者和专家学者征求意见，并于 2015 年发布了新版的孤儿作品报告——《孤儿作品与海量数字化》，提出了第三度修改后的立法建议稿。

从历次的孤儿作品问题立法调研报告和法案内容来看，联邦版权局的基本立法思路并未改变，始终是在现行版权法第五章"侵权与救济"中增加一节，赋予孤儿作品使用者以"责任限制的抗辩权"，对符合条件并完成举证责任的被诉使用者给予"限制赔偿数额"和"排斥适用禁令"的优遇，以此实现化解授权障碍、鼓励大胆使用的立法目标。联邦版权局主导的这套解决孤儿作品使用难题的模式与前述几种制度模式相比，有两个根本差异：第一，它并不试图将孤儿作品使用者的行为合法化，换言之，除非构成合理使用，否则该使用行为仍构成侵权，只不过可以利用法定的抗辩事由获得责任上的减免；第二，使用者提出的抗辩是否成立，能否获得责任限制的处遇，要依托于诉讼程序，由法院进行个案的事后的审查——这点与合理使用抗辩的运用和审查方式一致。

美国立法建议稿确立的"责任限制"模式，在内容上由"使用条件"和"法律后果"两部分组成，以下将分别阐述。

---

[1] Orphan Work Act of 2008, H. R. 5889.

[2] Shaw Bentley Orphan Work Act of 2008, S, 2913.

[3] 主要包括 2012 年的 Authors Guild, Inc. v. HathiTrust, Inc. 案、Cambridge University Press v. Becker 案和 2013 年的 Authors Guild, Inc. v. Google Inc. 案等。

（一）"孤儿作品使用者"抗辩的成立要件

使用者必须满足以下法定要件，方可在被权利人提起侵权之诉时主张适用孤儿作品法案赋予的责任限制。

第一，使用者实施了诚信的合理勤勉查找。查找应当先于作品使用行为，这是诚信的主要体现。原则上，使用者应当亲自实施查找，在某些情况下，也允许使用者合理地借助于他人在先实施的查找努力以节约成本，提高查找效率。此外，使用者还应当就其履行了诚信的合理勤勉查找义务承担证明责任。

第二，使用者应当在基于孤儿作品制作的复制件上以及在公开传播、展示或表演孤儿作品的场合中，以适当的方式为已知的作者署名并标注其他已知的权利信息。这样一来，权利人更容易察觉自己作品的被使用情况，反过来与使用者取得联系，提出权利主张或者就后续使用展开协商。毕竟，为市场交易创造机会和条件，尽可能促成使用者与权利人之间的自主协商，是美国孤儿作品立法的基本目标。同时，署名和其他标注的信息也向公众提示，该作品的版权并非属于使用者，也表明使用者没有侵占他人劳动成果的意图。这是法院在评估是否应当限制禁令救济的适用以保护使用者的信赖利益时所需考量的因素。

联邦版权局在调研中发现，即使是愿意将作品授予他人免费传播或用于再创作的作者通常也不会轻易放弃署名要求 [1]，故历次孤儿作品立法建议稿及议案中均设有此项要求。

第三，使用者依法进行了"使用声明"备案。2008 年，版权局提交给国会的议案一度包含"使用声明"条款（notice of use），但在修改后的《肖恩·本特利法案》中被删去了。联邦版权局局长 Maria Pallante 认为，正因为

---

[1]　Register of Copyrights. Report on orphan works[R]. Washington: U. S. Copyright Office, 2006: 111.

使用声明条款的缺失引起权利人方面的不满,导致该法案功亏一篑。[1]2015年的立法建议稿重新加入了这一规定,要求版权局的登记机构创建一个使用声明备案体系。备案事项包括:①拟使用的作品类型;②对作品的描述;③查找过程与结果的简述;④其他已知标记或信息;⑤使用者取得该作品的渠道;⑥对使用者已履行适当查找义务的认定;⑦使用者的姓名/名称以及拟使用作品的方式。

该条款在立法过程中的几经反复表明利害关系人对该项义务的课以与否存在较大分歧。从权利人角度来说,课以使用声明义务符合其利益。他们认为,尽管法案将事前勤勉查找义务的履行作为限制使用者侵权责任的必要条件,但仅凭该规定本身无法保证使用者自觉进行查找。因为只有当权利人提起诉讼,双方进入司法程序后,使用者才需就查找过程与结果进行举证;如果权利人现身的概率不大,使用者就会心存侥幸,逃避履行查找义务,而权利人要凭一己之力发现这些分散、隐蔽的使用行为也着实困难。是故,有必要实行使用声明备案制,一方面将备案记录作为事后认定查找义务履行与否的证据,杜绝侥幸和事后补造查找记录的可能;另一方面,将使用声明在网站上进行公示,方便权利人及时了解作品的使用情况,这是对署名和其他信息标注义务的补强。

反对课以使用声明义务的意见也不无道理。首先,作品使用信息的披露与使用者对使用计划的保密需求之间存在矛盾。虽然使用声明中各项内容描述得越精确,系统的公开访问度越高,越便于权利人查找自己的作品,也就越可能促成权利人与使用者联系和协商许可事宜,不过,详细披露使用计划也会招致跟风、模仿、"搭便车",妨碍使用者在市场竞争中取得先行利益。其次,作品信息披露与作品的不公开要求之间存在矛盾。不以文字符号为表现形式的作品,例如仅有旋律而无歌词的音乐作品、无题的

---

[1] PALLANTE M A. Orphan works, extended collective licensing and other current issues [J]. Columbia Journal of Law & the Arts, 2010(34): 30.

视觉艺术作品等，难以用其他表现方式加以描述，换言之，除了展示作品的全部或要部以外，无法使信息披露达到足以使权利人识别和知悉被使用作品的程度。但过多展示作品内容，又可能违背作者或者权利人不公开作品的意愿。再次，以图书馆、档案馆等为代表的使用者认为，法律设置了责任减免的条件后就应当允许他们自行权衡利弊得失，决定何时、是否履行查找义务并换取事后的责任减免；许多著作权人实际上已经缺位，查找只是徒具形式而无实际效用，如果要在使用声明中就每件拟使用作品的基本信息进行描述，必然给大规模使用造成负担，耽误作品使用计划的进展。最后，如果将备案内容作为事后诉讼中认可的证据，一旦使用者提交的记录内容不完整或描述不准确，反而会使诚信的使用者陷入不利境地。

在充分考虑支持与反对两方面意见的基础上，2015 年法案作出一定的调整与妥协，在保留使用声明备案规定的同时只要求使用者对作品进行粗略的描述。

第四，除了以上实体性要件外，被告还必须在首次因侵犯该作品版权而进行的民事诉讼程序中主张"孤儿作品使用者"抗辩，在首次证据开示程序中提交与抗辩事由相关的证据。[1] 这一抗辩才能得到法院的考虑。

（二）"责任限制"的具体形式

只要使用者满足上述实体性和程序性要件，那么当孤儿作品权利人现身并就使用行为提起侵权之诉时，使用者就可以享受法案所赋予的责任限制待遇。责任的限制分为对金钱责任的减免和对禁令救济的限制，以下分述之。

1. 对金钱责任的限制

（1）以"合理补偿"代替传统计赔方式

根据美国版权法第 504 条，被判定侵权成立的被告应向原告承担赔偿

---

[1] Register of Copyright. Orphan works and mass digitization: a report of the register of copyrights[R]. Washington: U. S. Copyright Office, 2015: 56.

责任，原告可以在以下两种计算方式中择一适用：一种是侵权行为给权利人造成的实际损失以及因侵权行为而产生的、任何未计入实际损失的利润，另一种是法定赔偿。

适用第一种计赔方式时，原告必须就其实际损失——又分为销量损失或者许可费价值，以及被告因侵权而获得市场收益进行举证，由于原告通常难以取得被告的销售记录和其他材料，故存在举证困难；法定赔偿则不失为权利人的一个便利选择。鉴于以上两种计赔方式的适用顺序相同，权利人可以在法官作出裁判之前视实际情况，弃前者而选择适用后者。[1]

法定赔偿是由法院在法定额度内根据个案情况确定一个合理的赔偿数额。当前，原则上的法定赔偿额度为每件作品 750 美元以上，3 万美元以下 [2]；如果被告故意侵权成立，赔偿额度的上限将提高至 15 万美元；反之，若法院认定被告系无过错侵权，则可将最低赔偿额降至 200 美元。[3] 可见，法定赔偿不仅具有填补损害的基础功能，而且可基于赔偿额度的弹性实现惩罚和阻吓恶意侵权，宽容无过错侵权的衡平功能。[4]

同时，根据美国版权法第 505 条，法院有权在侵权损害赔偿金之外判决任一方向相对方（除美国政府及其雇员之外）补偿诉讼费用；律师费可以作为诉讼费用的一部分，由败诉方赔偿给胜诉方。

通说认为，严厉的法定赔偿是美国版权法对侵权者尤其是故意侵权者的最有力的威慑；许多情况下，不菲的律师费和诉讼费也会给当事人带来巨大压力。因此，对法定赔偿和补偿律师费两项金钱责任加以限制，将在很大程度上缓解使用者，尤其是个人、公共机构等非商业使用者以及

[1] 易继明，蔡元臻. 版权蟑螂现象的法律治理：网络版权市场中的利益平衡机制 [J]. 法学论坛，2018(3): 14.
[2] 美国版权法第 504 条 (c)(1)。
[3] 美国版权法第 504 条 (c)(2)。
[4] 李明德. 美国知识产权法 [M]. 北京：法律出版社，2015: 406.

大规模作品使用者对高额赔偿的顾虑。[1] 根据立法建议稿，即使被告的行为构成侵权，原告也不能主张适用传统的"实际损失 + 侵权利润"或者"法定赔偿"这两种常规计赔方式，仅可获得"合理补偿"（reasonable compensation）[2]，具体数额由法院裁定。原则上，合理补偿的数额应当与双方在事前（假设的）协商过程中所能达成的许可费接近或一致。具言之，法院在裁量许可费数额时，应当以最近侵权行为发生之前为时间点，由原告应就其在类似情况下、对同类型作品、向同类使用者授予许可时达成的许可费水平或者市场价值进行举证；防止原告在侵权发生后"坐地起价"，从事前无法预见的侵权使用所增加的价值中获利。同时，版权局建议合理补偿由"一笔固定数额的补偿外加一笔使用费抽成"构成，防止在孤儿作品的商业性使用取得巨大成功的情况下，作品权利人与使用者之间的利益发生严重失衡。[3]

（2）"合理补偿"的免除

2015 版立法建议稿还在上述金钱赔偿责任限制规则的基础上增加了一项"安全港"规则，使符合法定条件的非商业性孤儿作品使用者得以完全免于承担金钱赔偿责任。此项"安全港"规则仅适用于教育机构、图书馆、档案馆、博物馆和公共广播电视机构等非营利性机构，且这些机构必

---

[1]　理论上说，孤儿作品的使用者一般是在查找权利人无果的情况下，对作品进行使用，换言之，是"明知未经权利人许可而使用该作品"，故一旦侵权行为成立，主观方面势必被认定为"故意"，因而面临上限为 15 万美元的法定赔偿。

[2]　"合理补偿"的概念源自司法先例。第二巡回上诉法院法官 Pierre Leval 在 Davis v. The Gap, Inc. 一案中指出，对于诚信地履行了勤勉查找（而无果）的侵权使用者，按"合理许可费"来确定赔偿金额是一种恰当的做法。而在事前（假定的）协商情况下，一旦版权人要价过高，使用者就会转而选择市面上其他替代性作品，因此在这种情况下所能达成的许可费趋于合理。Davis v. The Gap, Inc. , 246 F. 3d. 152(2d Cir. 2001).

[3]　Register of Copyright. Orphan works and mass Digitization: a report of the register of copyrights[R]. Washington: U. S. Copyright Office, 2015: 63-64.

须证明其满足以下条件：①对孤儿作品的使用主要是出于教育、宗教、慈善等公益目的；②在收到权利人的侵权通知后，诚信地对通知内容予以核实，并及时停止使用[1]；③在使用之前已提交了使用声明。如果法院或其他审查机关事后认定使用主体未履行勤勉查找或者其他法定程序，使用者依然可能面临版权法上所规定的各种侵权责任，包括法定赔偿。美国版权局认为，有限的"安全港"规则对于教育机构和文化保存机构积极运用孤儿作品法律制度实现开发利用孤儿作品文化价值的目的至关重要，同时也不会给职业作家和艺术家的创作激励造成损害。

（3）对权利人自愿登记的鼓励

2008年版和2015年版的立法建议稿作了如下规定，即如果作品已在版权局办理了版权登记，但因为某些原因，使用者经勤勉查找依然未能确认权利人身份或者查找到联系方式，而将该作品当作孤儿作品使用的[2]，权利人事后所能主张的合理补偿金额应适当高于未登记的孤儿作品。如此规定的合理性在于，办理了版权登记的作品相较于未登记作品通常具有更高的市场价值——至少其权利人对作品的主观价值有更高的期许；同时，此项规定有助于激励作者、权利人主动办理版权登记，减少孤儿作品的形成。

2. 限制禁令救济的适用

通常，当法院认定侵权成立时，该侵权行为仍在继续的，无论侵权者主观状态如何，法院都会责令停止侵权。对于投资高昂，又很难在不损害演绎作品价值的前提下将被使用作品与原创部分相分离的演绎使用方式，

---

[1]　当然，这些非商业性使用者也可以与作品权利人协商，以支付合理补偿来换取继续使用作品的机会。而"安全港"机制的存在使权利人难以主张不公平的过高的补偿，因为一旦如此，使用者即可放弃协商，选择应诉，而在诉讼中，如果法院认定其满足"安全港"的适用条件，权利人将一无所获。

[2]　例如，对于只有旋律而无歌词的音乐作品或录音制品以及图像、雕塑、视频等视觉艺术作品，目前尚无可靠的检索工具，无法像对待文字作品一样通过输入关键词进行查找。面对海量的登记作品，进行一一比对也极易发生遗漏或者偏差。

禁令始终是"悬在使用者头顶的一颗巨石"。若在电影即将上映时或者小说付梓后发行前夕被课以禁令——尽管这种情况发生的概率较低，往往会给使用者造成难以挽回的巨大损失；风险承受能力较低的或者厌恶风险的使用者很可能放弃使用计划。[1] 而美国是一个影视、音乐、出版产业发达的国家，许多作品不同程度上取材或者改编自先前的作品，解决演绎使用者的后顾之忧对其而言重要性尤甚。这一点自 2006 年年初就获得了广泛的认同，也是历次孤儿作品立法建议稿的核心内容。

根据立法建议稿，即使演绎使用者的行为构成侵权，权利人也无权要求法院颁布禁令，禁止被告继续使用；演绎使用者可以以权利人提告以前的方式继续进行演绎创作并使用创作出的演绎作品，但仍然要向权利人支付合理补偿。同时，出于利益平衡，建议稿中强调"演绎使用"指的是以孤儿作品中的版权表达作为再创作的基础或素材，并添加了大量（significant amount）原创性表达后产生新作品的使用方式。[2]

不过，也有反对观点认为，这样等于迫使原作品的作者和权利人长期甚至永久地忍受冒犯其人格、歪曲其作品的演绎作品大行其道，导致不公

---

[1]　尽管这种具有转换性的再创作使用有可能被法官认定为合理使用而免责，但美国版权法上的合理使用采用开放式的因素主义立法模式，赋予法官极大的自由裁量权限以应对社会和技术的发展变化，但灵活性过强反而导致当事人难以预测行为后果，从而不敢在未经许可的情况下使用作品。宋海燕．中国版权新问题：网络侵权责任、Google 图书馆案、比赛转播权 [M]．北京：商务印书馆，2011: 104.

[2]　立法建议稿中使用了"significant amount""substantial"等表述，强调使用者增加的原创性表达应当达到一定程度，才具备限制禁令适用的资格；反之，也就是排除了原创性程度较低的演绎使用，例如将孤儿作品与其他作品收录汇编为合集或者数据库，而仅仅保护将原作品转换为新作品的再创作式演绎行为。通常而言，后一种使用者付出了更多的智力劳动和物质投资，相应产生了更大的信赖利益，而且其对社会整体文化福祉的价值贡献相对更高，故无论从信赖利益保护还是功利主义的激励理论角度来解释，都有理由为其提供更强的保障。

平、不可取的后果。[1]联邦版权局也承认，如果作者的名誉遭到严重损害，仅靠公平补偿恐怕难以修复。[2]为了弥补这一缺失，2015 年的立法建议稿在"演绎使用不适用禁令救济"规定的基础上补充了一则例外，即如果继续使用演绎作品将有损原作品作者或权利人的荣誉或名誉，而法院认为这种损害无法通过支付合理补偿获得修复的，便可对该演绎作品适用禁令。

对于非演绎使用，法院仍可依据原告的请求作出禁令裁定，不过这并不意味着法院必须或者必然签发禁令。法院应当考察特定使用者是否履行勤勉查找、署名、使用声明等法定义务，是否存在过失，已投入成本大小，判断其是否对于使用对象系孤儿作品形成了合理信赖，并将其信赖利益与权利人的经济利益进行权衡，以决定是否作出禁令。[3]例如，出版商再版了 5000 册孤儿作品图书，截至诉讼前还余 2000 册未售出，法院可以也可能会允许出版商继续销售这部分存货，但禁止其再行印制额外的复制件；而对于信息网络服务提供商联合图书馆对孤儿作品进行复制并在线向公众传播的中介使用行为，法院则可能会支持权利人的禁令请求，因为禁令对此类使用行为的威胁较小，使用者可以在不停止或者改变整个项目的情况下，单独移除有争议的作品。

（三）责任限制模式与合理使用的关系

责任限制模式也是通过立法向使用者提供积极抗辩事由，降低因使用孤儿作品而带来的法律风险。这种"孤儿作品使用者抗辩"不属于侵权抗

---

[1] GINSBURG J C. Recent Developments in US Copyright Law: Part 1-"Orphan" Works[EB/OL]. (2008-09-05)[2016-12-13]. http: //papers. ssrn. com/so13/papers/ cfm?abstract_id=1263361.

[2] Register of Copyright. Orphan works and mass digitization: a report of the register of copyrights[R]. Washington: U. S. Copyright Office, 2015: 68.

[3] 联邦最高法院曾在 2006 年的 eBay 案中指出，下级法院在判定专利侵权后，应当考虑衡平原则，而不是机械地作出禁令——这与版权法上处理禁令的做法是一致的。See eBay Inc. v. MercExchange, L. L. C. , 547 U. S. 388(2006).

辩，而是责任减免的抗辩，即使其符合立法建议稿中规定的实体和程序要件，也不改变其使用行为的侵权性。可见，赋予使用者以"孤儿作品使用者抗辩"虽然没有从法理上撼动著作权法的授权使用法则，但通过限制禁令的适用，事实上将孤儿作品使用权交易规则从"财产规则"转变为"责任规则"，使用者只需遵循法定要件，履行特定义务就可以支付合理补偿为代价使用作品。

采取责任限制模式并不排斥孤儿作品使用者援引《版权法》第107条关于合理使用的抗辩，或者依据第108条专为图书馆、档案馆创设的权利例外规则，第118条允许广播组织为播放节目而进行临时复制的权利例外规则，第120条关于为了施工而对建筑作品进行必要改变的权利例外规则，以及第121条关于为阅读障碍人士制作特殊格式版本等"权利的例外与限制"。

总体而言，合理使用是版权法用以保障公众表达自由的最有力的机制。对于不在"限制禁令救济"范围内的使用行为以及无力承担"合理补偿"的使用者来说，合理使用制度提供的庇护甚至可能是其达成使用目的的唯一途径。

（四）以"责任限制"模式解决孤儿作品使用难题的利弊分析

1. 优点

第一，适用范围广，兼顾不同类型的使用主体和使用方式。责任限制模式能够为符合条件的孤儿作品使用者提供不同程度的"安全港"，防控因权利人事后现身主张侵权而带来的难以预期的损害赔偿、诉讼费、律师费以及因禁令而导致的专用性投资损失。与强制许可制度一样，责任限制模式也是一种"一揽子解决方案"，不排斥特定类型的使用者或用途，也不绝对限制作品的属性（是否公开、是否为外国作品）。由此而言，责任限制模式为现行法上的合理使用抗辩及其他特殊抗辩（如第108条关于图书馆、档案馆的权利例外）提供了必要的补充抗辩机制。

第二，有助于增强对使用者的行为指引性。合理使用虽然也普遍适用于各种类型的使用者、使用方式和权利客体，但合理使用的适用莫不需要借助法官对原则、法理加以阐释，并基于"四因素"对相关事实加以确认和定性，最终还要对各因素层面的结论进行权衡后才能得出结论，缺乏具体的行为模式，不足以作为一种行为规范。而实践中一些行业协会、联盟等为其成员制定的"最佳实践"也只是一种经验总结，只能为成员的业务行为提供参考和建议，不能保证据此行事就万无一失。

在立法建议稿中，对欲援引"孤儿作品使用者抗辩"的被告作出相对具体、可操作的行为指引。使用者可以比较抗辩成立与否对责任形态的影响，再自行权衡侵权使用行为的成本 – 收益，来决定是依法行事，满足各项实体和程序要件，以换取"安全港"的庇护；还是冒着侵权责任风险侥幸妄为。这样一来，责任限制模式无须像强制许可那样设置前置审查，以确保使用者尽到了勤勉查找的义务，而是利用规则自身的"激励兼容"性质，引导使用者自发选择最符合社会利益的行为方式。

第三，能够在一定程度上抑制权利人的机会主义倾向。如果权利人认为使用者很可能具备"孤儿作品使用者抗辩"的要件，他将无法通过诉讼或以诉讼相要挟来获取高额利益。这种情况下，对权利人来说，最优的选择是尽快表明身份并与使用者就后续开发利用作品达成协议。对相关作品来说，也就实现了"去孤儿化"。

第四，降低了成本，提高了效率。与强制许可模式相比，责任限制模式显著降低了制度成本。这种模式直接依托于既有的司法制度，无须创设新的机构负责审查许可和保管转付提存的许可费，也节约了事前逐一审查的行政成本。使用者虽然仍要履行查找义务，但无须经历"申请—审查—许可"手续，也无须预支许可费；由于绝大多数权利人事后并不会现身起诉，因此大部分使用者可能事实上无须支付这笔费用。

2. 不足

第一，该模式是通过创设新的抗辩机制来降低合法使用者的责任风险，而非给予使用者以合法使用的资格。使用者即使依法行事，到头来依然是侵权者。

第二，与合理使用模式一样，"孤儿作品使用者抗辩"的功能发挥也以诉讼的展开和个案审查的结论为基础，而最终结果如何依然存在较大的不确定性。一方面，使用者无法在事前自信地确认自己满足"进入安全港"的条件，因为立法建议稿中未对"勤勉查找"予以界定或者对步骤、方式和查找范围作出具体指引，使用者只能求助于少数行业协会、联盟颁布的"最佳实践"指南，而大多数没有制定业内"最佳实践"指南的使用者只能"摸着石头过河"。另一方面，立法建议稿也没有明确指示法院是否可以就不同性质的使用者、不同类型的作品采用差别化的评判标准，不同法院可能对尺度把握存在差异。

第二，该方案在实践运行中可能发生异化。"该模式的实施须以多数使用者会自觉尽到尽力查找义务为前提，并以惩罚性赔偿为后盾。"[1] 由于缺少事前审查，只要惩罚威慑力有限或者被查获的概率极小，就可能令使用者心存侥幸，逃避履行查找义务，从而将造成诚信的守法者创作、使用成本增加，变相"奖励"了违法者。另外，由于使用后果的不确定性，守法使用者"可能被迫升级查找方案"[2]，经济实力雄厚的使用者为了防范投资风险，将投入较大的成本进行查找，这无形中将推动业内整体查找标准水涨船高，导致未及这一标准的、查找预算有限的使用者被"赶出"市场。

---

[1]　王迁. 孤儿作品制度设计简论 [J]. 中国版权，2013(1): 33.

[2]　邵燕. 孤儿作品著作权问题研究 [M]. 北京：法律出版社，2017: 111.

第五节 对不同制度模式的比较与评析

现对前述四种孤儿作品使用制度模式的主要特征进行归纳与横向比较，如表4-3所示。

表4-3 四种制度模式的对比

评价指标	"ECL"制度	"权利限制"	强制许可制度	"合理使用+责任限制"
查找模式	集体管理组织事后查找	使用者事前查找	使用者事前查找	使用者事前查找
对查找有效性的审查	无	事前由行政机关进行形式审查和备案	事前由行政机关进行实质审查	事后由法院进行实质审查
提存/预付许可费	有	无	有	无
补偿水平	一揽子许可费标准	各国行政主管机关确定的合理补偿	行政机关确定的许可费标准	无须补偿/合理补偿
报酬请求权是否受时效限制	著作权保护期	著作权保护期	许可期限届满起一段时间	诉讼时效
适用/管理成本	低	高（查找-审查）	高（查找-审查）	较高（查找）
制度成本	低	高	高	低/中等
权利人是否可以随时主张停止使用	大部分国家可以	可以	由行政机关决定，原则上许可期限内无权要求停止使用	由法院裁判，原则上限于有实质创新的演绎性使用
适用范围	中等	窄	广	广
在该模式下使用孤儿作品行为的性质	合法	合法	合法	合法/侵权

续表

评价指标	"ECL"制度	"权利限制"	强制许可制度	"合理使用＋责任限制"
使用行为后果的不确定性	中等（受停止使用请求影响）	中等（停用和合理补偿对公共文化机构影响不大）	低	高／中等；抗辩失败所要承担的赔偿、禁令、诉讼费、律师费
权利人实施机会主义行为的成本	低	低	中等（限期主张报酬请求权；许可期限内一般不停止使用）	中等（权利人也要承担诉讼成本和败诉风险）
权利人事后机会主义水平（综合成本－收益）	中等	低	低	中等
对中介性使用是否友好	友好	不友好（查找－审查成本较高）	不友好（查找－审查成本较高）	较友好（但有应诉成本）／不友好（查找成本＋应诉成本）
对创造性使用是否友好	基本不适用于创造性使用	不适用于创造性使用	友好	友好
对商业性、营利性使用是否友好	友好	不适用于商业性、营利性使用	友好	友好
该模式于我国的可移植性	低	低	高	低

在对以上四种主要规制模式进行具体研究和横向比较的基础上，本书得出以下六个方面的认识和评价。

一、孤儿作品使用制度多样性的前提——国际公约的"失语"

不同国家或地区对孤儿作品使用难题规制路径的选择和制度设计的差异，一方面提示我们，该问题背后的著作权法理问题尚未得到阐明和解决；另一方面从侧面反映了当前在国际公约层面上没有就如何界定孤儿作品以及如何克服孤儿作品使用难题作出统一的指引或明确的限定。

《伯尔尼公约》是当今有关著作权保护最重要的、也是适用范围最广的国际公约。通观其全文，既没有使用孤儿作品或其他符号来指称这一概念，也没有就此类作品的权利归属、保护或使用作出专门规定；仅有个别条款——第 7 条第 1 款第 3 项关于不具名作品和假名作品保护期的规定和第 15 条第 4 款（a）关于作者身份不明但可推定国籍的未出版作品的代位行权规定，因适用对象与孤儿作品在概念外延上有所交叉，而可以在一定条件下适用于某些孤儿作品。上述规定在各缔约国立法上均有体现，但显然不能、事实上也没有对孤儿作品使用难题的发生与化解产生实质效用。而后来的 TRIPs、《世界知识产权组织版权条约》（*World Intellectual Property Organization on Copyright Treaty*，WCT）和《世界知识产权组织表演和录音制品条约》（WIPO *Performances and Phonograms Treaty*，WPPT）在这方面也都没有超越前者。究其原因在于，这些国际法大多产生于 20 世纪中后期，法律的滞后性使其未能及时反映数字时代的著作权法律实践。

二、现有制度的共同本质——"著作权的限制与例外"

无论采取何种规制模式，孤儿作品制度都必然要对著作权人的排他性控制权施加限制，要么在某种程度上限制其发放许可的决定权（如 ECL、强制许可和权利限制等模式），要么限制其就他人已经实施的使用行为所能主张的经济补偿（如强制许可和责任限制等模式）。换言之，当前各种孤儿作品制度的立法例都在不同程度上让以孤儿作品为对象的受控使用行为摆脱了著作权人的事前许可和协商定价，其本质都是对著作权的限制，只不过限制的程度有别而已。因此，各国立法方案必须满足《伯尔尼公约》等核心知识产权国际公约、协定所确立的基本原则——"三步检验法"的要求，其正当性和有效性才能获得国际社会的认可。

三步检验法确立于 1967 年《伯尔尼公约》斯德哥尔摩修订本，为巴黎修订本所沿用[1]，并被移植到 TRIPs、WCT 和 WPPT 中[2]。三步检验法的确立与复制技术发展和私人复制活动的增长有关。在斯德哥尔摩文本出台之前，各国立法在对复制权的限制规定方面差别较大。除了受各国的著作权法哲学观念的影响以外，主要原因还与各国文化产业发展状况及其版权政策有关：文化产业不发达的国家为了更多地获取和利用外国作品，倾向于对复制权作较大限制；而文化产业发达的国家倾向于对"权利例外"予以严格限制以保护本国的权利人。为了协调成员国在"权利保护与例外"上的标准差异，在斯德哥尔摩会议对《伯尔尼公约》进行修订时，在第 9 条第 1 款关于复制权的规定后增加了一款来明确对复制权的限制。[3]根据该条款，成员国国内法中任何属于权利的限制或例外的规定都必须通过以下三项标准的检验。

第一项标准要求权利的限制或例外仅限于"特定的特殊的情况"。根据目前公认最权威的解释——WTO 争端解决程序下的专家小组给出的释义，"特定的"表明任何一种权利限制或例外都应当被清楚地界定并为人所知；"特殊的情况"表明适用范围或者目的是有限的、个别的，而非普遍的、常态化的。从这方面来说，尽管各国孤儿作品制度的适用范围（包括适用主体、对象类型、适用情形、使用目的等）的宽窄有别，但都是"有限"的。例如，欧盟国家依据《孤儿作品指令》制定的国内法，均以公众可访问的文化保藏机构为适用主体，以各机构自身馆藏的实体孤儿作品为对象，将使用方式限定为非营利性的数字化复制和网络传播数字复制件，将使用目的限于为实现该文化机构固有的文化保藏与信息传播职能。其他国家立法对于适用范围的限制虽不如欧盟严格，但既然孤儿作品制度系以

---

[1]　《伯尔尼公约（巴黎修订本）》第 9 条第 2 款。

[2]　TRIPs 第 13 条，WCT 第 10 条，WPPT 第 16 条。

[3]　吴伟光. 著作权法研究：国际条约、中国立法与司法实践 [M]. 北京：清华大学出版社，2013: 452.

经勤勉查找而确认的"孤儿作品"为对象，以履行了勤勉查找、署名标志、使用声明等前提条件的潜在使用者为主体，本身就意味着相关立法是"仅限于特定的特殊的情况""在质上和量上的界线都是狭窄的"。孤儿作品制度的设立并不影响该国绝大多数作者、权利人就其作品行使排他控制权。

第二项标准要求权利的限制或例外"不应与作品的正常利用相冲突"，按照专家小组的解释，这意味着当前已知的和将来可能出现的、能够产生实质性经济利益的作品利用方式"都应当保留给作者"；但并非每一种涉及经济利益的受控行为都必然与作品的正常利用相冲突，此处应当是"与作者通常获取作品经济价值的行为相竞争"，而且是使"作者丧失大量的实体商业利益"的作品利用方式。[1] 如果经过勤勉查找而无法找到权利人，那么根据一般逻辑和常识可以认为，权利人在当前或者近期的市场和技术条件下，没有通过行权来获取经济利益的现实可能性（至多只具有"抽象可能性"）；允许使用者先行使用该孤儿作品，并不与权利人相竞争。

第三项标准要求"不得不合理地侵害作者的合法利益"。专家小组指出，这里的"合法"与"利益"均应作广义理解，前者应当被解释为"正当的"，而后者包括但不限于"经济利益"。当法院、行政主管机关审查认定使用者在使用前未满足勤勉查找或者未履行其他法定义务时，使用者就不具备合法使用作品的资格或者援引"安全港"条款来限制可能承担的侵权责任，应当根据侵权使用的情节向权利人承担停止使用或/和赔偿责任。而即使使用行为符合孤儿作品立法规定的条件，使用者也仍须向复出的权利人支付"合理补偿"并在一定条件下仍要按权利人的要求"停止继续使用"。因此，在特定条件下允许使用者未经权利人本人许可而使用孤儿作品，不会给权利人"当下的"利益造成损害；当权利人现身后，使用者一般只能就融合了"大量原创性表达"的演绎作品在原先的使用目的范围内继续使用；超出这一范围的使用均取决于权利人的追认或者授权，因此也不会给

---

[1] 王迁.著作权法 [M].北京:中国人民大学出版社,2015: 325.

其"潜在的"利益造成损害。综上，目前各国孤儿作品立法——无论采取何种规制模式，绝大部分符合三步检验法的要求。

三、不同规制模式的适用范围宽窄有别

尽管大部分规制模式对孤儿作品使用主体类型、对象类型和使用行为的性质、方式没有明确的限制，但通过分析可知，每种规制模式都有其适用的情形和不适用的情形。本章各节在"利弊评价"方面所讨论的"不足"，也可以看作某种规制模式被一揽子地适用于所有情形时会出现的不适应。因此，从理论上说，采取复合型、组合化的规制模式是比较理想的对策。正如部分学者所提出的，ECL 由于省却了使用者事前查找的麻烦，又具有较强的合法确定性，适合于对于海量作品数字化等大规模使用；强制许可由于必须履行事前查找和审查，更适合于数量有限的商业性使用和演绎使用；最后再以合理使用为特定符合条件的使用提供庇护。[1]

但同样应当看到，不同的社会背景、产业状况、文化传统和法律制度使人们在面对相似问题时选择了不同的处理方式。一些域外模式移植到我国所产生的弊端可能远远超过在其来源国，因此复合型规制模式虽然具有一定合理性，但应结合本国实际分析其可行性。在我国《著作权法》第三次修订过程中，也试图引入 ECL 制度解决大规模作品授权的交易成本问题；国家版权局拿出的前三版建议稿都将文字作品纳入 ECL 的适用范围，终因各方抵触强烈而将其从《著作权法（修订草案送审稿）》中移除。[2] 可见，除非我国的集体管理组织的积弊得到明显改善，赢得权利人的广泛认同，否则将海量孤儿作品使用难题（部分）交由 ECL 模式来解决就不具有现实可行性。

---

[1]　例如，VAN GOMPEL S. The orphan works chimera and how to defeat it: a view from across the atlantic[J]. Berkeley Technology Law Journal. 2012(27): 1360−1376.

[2]　熊琦. 大规模数字化与著作权集体管理制度创新 [J]. 法商研究 , 2014(2): 100.

四、不同规制模式下使用行为的合法性与确定性存在差异

孤儿作品使用难题的本质是权利人事后机会主义行为问题，问题的成因主要来自事前的信息不对称和制度造成的单方依赖。从消除成因入手，应当一方面激励权利人公示权利信息，从源头上抑制作品孤儿化的发生率；另一方面，弱化孤儿作品著作权的排他性，控制机会主义行为给权利人带来的预期收益或者增加其实施此种行为的成本，遏制其机会主义动机，诱导其选择容忍大多数无害性使用，以保障诚信使用者的投资。

受到国际公约施加的制度约束，在今后较长时期内，权利人实施作品信息公示的制度激励不会有明显变化，因此能否有效地遏制权利人的机会主义行为，是鼓励使用开发利用文化资源的关键，也是评价各种规制模式有效性的指标。权利人机会主义倾向的强弱与其从该制度下可攫取的利益呈正相关，而与实施机会主义行为的成本（包括损失风险）呈负相关。如表4-3所示，四种主要的规制模式都不同程度地限制了权利人可资实施"挟持"和"钓鱼"的制度工具（主要是停止使用请求权和高额法定赔偿），及其通过事后提起侵权之诉可获得的收益水平（包括审判赔偿和双方自愿达成的和解补偿）。

例如，在责任限制模式下，原告若要诉请赔偿，必须向法院起诉，并证明被告给其市场利益造成了实际损害；而被告若尽到诚信的合理勤勉查找及其他法定义务，则可援引"孤儿作品使用者"抗辩以减免赔偿责任和/或对抗原告的禁令诉请，这样一来，原告起诉未必能够获得高额经济回报，就能诱使权利人放弃诉讼，而选择与使用者达成私下和解。

又如，强制许可模式通过让行政主管机关"代位"行使许可权限，使满足法定条件的申请人的作品使用行为取得合法地位；由于使用者依据强制许可决定所为的使用行为系合法使用，因此即使权利人事后现身也无法以侵权诉讼相要挟，即使事后现身也只能主张取得既定的许可费。

各种主流规制模式在总体运行成本和遏制权利人事后机会主义行为的

效果上存在差异；孤儿作品使用行为的确定性与所需的成本成正比，而与对著作权限制水平成反比。事前查找和审查越严格，孤儿作品认定结论相对越可靠，使用者的合理信赖利益就越应当受到保护。

五、不同规制模式对权利人机会主义行为遏制作用的强弱有别

查找与补偿的标准影响着使用者的动机，也是平衡权利人与使用者利益的关键因素。标准定得过高，使用成本上升，弱化了使用者的动机，减少了使用活动为社会公众和权利人创造的效益；标准定得过低，可能引发"假阳性"的后果，损害非孤儿作品权利人的利益，并剥夺大部分诚信的权利人获得合理补偿的机会。

从事前查找来看，欧盟指令设定最低查找范围并允许各国在基准上自行规定更严格的查找标准，对权利人比较有利，也为使用者提供了可循的查找指引。强制许可模式和责任限制模式更多依赖于行政机关、法院的个案裁量，有其灵活、弹性的一面，但也会导致使用者无所适从。

从补偿这方面来看，欧盟只要求当权利人现身并主张时，再支付补偿，并允许各国自行设定补偿标准；美国的"合理使用＋责任限制"模式也以权利人事后起诉才实际启动，使用者无须预付或提存使用费；强制许可模式则通常要求使用者提存或预付许可费以保证对权利人的补偿能及时到位。在后两种情况下，法院和行政机关还可以行使个案裁量权，调节补偿数额。在 ECL 模式下，因为不存在事前查找的环节，也就无法确定实际所用的作品中是否包含孤儿作品，因此使用者支付的是一揽子许可的费用，而非对孤儿作品权利人的补偿，孤儿作品与非孤儿作品也没有实行差异化定价。

六、域外模式研究的启示

现有研究对孤儿作品使用难题的认识常止步于"潜在使用者畏于风险

而不敢使用或者甘冒风险而侵权使用"，仅指出了问题的表现，而未触及症结的实质，亦未揭示症结形成的深层次原因；极易忽略权利人对于孤儿作品使用难题的产生与加剧，尤其是在大部分情况下，权利人是避免孤儿作品使用难题的消极影响——社会资源利用无效率和社会整体效益耗散的最小成本防范者，或者说，权利人是消除事前信息不对称与事后机会主义行为的"最小成本行动者"。[1]

受限于此种认知，现有研究关于制度建构的探讨更多采取的是事后分析思路，即将孤儿作品现象及其使用难题的存在视作既成的事实，考虑的是如何在当事人之间公平分配由此产生的社会成本。这种思路的局限在于，所作的制度机制设计与问题的实质和成因之间缺乏关联性，无法改变权利人行为选择的激励，从根源上抑制了孤儿作品使用难题的生发。域外的孤儿作品使用制度绝大部分对潜在使用者课以勤勉查找义务，作为允许使用或限制侵权责任的条件[2]，试图借使用者之力找出隐藏的权利人，以便开启双方的自主协商[3]；在确实查找无果的情况下才允许变通"许可使用"法则，将作品使用条件从"经著作权人许可"放松为"经（第二方）许可"，从"向著作权人支付报酬"变通为"支付报酬"，为孤儿作品使用提供合法出路。其实质是将权利人不愿内化的作品信息公示成本，直接或间接地转嫁给潜在使用者和最终消费者。

[1] KATZ A. The orphans, the market, and the copyright dogma: a modest solution for a grand problem [J]. Berkeley Technology Law Journal, 2012(27): 1344.

[2] "ECL"模式是一个例外。该制度下，查找作品权利人的义务由集体管理组织履行，而非由潜在使用者事前履行。不过，"ECL"并不是专为解决孤儿作品问题打造的制度，而是一套现成的解决方案。

[3] 例如，美国版权局2006年的《孤儿作品报告》中就曾一度表达了孤儿作品问题在于其"阻吓了具有创造性和效益性的作品使用活动"的观点，随后似又回归保守立场，指出无论如何，解决孤儿作品难题的首要原则是让使用者尽力查找著作权人，促使双方协商并达成许可协议。Register of Copyrights. Report on orphan works[R]. Washington: U. S. Copyright Office, 2006: 93.

　　要从根源上解决孤儿作品问题，就必须转换视角，更多地考虑如何确立诱因，引导和激励行为人采取效率最优的行为。孤儿作品使用难题的实质是使用者畏于权利人可能采取的事后机会主义行为而作出有悖于社会效益最大化的决策，因此最大限度地化解孤儿作品使用难题造成的社会效率和福利损失，就应当考虑将规制路径从传统的单向激励转向双向激励，使机制设计对使用者和权利人都满足激励相容。激励相容意味着，哪怕行为人是一个机会主义者，他的行为选择依然会符合制度目标。换言之，面向权利人机制设计着眼于克服事前的信息不对称和事后的机会主义动机问题，迫使信息占优的权利人主动进行权利公示，使机会主义行为无利可图；面向使用者的机制设计也应当着眼于减少孤儿作品给使用者造成的"套牢"风险，保障使用者的投资与收益，激励其内化使用孤儿作品的成本，将诚信使用作为最佳选择。

第五章 解决孤儿作品使用难题的技术路向：对前沿技术与新兴方法应用的考察

　　我国尚未建立孤儿作品使用制度。正如第六章中将会细述的，著作权法上虽有若干条款在调整对象与适用范围上与孤儿作品存在交叉，但在内容合理性、可操作性和适用对象范围等方面皆有欠缺，不足以为数字馆藏一体化开放和创新性利用提供系统的授权使用方案。在今后一段时期内，馆藏文献资源的合法利用仍面临授权使用法则和著作权清算困境的制约。

　　从域外法律实践来看，即便创设了孤儿作品合法使用路径，也仅仅是限制了使用者事后面临的侵权风险，无法降低事前版权清算的成本，因为大多数孤儿作品使用制度以"使用者事前履行勤勉查找且无果"[1]作为确认孤儿作品、授权使用或者限制侵权责任的前提条件。查找权利人不仅给潜在的作品使用者带来较高的直接成本，而且间接提升了孤儿作品制度的运行成本。

---

[1] 域外立法并不都采用"勤勉查找"的表述。为了简化叙述，此处权以"勤勉查找"作为孤儿作品使用制度中有效查找的统称。

另外，不论是在我国还是社会福利水平较高的西方国家，公共文化记忆机构（以下简称记忆机构）总体上的可支配资源和风险承受能力都依然相对有限，这使它们在展业活动中谨小慎微，在处理海量馆藏数字化传播与利用时较易受到权利清算成本和侵权风险的影响，从而搁置或限制数字馆藏的开放获取和后续利用。时至今日，包括中国国家图书馆和英国国家档案馆在内的众多一流的记忆机构仍囿于清算困境而未将数字馆藏对社会全面开放。

当今世界已迎来新一轮信息化和智能化技术革命浪潮，得益于大数据、云计算、区块链、人工智能、开源、众包等新技术和新方式的赋能，诸多传统领域实现了升级、变革和创新。相应地，技术赋能的理论和应用也成为法律、出版传播、图书情报等学科研究的热点和趋势。在这种背景下，域内外研究者开始探索如何向技术领域借力以化解孤儿作品使用难题、助力馆藏权利清算，并形成了三种以技术赋能为核心特征的思路。

第一节　借助区块链改善馆藏权利清算的信息环境

区块链（blockchain）是集成了共识机制、加密算法、分布式数据存储和点对点传输等多方面研究成果的综合性技术系统。与此前的技术相比，区块链技术的独特之处在于：记录行为的多方参与，数据存储的多方参与和共同维护，通过链式存储数据与合约，并且只能读取和写入而不可窜改。[1]基于上述特征，区块链能够在信息不对称的环境中，建立满足各种活动赖以发生、发展的"信任"生态体系，使人们在相互无信任的情况下，无地域限制地进行大规模协作，从而为经济发展和社会治理的各个领域提供新的思路。

目前，在版权实务和司法领域，区块链应用已从概念验证走向规模化落地。典型的应用场景有以下两类：一是利用区块链数据的不可窜改性来为作品的存在、内容、权属和完成时间等提供存证、取证和鉴证（包括可信时间戳）的技术保障。[2]二是设立与著作权转让或许可交易相关的智能合约，利用区块链数据的公开性对作品的权利流转进行即时的"全网广播"，并以区块链的不可窜改性保证转让和专有许可被永久记录，以防"一权二卖"。[3]

---

[1] 腾讯研究院等. 腾讯区块链方案白皮书：打造数字经济时代信任基石 [EB/OL].(2017−04−)[2018−11−01].https：//trustsql. qq. com/chain_oss/TrustSQL_WhitePaper. html.

[2] CROSBY M, et al. Blockchain technology: beyond bitcoin[J]. Appl. Inno. Rev., 2016(2): 15. 这一区块链应用场景已在国内司法领域落地。2016 年 8 月，由 Onchain、微软（中国）、法大大等多个机构在北京成立了电子存证区块链联盟"法链"。2017 年 12 月，微众银行、广州市仲裁委员会、杭州亦笔科技有限公司共同推出的仲裁联盟链，用于司法场景下的存证；2018 年 3 月，广州首个应用了"仲裁链"的裁判书出炉。2018 年 9 月 7 日，最高人民法院在《关于互联网法院审理案件若干问题的规定》中确认了区块链技术存证等电子数据的法律效力。"当事人提交的电子数据，通过电子签名、可信时间戳、哈希值校验、区块链等证据收集、固定和防窜改的技术手段或者通过电子取证存证平台认证，能够证明其真实性的，互联网法院应当确认。"

[3] WERBACH K D, CORNELL W, NICOLAS. Contracts ex machina [J]. Duke L. J., 2017(67): 313. FAIRFIELD J. Smart contracts, bitcoin bots, and consumer protection [J]. Wash. & Lee L. R. Online, 2014(71): 35.

一、对区块链应用思路的梳理

使用者对传播和使用孤儿作品的迟疑或放弃，本质上都是信息不对称条件下的使用者与权利人之间信任结构无法建立所产生的、不符合社会效率的结果。不少学者相信，区块链技术在信息管理方面的优势特征将为解决孤儿作品使用难题、走出馆藏权利清算困境带来福音。总结其思路，大体分为两种。

第一种思路是全面构建"著作权登记区块链"，整体改善权利信息状况，降低因信息不对称给权利清算制造的难度和成本。[1] 在我国现行法上，除了著作权质押以登记为效力要件外，著作权的取得、转让和许可均以自愿登记为原则，登记仅有有限的证明力 [2]；登记机构和规范不统一，手续不便、费用较高等也是公众自愿登记积极性不高的原因。[3] 从某种意义上说，作品孤儿化现象的发生就是由于缺少一本公开、内容完整的版权"账本"。区块链的技术特征能够在某些方面改善著作权交易中的信息不对称，如数据上链时自动加时间戳并依次形成相连区块，为司法实践中认定创作完成先后、权利移转时间等提供了有力证据；原始数据及更新数据在上链时面向全网"实时广播"，减轻了因分散登记造成的权利信息共享不畅。

第二种思路是构建"孤儿作品登记区块链"，将使用者为查找权利人而采取的步骤、结果和经查实的孤儿作品信息通过区块链加以记录和共享，利用区块链的公开可查询特性，让后来使用者免于重复查找 [4]；凭借区块链的难以窜改性，将查找过程与结果形成电子存证，便利事前行政审查或

[1] 华喆. 区块链技术与智能合约在知识产权确权和交易中的运用及其法律规制 [J]. 知识产权，2018(2): 15.

[2] 刘春田. 知识产权法 [M]. 5 版. 北京：中国人民大学出版社，2014: 86.

[3] 邵燕. 孤儿作品著作权登记制度研究 [J]. 广西政法管理干部学院学报，2017(4): 17.

[4] 吕炳斌. 区块链技术能否解决"孤儿作品"版权难题 [J]. 人民论坛 - 学术前沿，2020(5): 89.

事后司法审查 [1]。

二、对区块链应用思路的再检视

这两种思路旨在借助区块链的公开性和难以窜改性从源头改善版权信息不对称，提升清算效率，有一定的合理性。但从馆藏资源的特点、作品孤儿化现象的成因以及区块链技术特征等方面来看，这两种思路均非解决馆藏权利清算难题的自足方案。

（一）区块链无法自发地纠正信息偏差

著作权客体的形而上特征、现代创作活动的专业分工以及信息搜集处理的高成本，导致与授权使用相关的信息在占有与需求两个方面严重分离。权利人主动提供和第三人查找是公众获取作品版权信息的两种渠道。权利人是版权信息的主要生产者和提供者，但生产与提供信息需要成本投入。在无外力强制的情况下，只有当预期效用大于机会成本时，权利人才愿意"投资"；当成本明显大于预期效用时，则不会自发地向市场提供信息。[2]权利人缺乏权利公示和权利管理的动机是导致作品孤儿化的根本原因，这

---

[1] GOLDENFEIN J, HUNTER D. Blockchains, orphan works, and the public domain[J]. Columbia Journal of Law & the Arts, 2017(41): 24.

[2] 美国版权局在 2015 年《孤儿作品与大规模数字化报告》中承认，作品数字化登记对广大视觉艺术家来说意味着时间和经济方面的负担，唯富有者才能承受；专为视觉艺术作品在线登记而设的 PLUS(picture licensing universal system) 实际上主要是为职业艺术家服务，并不适合于所有摄影者。U. S. Copyright Office. Orphan works and mass digitization: a report of the register of copyrights [R]. 2015. 有学者批评美国版权局关于创设线上作品登记系统以完善版权信息、改善勤勉查找效率的想法是建立在一个似是而非的假定前提之上——有了登记系统权利人就会欣然前来办理登记。YOUNG A C . Copyright's not so little secret: the orphan works problem and proposed orphan works legislation [J]. Cybaris Intellectual Property Law Review, 2016(7): 221.

在馆藏文献中表现得尤为突出。[1]因此，虽然整体上看，引入区块链有助于提升著作权登记的效率，但对大部分馆藏文献权利人的行为选择不会产生显著影响，也就难以通过自愿登记来纠正信息偏在。

由于权利人自愿登记激励不足，第三方（记忆机构及其他有意使用者）的查证事实上成为获取馆藏文献权利信息的唯一信息来源。"孤儿作品登记区块链"仅能做到对查证的孤儿作品信息进行数字存证和共享，从而避免重复查找，但是对于最关键的初次查找没有直接助益。缺少了活跃的初次查找，孤儿作品信息登记共享也就成为一个伪命题。加之，我国自1912年以来的大量孤本、手稿、地方特色史料等多为独家收藏，馆际重复查找造成的效率损失并不突出，在这种情况下区块链介入的意义也就不大。

（二）区块链无法保证上链数据的可信性

数据的可信性是区块链存证应用的价值前提。区块链电子证据效力建立在存证平台的固证技术能够清晰反映数据的来源、生成及传递路径的基础上，为取缔网络侵权提供了高效可靠的证明手段。但在著作权登记和孤儿作品信息登记的场景下，相关数据均来源于链外且多形成于线下，单凭区块链本身无法对上链数据进行溯源与核实，难以防范"僭称创作""侵权登记"等现象；也没有统一的标准或者验证机制对第三方提供的孤儿作品查证信息加以验证。

综上所述，由于行动成本较高且缺乏相应激励，早期馆藏文献的权利人和潜在使用者不太可能自发地供给著作权信息，进而导致以区块链为底层技术构建的著作权登记系统和孤儿作品登记系统成为"无本之木"，无

---

[1] 馆藏文献的一个特点是年代较早的作品在总量中占比较大。据兰德斯和波斯纳等学者的研究，绝大多数作品的市场价值随时间推移而急遽衰减。另一特点是非商业性作品占比较大。与流媒体音乐等率先试水区块链的版权对象不同，馆藏文献的经济价值远远低于其史料价值、文化价值。

法起到改善馆藏权利清算环境的作用。诚如一位学者所言——"分类账之外的人类主体才是这些系统中的短板"。[1] 无论是区块链还是区块链基础上的智能合约，都要与外界实现数据交换，无法剔除人的因素而自足地运行。区块链的去中心化系统无法验证系统以外产生的数据的真实性，虽然数据上链后无法被窜改，但是对于之前的造假行为，区块链是无能为力的，还需求诸有公信力的第三方——法院、行政机关或者集体管理组织等权威主体的审查和确认。

在这个意义上，人工智能技术作为一种不受行为经济学规律约束的"人力资源"，为破解馆藏权利清算难题提供了另一条技术赋能型思路。

第二节 利用人工智能提升馆藏权利清算的查找效率

如前一部分所述，在孤儿作品查找记录的应用场景中，如果不能解决著作权信息的自发供给和信息数据的真实准确性问题，区块链的介入就没有意义。"人工智能是研究、开发用于模拟、延伸和扩展人的智能的理论、方法、技术和应用系统的一门新的技术科学"[2]，目标是"让机器做本来由人类智能做的事情"[3]。人工智能应用在许多领域展现出了人无法比拟的优势，也被寄望于改善著作权信息查找的效率。更有学者建议在未来条件成熟时考虑直接赋予标准化的智能查找以法律效力，省却人工审查，降

[1] 凯文·沃巴赫. 链之以法：区块链值得信任吗 [M]. 林少伟，译. 上海：上海人民出版社，2019: 86.

[2] 腾讯研究院. 人工智能 [M]. 北京：中国人民大学出版社，2020: 23.

[3] 史蒂芬·卢奇，丹尼·科佩克. 人工智能 [M].2 版. 林赐，译. 北京：北京邮电大学出版社，2018: 5.

低孤儿作品使用制度的运行成本。[1]

一、智能查找分析在馆藏权利清算中的应用

始于 2008 年的 ARROW（Accessible Registries of Rights Information and Orphan Works towards Europeana）是版权信息智能查找分析的先驱，其全称是"版权信息登记与孤儿作品系统"，旨在通过"一站式权利信息检索平台"推动泛欧盟文化遗产数字化进程中的孤儿作品确认与授权使用难题的解决。[2]ARROW 的基本技术架构包括在线交互界面、分布式作品数据库网络、搜索引擎及可写入的登记系统。成员国的公共记忆机构可以以用户身份在 ARROW 平台上提交使用某一作品的申请。搜索引擎将向各国的公共图书馆、研究型图书馆、档案馆、出版商协会、复制权集体管理组织、创作者行业协会等组成的数据库网络发送作品信息查询和数据交换请求，再将反馈的元数据转换为统一格式的代码。系统自动从反馈数据中提取有效信息，判断被查询作品的版权状态，并按照"尚在著作权保护期抑或归入公有领域""已经绝版抑或仍在流通""是否属于孤儿作品或'疑似孤儿作品'"进行标记后收录进对应编目，并将结果反馈给用户。[3]

英、荷、意等国几所高校的研究团队开展了名为"以分布式孤儿作品权利清算改善 20 世纪文化遗产的获取"（enhancing access to 20th century cultural heritage through distributed orphan works clearance, EnDOW）的课题。他们认为欧盟《孤儿作品指令》在成员国转化实施效

---

[1] GOLDENFEIN J, HUNTER D. Blockchains, orphan works, and the public domain[J]. Columbia Journal of Law & the Arts, 2017(41): 34.

[2] See IFLA Trend Report: Advances in artificial intelligence[R/OL]. (2018−11−01)[2019−12−01]. https: //trends. Ifla. org/literature−review/advances−in−artificial−intelligence, last visited.

[3] CAROLI C, ARROW G S. Accessible Registries of Rights Information and Orphan Works towards Europeana [EB/OL].(2019−11−30)[2020−10−30]. http: //www. dlib. org/dlib/january12/caroli/01caroli. html.

果不尽如人意的原因在于"勤勉查找"（diligent search）要件的可执行性较弱，并提出信息检索和查询的智能化是提升公共记忆机构查找效率的出路，并构思了一个双层多步骤的智能运算系统。[1]第一层的"公共领域计算器"将根据用户输入的信息推算被查询作品的版权保护期。若作品已落入公共领域，则查找流程到此结束；若版权保护期尚未届满或无法确定，则继续执行第二层运算。第二层的搜索引擎以"作品首次出版或播放地所在国法"为准据法——对未出版且未播放者则为馆藏所在地国法——确定查找范围，在数据库网络中查找权利人信息。查找结果分为以下三种：其一，随着作品创作信息和权利人身份信息的确认，作品被认定归入公有领域，查找流程到此结束；其二，作品仍在版权保护期内但权利人查找无果，该作品构成孤儿作品；其三，作品仍在版权保护期内且找到其权利人。计算机系统将自动对查找结果进行分类备案并反馈给查询用户，以便用户根据作品版权状况采取相应行动——自由无偿使用、寻求授权、依孤儿作品使用规则使用或者放弃使用。

上述两例均利用了计算机程序来模拟人类专家求解的过程。这种由人机交互界面、推理机、知识库和综合数据库等核心组件构成、运用知识和推理来解决复杂问题的计算机程序被称为"专家系统"，是"最早走向实用的人工智能技术"，也是法律实务中应用最多的人工智能技术。[2]交互界面是用户输入数据和获得反馈的端口。通常，系统会引导用户提供已知事实并对需要解决的问题进行准确描述和限定。推理机根据一定策略对知识库中的规则进行检测，看是否有规则的前提被已知事实满足；如果满足，则输出该规则的结论，再以之为前提继续下一轮推理或者执行输出的操作指令（如搜索互联网）；如此进行，直至目标被某个规则推出或者再无结

---

[1] GOLDENFEIN J, HUNTER D. Blockchains, orphan works, and the public domain[J]. Columbia Journal of Law & the Arts, 2017(41): 20.

[2] 李德毅. 人工智能导论[M]. 北京：中国科学技术出版社, 2018: 133.

论被推出为止。至此，系统对上述各阶段输出的结论进行汇总并计算其逻辑关系，形成结论报告。

专家系统的引入大大降低了人为因素（如情绪、疲劳）的影响，提高了工作效率。有数据显示，ARROW 在法、德、西、英四国的试运行相较于人工查找分别节约了 88%、94%、72% 和 97% 的时间，在人工费用较高的情况下，也就相应节省了资金。[1] 不过，在欧盟统一层面上，利用 ARROW 进行查找仅是"勤勉查找"中的一步，这表明单凭该项技术操作还难以实现全面查找。

二、人工智能在权利清算中的应用瓶颈

馆藏权利清算集事实查明与法律分析于一体，本质是对有法律意义的信息的收集和处理。尽管智能化是未来法律业务升级的趋势，但现阶段要在馆藏权利清算场景中实现高度智能化的查找分析还面临较大障碍。

（一）经验性知识不易提取

"知识是智能的基础。"[2] 要使计算机模拟人的智能行为，就必须赋予其知识。馆藏权利清算所需的专业知识中有大量来自实践积累的经验性认知，而经验蕴含着不精确性及模糊性 [3]，专家个人虽然能够凭借经验开展工作和解决问题，却未必能提炼出供机器使用的知识。现实中，图书馆、档案馆专业学会或协会制定的最佳查找指南历来都以专业人士为预设的阅读者和指导对象；也只有专业人士能够凭借知识、经验和直觉理解指南中大量非精确的知识描述。若机械地将操作指南转化为规则和算法，运行起

---

[1]　CAROLI C, ARROW G S. Accessible Registries of Rights Information and Orphan Works towards Europeana [EB/OL].(2019−11−30) [2020−10−30]. http://www.dlib.org/dlib/january12/caroli/01caroli.html.

[2]　李德毅. 人工智能导论 [M]. 北京：中国科学技术出版社,2018: 23.

[3]　李德毅. 人工智能导论 [M]. 北京：中国科学技术出版社,2018: 25.

来必然是粗糙的。

（二）知识库覆盖性不足

专家系统的运作机理是利用产生式规则从知识库中匹配出一个最靠谱的答案，在知识库涵盖范围内运行良好，一旦超出知识库范围，性能就急剧下降甚至无法求解。一般来说，领域知识越容易被结构化描述，专家系统的研发和应用越容易取得成功；反之，对人更加依赖。在互联网高度普及的今天，与权利清算有关的元知识呈现出形式多媒体性[1]、分布分散性[2]、存在隐蔽性[3]和组织异构性[4]等特点，极大地限制了知识库的扩展与更新。在互联网之外，还有许多数据和知识因人为或技术的限制而无法被远程访问和获取[5]。

（三）机器自学的条件尚不具备

不同于人类可以从少量数据中学习到模式特征，建立超出其经验的推

---

[1]　数字技术改变了知识表达样态，网络又为不同样态的知识提供了承载空间和传播媒介。例如，网上一段对作家生平的介绍就可能包含文本、视频、结构化的信息框等多种形式。

[2]　相关知识无法自发地以集中或相互关联的形式呈现，如民国时期作者的基本信息可以从百科、传记、地方志中查找，但著述的发表和出版情况通常要从民国文献数据库或图书馆、档案馆获取。

[3]　一些有价值的知识可能隐藏在链接或资源文件中，甚至隐含在文献语义中，无法用爬虫程序爬取。

[4]　知识本体语言表示的差异、知识概念化的不匹配等会导致知识结构形式的差异。例如，建模者可能出于不同需要将作品划分为自然人作品和法人作品，也可能划分为职务作品和非职务作品。又如，英美法上"雇佣作品"(work made for hire) 的外延大致等同于我国著作权法上的职务作品与委托作品外延之和。机器不能自主识别这些术语的关系。

[5]　例如，在英国知识产权局列出的 211 个必须查询的数据库中，可线上访问的仅约七成，超过两成必须亲赴实地索取信息。FAVALE M, SCHROFF S, BERTONI A, et al. EnDow Project Report 1[EB/OL].(2020-11-10) [2020-11-10].https: // diligentsearch. eu/resources/.

论，专家系统还没有自主获取知识的能力，只能被动地接受知识。"唯有具备学习能力才能克服人工智能发展的'知识瓶颈'""让机器持续不断地有足够的数据可用"。[1] 自 20 世纪 80 年代起，机器学习理论被提出并发展为人工智能最重要的分支。机器学习是通过对历史数据的分析和建模，挖掘有价值的信息来改善算法模型对新数据的处理能力，是一个"从统计到逻辑"的过程。[2] 机器学习的实际表现与其所属领域的数据和目标能否被结构化描述、数据规模和完整性、无法预知的情况出现的概率以及评价标准的主客观性等诸多因素有关。以深度学习为代表的无监督学习模型尤为依赖海量数据集的投喂和持续的实践应用训练。[3] 然而，囿于资金和技术限制，馆藏权利清算实践积累薄弱，难以产生足够的历史数据满足机器学习的需要；已获得的实践经验和历史数据往往未经标准化、结构化处理，也不能直接为机器学习所用。因此，至今鲜有以馆藏权利清算为应用场景的机器学习实例。

综上所述，由于知识获取的瓶颈和训练数据的稀缺，短期内人工智能仅能作为人的辅助工具而无法独当一面，人的作用依然不可或缺。要弥合公共记忆机构在权利清算中存在的资源约束—成本过高—效率偏低的闭环，就必须引入外部的人力资源。下文提及的"众包"作为一种开放创新协作模式，有望引入外部智力来支持打破传统上封闭集中的权利清算格局，形成"内外双循环"的动力机制。

---

[1]　刘东亮. 技术性正当程序：人工智能时代程序法和算法的双重变奏 [J]. 比较法研究，2020(5): 68.

[2]　杨延超. 机器人法：构建人类未来新秩序 [M]. 北京：法律出版社，2019: 84.

[3]　腾讯研究院等. 人工智能 [M]. 北京：中国人民大学出版社，2020: 23.

第三节　运用众包缓解馆藏权利清算的资源约束

众包（crowdsourcing）一词最初指将原本由企业员工执行的任务外包给不特定的网络大众，利用大众的知识盈余来创造价值的商业模式[1]，如今其外延已扩大为"个人、机构、非营利组织或公司，面向知识参差、性质各异、数量不定的群体公开征募志愿者来完成特定任务的参与式网络活动"[2]。近年来，众包已经超越商务和计算机领域，许多专业学科开始关注众包在特定行业和背景下的应用。格拉斯哥大学版权与创新经济中心的学者将利用众包模式实现版权信息分布式查找，视为解决馆藏权利清算困境的蹊径。[3]

一、众包在馆藏权利清算中应用的合理性

基础理论研究认为，作为一种新生产组织模式的众包具备以下基本特征。

其一，众包属于网络活动范畴。以信息网络技术为代表的新生产力和以参与式文化为代表的新型社会生产关系是众包形成的基础条件。"互联网的敏捷性、广域性、时间灵活性、匿名性、交互性、低准入以及承载各

---

[1] 杰夫·豪. 众包：大众力量缘何推动商业未来 [M]. 牛文静，译. 北京：中信出版社，2009: VI.

[2] ESTELLÉS-AROLAS E, GONZÁLEZ-LADRÓN-DE-GUEVARA F. Towards an integrated crowdsourcing definition[J]. Journal of Information Science, 2012(2): 197.

[3] BORGHI M, ERICKSON K, FAVALE M. With enough eyeballs all searches are diligent: mobilizing the crowd in copyright clearance for mass digitization [J]. Chicago-Kent Journal of Intellectual Property, 2016(16): 135.

种形式的能力，使其成为一种促进创造性参与的良好媒介。"[1]

其二，它是"自上而下的组织管理"与"自下而上的价值创造"的有机结合。发包方是价值创造活动的激发者、引导者和组织者，有权设定目标和验收成果。[2]接包方为网络社群成员，他们参与自愿，退出自由，自主决定采用何种方式解决问题、完成任务。个体的独立性、异质性和多样性是创造力迸发的源泉。[3]

其三，参与双方均能从中实现某种需求。发包方取得接包方创造的价值；接包方投入劳动、金钱、知识和经验，从任务执行过程和完成结果中实现某种需求，例如经济回报、心理满足、知识技能、集体认同、娱乐消遣等。[4]

众包的上述特点与馆藏权利清算的任务特点较为契合，众包的优势又恰好因应了馆藏权利清算的诉求。

首先，馆藏权利清算的主要任务是确认文献的版权状态和查找权利人性质，属于"知识发现和管理"。近十年来，众包在知识发现和管理方面的效率优势已经在商业、社会治理、文化等方面广为应用，例如美、澳、英等国的知识产权行政主管机关以及非政府组织曾通过"Peer-to-Patent"项目征募大众协助查找与专利申请相关的在先技术，以缓解专利审查员的负荷，或阻止大企业攫取传统资源和遗传资源；Zooniverse平台开展的"Old Weather"航海日志天气数据摘录项目、上海图书馆的盛宣怀档案抄录项目、Distributed Proofreaders平台对"谷登堡项目"数字图像的文本转录众包等，

---

[1]　达伦·C.布拉汉姆.众包[M].余渭深，王旭，译.重庆：重庆大学出版社，2016：21-22.

[2]　EPSTEIN R A . The political economy of crowdsourcing: markets for labor, rewards, and securities[J]. University of Chicago Law Review Dialogue , 2015(82): 39.

[3]　刘晓芳.众包：微观时代[M].北京：商务印书馆，2011：61.

[4]　达伦·C.布拉汉姆.众包[M].余渭深，王旭，译.重庆：重庆大学出版社，2016：21-22.

则将计算机难以处理的文本、图像交给大众处理。这些实践不仅提供了借鉴，而且起到了架设平台、聚集用户、引发关注的作用。

其次，鉴于权利清算的目的是根据文献著作权状态进行合法使用，避免侵权，记忆机构必须对任务完成质量进行把控。众包模式在引入大众协作理念的同时，又保留了"自上而下控制"的层级特点，符合馆藏权利清算的需要，具体表现为：记忆机构作为发包方，合理设定任务颗粒[1]，引导参与者选择感兴趣且得心应手的任务，以期提高完成率，激发参与热情；审核参与者提交的成果，决定是否采纳其结论和佐证、是否需要补充查找。

最后，众包以网络为依托和媒介开展分布式协作，降低了大众的参与门槛，为记忆机构以较低成本获取外部智力支持提供了入口。一项以 15 所欧洲记忆机构为调查对象的实证研究发现，全职从事权利清算的人员通常不到 2 人。[2] 众包放大了馆藏权利清算的工作环境和执行者的范围，有助于打破成本过高而效率偏低的闭环，带来一定的规模经济效应和范围经济效应。[3]

---

[1]　例如，将一篇文献的清算任务拆分为确认作者国籍、作品创作年代、著作权状态、出版单位、作者的生卒年和继承情况或其他某项权利信息等细小的"颗粒"。任务颗粒化有助于提高完成率，增强参与者的满足感，还可以防止个别任务完成质量不佳（如查找遗漏、认定结果有误或无法按时完成）而给整体进程造成实质影响。

[2]　STOBO V, et al. EnDow Project Report 3[EB/OL]. (2020−11−10)[2020−11−10]. https: //diligentsearch. eu/resources/.

[3]　在产业经济学上，规模经济是指在给定技术水平上，因生产规模加大，同种产品产量增加，单位产品的生产经营成本得以降低，从而带来的经济性；范围经济是指一个企业利用原有生产条件同时生产多种产品时，单位产品的生产经营成本低于分别生产每种产品时的单位成本，从而形成经济性。这里，众包的规模经济效益体现为以较低成本获取较丰富的人力资源，范围经济效益则源于参与者多样化的知识结构和创造性思维方式。

二、众包在馆藏权利清算中应用的制约因素

（一）有效激励不足可能动摇众包基础

众包的生产力源于网络群体的规模化和异质性，众包项目的可行性和有效性主要取决于能否征募到足够多的、适格的参与者，而创设有效激励是众包应用的关键。根据行为经济学理论，公众在决定参与之前会基于相关信息评估个人的预期效用，只有当其相对于个人偏好的价值大于给个人施加的成本时，才能产生动员参与的效果。[1]

然而，任务的专业性与资源的有限性极易导致馆藏权利清算众包的有效激励不足。一方面，馆藏权利清算对参与者的法律知识、检索技术、文史知识甚至外语水平有一定要求，客观上限制了参与者的规模。通常，参与者的专业水平越高，从事众包的机会成本也越高，也更难被激励和调动。[2]另一方面，大多数记忆机构的财务不宽裕，难以提供有吸引力的物质回报或者个性化的激励。[3]有理由推断，凡参与非营利性众包的志愿者大多出于物质利益以外的动机，与受高额报酬驱动的参与者相比，前者对个人投入的成本更为敏感。因此，将个人成本控制在参与者合理承受范围

---

[1]　曼瑟尔·奥尔森.集体行动的逻辑：公共物品与集团理论 [M]. 陈郁，郭宇峰，李崇新，译.上海：格致出版社，上海人民出版社，2019: 61.

[2]　有关法律服务众包的研究指出，法律职业群体对科技和共享信息并不热衷，其他非营利性众包常用的吸引参与者的方式（如植入游戏和竞赛元素）对法律职业群体的效果不甚理想，非营利性的法律服务众包可行性不高。NEWCOMBE P, PAT. Crowdsourcing legal research: the opportunities and challenges[J]. AALL Spectrum, 2016(26): 26−29.

[3]　这并不意味着众包无法在馆藏权利清算场景中落地，这需要记忆机构充分地挖掘内部资源，创新激励机制，激发目标群体的兴趣，增强线上平台和线下馆舍的吸引力，形成用户黏性。

内殊为必要。[1]

（二）记忆机构不敢轻易采信外部人员的查询结论

作为公共文化服务提供者，社会声誉是记忆机构的核心评价指标，这使它们十分顾忌侵权指控与败诉结果带来的不良影响。康奈尔大学图书馆高级政策顾问 Peter Hirtle 曾声明，"'不构成侵权'与'虽然构成侵权、被诉及高额判赔风险很低'之间是有天壤之别的。康奈尔大学的原则是不从事任何侵犯版权的行为，而非'畏于高额赔偿而不从事侵权行为'。"[2]风险排斥型行为取向导致记忆机构不敢轻易采信外部参与者的查找结果，令众包失去意义，显得得不偿失。

可见，众包模式在实践中很可能面临"供需两不旺"的尴尬处境。无论如何，应当明确的是，现阶段公共记忆机构可用于引进新技术、构建新模式的资源与可投入权利清算的资源一样是有限的，因此在寄望于技术赋能的同时，必须将资源约束纳入可行性分析，权衡利弊，确保将有限的资源投入更具效益的方向。

科学技术的发展深刻影响并且改变着社会治理的理念、方式和手段，新技术和新方法的应用使许多长期存在的社会问题迎刃而解。学界和法律

---

[1] 现实中，一些物质回报几乎为零的众包之所以能吸引众多参与者，除了参与门槛低这个重要原因之外，也与参与成本最小化、隐性化不无关系。例如，上海图书馆主页将古籍中的文字符号截图嵌入验证码工具，借用户举手之劳完成识别录入；加州大学伯克利分校的"SETI@home"项目借助个人电脑的富余算力实现分布式运算等，都是对这一经济规律的运用。借鉴实践经验，笔者认为可供馆藏权利清算众包采取的措施包括但不限于：完善并向参与者开放数据库等基础设施，提供查找所需的信息工具；优化众包平台的作业功能，改善交互体验，减少因操作系统导致的低效率；提供专业知识和技能培训，建立即时交流群组，降低参与者掌握操作、寻求帮助的成本。

[2] HANSEN D. Digitizing orphan works: legal strategies to reduce risks for open access to copyrighted orphan works[R]. Cambridge: Harvard Library, No. 27840430, 2016: 32.

实务界在探索解决孤儿作品使用难题的制度方案时，也在关注和思考着借助技术解决问题的可能性。本章重新检视了近年来域内外学界提出的三种具有代表性的技术驱动和技术赋能路径。三者的共同点在于都试图依靠信息化、智能化技术赋能，以"找资源""降成本""提效率"为突破口，改变馆藏权利清算的低效闭环格局，最终破解孤儿作品使用难题。然而，技术自身的局限以及所处制度环境中相关法律规范的缺位，一方面不能为作者及其他著作权人提供权利公示和权利管理的动机，也不能让记忆机构及其他潜在使用者从实施烦琐而成本高昂的权利清算活动中获得可预期的收益——合法使用作品的机会，这不仅挫伤了后者实施权利清算的积极性，而且连带限制了技术赋能的作为空间以及积极效果。

第一种思路主要借助区块链技术架构的公开透明性和不可窜改性来改变版权信息缺失严重的现状，提升清算效率。但在现行著作权法的权利义务结构下，权利信息和"孤儿作品"查证信息的供给与准确性均无从保证，区块链作为一种数字存证工具对解决馆藏权利清算困境的作用不大。

第二种思路主要依靠引入人工智能技术来分担、替代记忆机构进行信息查找的负担。但理论和实践表明，人工智能目前还无法自主分析处理馆藏权利清算所涉及的复杂的事实问题和法律问题。更重要的是，由于我国著作权法缺少规范意义上的"孤儿作品"和"勤勉查找"概念，未就查找范围和方式作出合理限定，人工智能系统开发者在初始阶段设定运算目标与任务时缺乏明确、统一的指针，以智能运算结果作为清算和后续使用的依据仍存在较大的责任风险，不能使馆藏权利清算高投入、低回报的状况得到根本改观。

第三种思路采用众包作为权利清算活动的组织模式，实质上是利用互联网通信技术放大权利清算的工作环境，挖掘潜在的人力资源。由于馆藏权利清算的资源约束和专业属性，众包的可行性及成效极可能因有效激励不足而受到影响，因此借助网络大众的智慧进行分布式查找同样面临着查找过程与后续使用"无法可依"的窘境。

由此可见，现阶段唯有从制度层面明确对版权信息查找方式和查找结果的法律效力予以规范，保障清算成本投入获得相应收益，才能瓦解资源—成本—收益之间的低效闭环结构，调动记忆机构和其他潜在的文献使用者投身和投资于版权信息这种公共产品的生产与供给，消除馆藏资源开放获取和转化利用的障碍。

第六章　应对孤儿作品使用难题我国将何去何从：过去、现在和未来

　　不同于物权对象主要通过权利人"自用"来实现价值，知识产权对象的价值实现更多依赖于"他用"，即授权或许可他人使用。然而，人们对精神文化产品的需求是有弹性的，当使用成本过高时便会转向替代品或者舍弃这种需求。如果不能保证作品潜在使用者在权利清算未果时得以一定条件使用作品，那么他们对于这种高投入低回报的活动必然敬而远之。相反，如果制度上明确赋予尽到"勤勉查找"仍然无果的清算主体在一定条件下使用作品的合法确定性，或者对其使用作品遭致的侵权责任予以限制，则不仅可以使权利清算成本更加可控、可预测，而且将切实提升可供依法使用的馆藏文献概率，避免因清算无果造成的净损失，对文化记忆机构实施权利清算具有激励和推进作用，客观上扩展公众所能够获取的文化产品规模。

　　在现有条件下，单独依靠法律制度或者单纯依赖技术对策是无法有效化解孤儿作品使用难题的，法律制度需要向技术借力来降低实际运行和操作的成本，而技术赋能的效用发挥有赖于法律制度创设相应的行动激励。尽管有人可能会说，只消再过十几二十年，会有大量文献因著作权保护期

届满而进入公共领域，届时孤儿作品使用难题将不攻自破，但他忽视了这种消极等待所隐含的巨大机会成本。在实施数字强国战略和社会主义文化强国建设的进程中，我国不应停下寻找孤儿作品使用难题解决方案的脚步。

第一节 《著作权法》第三次修订前与孤儿作品使用相关规定述评

我国著作权法虽然没有使用"孤儿作品"的表述，但并非全无与孤儿作品使用难题相关之规定。下述三项规定在调整对象上与孤儿作品范畴存在一定交叉，但毕竟不是专为解决孤儿作品问题而构设，对因孤儿作品使用而产生的各种社会关系的调整只是零星的、局部的，缺乏作为一项制度的系统性，不足以作为解决孤儿作品使用难题的基本法律依据。

一、作者身份不明时的"代位行权"

"作者身份不明"是指无法从常规途径了解作者的身份。"作者身份不明的作品"不同于"匿名作品"，后者是指作品在公之于众时隐匿了作者的真实姓名，不必然意味着作者身份无法确认。反之，署名作品可能由于其他信息缺失而无助于确认作者身份，例如在报刊上发表文章，仅署名"李华"，由于同名同姓现象十分普遍，若没有作者单位、性别、年龄、职务、职称等信息的辅佐，仅凭署名就难以了解作者身份。"作者身份不明的作品"也不等同于孤儿作品，但二者在外延上存在交集。在现行著作权制度下，孤儿作品难以被合法使用，是由于作品权利人身份无法确认或虽可确认身份却无法联系，但授权许可难以获致，因此认定孤儿作品的核心要件是权利人是否可寻。当作者与权利人不为同一主体时，作者的身份不明或不可联系皆不影响孤儿作品的认定，而只有当作者与权利人为同一主体时，"作者身份不明的作品"才构成孤儿作品。

"作者身份不明的作品"这个表达的立法运用见于我国《著作权法实施条例》第十三条[1]，该条款是现行法上与孤儿作品关系最直接和密切的规则。根据该条款，此类作品的著作权（除署名权外），应当由原件的所有人行使，作者身份得以确定后，再由作者或其继承人行使著作权。这里当然是假定作者未将著作权转让给他人，作者本人仍为权利人。揣测立法者的用意，该条款应当是针对绘画、雕塑、雕刻、文字作品手稿等"原件"与复制件区别显著的作品而设的。具有此种特点的孤儿作品，其原件所有人可依据《著作权法实施条例》第十三条作为"代位权利人"行使署名权之外的著作权，例如授权使用者复制作品。如今，许多创作活动直接在计算机上完成，成果自始就以数字化形式呈现，没有传统意义上的原件可言，或者说区分原件与复制件不仅困难，而且无实际意义，故《著作权法实施条例》第十三条很难有用武之地。[2]

二、权利无人继受的作品归属

著作权的取得遵循创作完成自动取得的原则，因此对于具有可著作权性的表达来说，必然存在一个原始权利人，通常为作者，例外是根据法律或者合同约定而直接取得著作权的法人或其他组织。在著作权产生（被原始取得）之后到保护期届满以前这段时期内，权利人死亡或者主体身份消灭，又无人继承、继受或无人受遗赠的，就会产生"权利尚存而权利主体

---

[1] "作者身份不明的作品，由作品原件所有人行使除署名权外以外的著作权。作者身份确定后，由作者或者其继承人行使著作权。"

[2] 王迁教授指出，数字环境下的原件与复制件难以区分，原件持有人是谁这个先决问题很难靠证据来解决，因此即使不考虑这种"第三人代行著作权"的合理性，该规则自身的实用性和有效性也较弱。王迁.孤儿作品制度设计简论[J].中国版权，2013(1): 32.

不存"的现象，该作品就会成为"无主财产"。权利主体的缺失必然会妨碍作品价值的利用和对作品的保护，因此法律必须就这种情况下著作权财产权的归属、著作权人格权的保护作出规定。

根据 2010 年修订《著作权法》第十九条第一款与《中华人民共和国继承法》第三十二条，自然人著作权人死亡后，著作财产权无人继承或受遗赠的，归国家或者著作权人生前所在集体组织所有；法人或非法人组织为著作权人的，在其变更、终止后，权利无人继受的，归国家所有。2020年 5 月 28 日，第十三届全国人民代表大会第三次会议审议通过了《中华人民共和国民法典》（以下简称《民法典》）。2021 年 1 月 1 日起《民法典》正式生效。《民法典》第一千一百六十条在原《中华人民共和国继承法》第三十二条的基础上略加修改，明确了国家继受取得这类遗产后应当将其"用于公益事业"。可见，《民法典》并未改变无主财产的界定和权属继受规则，仅对无主财产为国家所继受之后的使用和处分作了一定限制。[1]

结合著作权领域的实践来看，与其说"权利无人继受的作品归属"条款在一定范围内解决了无主作品的使用与保护问题，毋宁说它有可能导致问题复杂化。

首先，由国家与集体组织"接棒"行使著作权的合理性与正当性也不是没有疑问。以功利主义理论来看，著作权制度的宗旨在于对从事创作和向公众提供作品的市场主体（包括作者、传播者和投资者）进行赋权激励，作为交换，这些作品在权利期限届满后归入公共领域，为公众所自由无偿利用，以实现提升社会整体文化福祉的终极目标。照此而言，在激励目的已经无法实现——需要激励的对象已不复存在的情况下，让无关创作行为的国家与集体组织继受取得著作权，除了给公众的后续利用和传播作品制造障碍之外，根本无法起到预期的激励效用，不符合"以接触交换激励"

---

[1] 《民法典》第一千一百六十条："无人继承又无人受遗赠的遗产，归国家所有，用于公益事业；死者生前是集体所有制组织成员的，归所在集体所有制组织所有。"

的利益平衡原理。若换以自然权利及人格权理论的角度来解释，赋予作者终身外加死后 50 年的著作权保护期，通常足以保障作者以及（当其逝后）三代直系亲属对该作品享有的人格利益和纪念意义，并保证前述主体能够充分从作品的经济价值中受益。[1] 照此而言，一旦"著作权的预设的受益主体不存在了"，设定著作权保护期的目的亦不复存在，应当就此让作品归入公共领域更为合理。[2]

其次，在权利人死亡或者主体资格消灭后无人继受著作权的作品中，不乏市场价值低微或者市场寿命终止的，其作为财产的价值很低，不能为国库或者集体组织创造可观收益，收归国家或集体所有也没有多大实际意义。现实中，即便是有体的无主财产，在实践中也未必总是被收归国有。

再次，如果有证据表明，作品客观上处于权利无人继受的状态，那么依据以上规则，著作权应当是自该条件成就时起，自动转归国家或集体组织所有——就如同发生法定继承一样，从理论就不存在"权利人身份无法确认"之说。但在这种情况下，由谁在实践中代表国家和集体组织行使著作权，以及如何进行对外授权许可，均无任何具有可操作性的规定。[3] 由于权利行使主体的虚化，这类作品反倒很可能沦为所谓的"虽然能够确定权利人身份，却无法与之取得联系"的孤儿作品。公共文化机构对作品的数字化使用无疑会落入《民法典》第一千一百六十条所称的"公益事业"范围，但公共文化机构不当然代表国家，必须从国家那里获得使用的授权，

---

[1]　保护文学和艺术作品《伯尔尼公约》(1971 年巴黎文本) 指南 [Z]. 刘波林, 译. 北京：中国人民大学出版社, 2002: 38.

[2]　金海军. 知识产权实证分析 [1]: 创新、司法与公众意识 [M]. 北京：知识产权出版社, 2015:151.

[3]　有学者认为, 我国许多国有资产面临权利行使主体虚化的问题, 在缺少授权行使著作权的法律规定的情况下, 让无人继承的著作权财产权归国家所有的处置方式并不妥。董慧娟. 孤儿作品的利用困境与现行规则评析 [J]. 中国出版, 2010(18): 38.

这也要以国家实际取得和行使权利无人继受的作品著作权为前提，而在缺少具有可操作性规定的情况下，将"权利无人继受的作品"用于公益事业也并非易事。

最后，从比较法上来看，在法国，当无法找到著作权人或者当著作权人已故而无人继承或继承人放弃继承时，任何人均可诉请法院采取适当措施实现作品的取得与使用。[1]俄罗斯、日本对于自然人死亡或者法人解散时无人继承的、依法本应收归国库或者由地方自治团体取得的著作权采取了即时消灭的处置方式，使该作品进入公共领域。[2]

综上所述，将无人继受的作品著作财产权收归国家或集体组织所有，除了在规则形式上与有体的无主财产归属规则相统一之外，真正能够发挥"物尽其用"的情况还是很有限的。

抛开规则本身的合理性不说，单就"权利无人继受的作品"与孤儿作品两个概念之间的逻辑关系来看，上述规定也无法妥当地解决孤儿作品使用难题。

首先，"权利无人继受的作品"与孤儿作品两个概念仅在外延上有所交叉，内涵有着本质的不同。应当承认，"权利无人继受的作品"与孤儿作品有一定的共性：都在著作权保护期内，且都因权利主体缺位而陷入授权许可不能的困境，可以推断的是，有相当一部分孤儿作品是"权利无人继受的作品"。然而，二者的本质差别在于客观上所能确认的权利主体的状态不同。认定"权利无人继受的作品"时需要确认以下两点：其一，权利主体的资格消灭；其二，符合权利继承规则的相关主体在客观上皆不存在。而认定孤儿作品的关键是权利人"身份不明或无法联系"。从逻辑上说，身份不明或者无法联系的前提是权利人仍然存在或者没有证据表明其已经不存在。换言之，孤儿作品权利人的状态应当为以下两种情况之一：

[1]《法国知识产权法典》第 L 122-9 条。

[2]《俄罗斯联邦民法典》第 1283 条第 2 款，《日本著作权法》第 62 条第 1 款。

要么事实上存在，仅是查找不到；要么事实上已不存在，仅因查找不到而姑且推定其仍存在。从 2014 年《著作权法（修订草案送审稿）》的体系来看，第二十五条是关于无人继受的作品著作权的处置规则，第五十一条是关于孤儿作品许可使用的规定。既然同一立法文件中的不同条款分别涉及"没有承受其权利义务的法人或者其他组织的"作品（第二十五条）与"著作权人身份不明的或身份确定但无法联系的"作品（第五十一条）两个概念，并且对权利的归属和行使作出了不同的规定，这就表明两个概念的所指并不相同。因此，无论是权利无人继受的作品抑或孤儿作品，都不适合称为"无主作品"。有学者将"无主作品"等同于孤儿作品，或主张用"无主作品"代替孤儿作品指称这类对象，可见并不妥当。

其次，适用"权利无人继受的作品"的权利归属和行使规定难以解决孤儿作品使用难题。无论仿效俄、日等国依法宣告孤儿作品归入公共领域，还是参照有体物的继承规则让国家或集体取得孤儿作品的著作财产权，这些规定自身的合理性与正当性都还有待商榷。一方面，无论采取哪种处置方式，对确因客观原因而暂时失去主张权利能力、而后可能现身行使权利的著作权人都显得有失公平。另一方面，如果专门为此设置一套"供权利人取回权利"的救济程序，不仅会带来极大的制度和管理成本，而且会面临"一旦进入公共领域则不可逆转"的理论质疑。何况，现实中各国很少会大度地放弃作品剩余的保护期，使之提前进入公共领域，将本国的"知识财产"拱手让与他人共享。

三、"著作权的例外与限制"

"著作权的独占性是相对的、有条件的、受到限制的"[1]，这应该是一则无可争议的论断。同时，各国著作权法都对作者权利的独占性设定了一定的例外与限制，主要有以下三类：一是对权利客体范围的限制，如借

---

[1] 吴汉东 . 著作权合理使用制度研究 [M]. 北京：中国人民大学出版社 ,2013:40.

助"思想表达二分法"和"独创性"标准的适用而将一部分内容排除在著作权范围之外；二是权利行使的例外，例如在"合理使用"和"权利穷竭"原则规定的范围内，使用作品的行为不受著作权控制——无须征求权利人的同意，亦无须支付报酬；三是权利行使的限制，例如对符合"法定许可"和"强制许可"条件的使用者，权利人无权拒绝其使用作品，仅可主张获得法定或者行政机构确定的报酬。如果使用孤儿作品的行为可以从"著作权的例外与限制"规则中找到相应的依据，则排除了权利人对该行为的控制力，也就在个案中化解了孤儿作品使用难题。

在我国著作权法上，对孤儿作品使用难题具有一定化解作用的"著作权例外与限制"制度主要是指合理使用与法定许可。合理使用体现为 2010 年修订的《著作权法》第二十二条规定的 12 种合理使用情形，《信息网络传播权保护条例》第六、第七条规定的 9 种情形（其本质是对前项规定在数字网络环境下的重新诠释），以及《计算机软件保护条例》第十六条针对计算机软件所规定的特殊合理使用情形。法定许可则体现在原《著作权法》第二十三条和《信息网络传播权保护条例》第八、第九条所确立的 5 种法定许可以及 1 种关于通过网络向农村提供特定作品的"准法定许可"。[1] 此外，《著作权法实施条例》第二十一条移植了《伯尔尼公约》上的"三步检验法"原则，将其转化为法院在适用著作权的例外与限制规则时必须遵循的一般标准，即"不得影响该作品的正常使用，也不得不合理地损害著作权人的合法利益"。不过，从法律规范的效力位阶来说，该条款显然不是合理使用与法定许可的"一般条款"。我国对于合理使用与

---

[1]　根据《信息网络传播权保护条例》第九条，对于以扶贫为目的，通过网络向农村公众免费提供本国作者已经发表的"种植养殖、防病治病、防灾减灾等与扶助贫困有关的作品和适应基本文化需求的作品"的公益性使用行为，著作权人有权在使用发生前和发生后提出异议，并因此终止该项使用。这一点区别于传统的法定许可——后者只允许权利人事先作出"不得使用"的保留声明来排除法定许可的适用，若无事先声明，使用开始后权利人无权主张停止。

法定许可采取的是规则主义的封闭式立法模式，法官的释法裁量余地原本就十分有限，《著作权法实施条例》第二十一条作为裁判指引的功能也就少有用武之地，反而更像是对立法的一种说明。[1]

由上述条款所组成的合理使用与法定许可远远不能顾及现实中多元的使用主体和多样的使用方式，因而不足以应对孤儿作品使用难题。具体来说有如下四点。

首先，在现行法下，著作权内容产业、互联网产业、信息技术产业等商业主体的经营性使用以及一部分非商业主体的营利性使用很难落入合理使用或者法定许可的范围。以"王莘诉谷歌"一案为例，法院对"谷歌图书"检索系统使用原告作品的情况所作的分析与美国联邦第二巡回上诉法院在类似案件中所作的分析高度一致，即谷歌复制作品的目的是为用户提供更便捷、准确的文本信息检索服务，具有知识共享的公益性，且没有实质地、替代性地呈现原作品，而仅是在检索结果中呈现了少量句段以便用户确认检索结果的相符度，故未给权利人的合法权益造成不合理的损害。概言之，谷歌的作品使用行为具备了"转换性、公益性与非替代性"等重要特征。然而，与谷歌在美国法院胜诉大相径庭的是，我国法院虽然认定这种使用具有很强的合理性，却不能找出法律依据来支持其合理使用的主张，最终以缺乏相关证据认定谷歌败诉。[2]

其次，非营利性主体和非营利性使用方式也不全为"著作权例外与限制"所涵盖。公立图书馆、档案馆、博物馆、教学科研机构等公共文化机构是孤儿作品非营利性使用的最重要主体。为了保障此类机构有效地履行文化资源的保藏与知识信息的传播等公共职能，实现社会公益目标，立法

---

[1]　不过，在《著作权法（修订草案送审稿）》中，合理使用规则有了较大的修改，开放性和灵活性大为增强，《著作权法实施条例》第二十一条的内容也被提至修改后的合理使用条款前部，从形式和实质上都更加符合一般条款的定位。

[2]　参见北京市高级人民法院（2013）高民终字第 1221 号民事判决书。

者特别设立了若干"著作权的限制或例外"规则——这主要是指 2010 年修订的《著作权法》第二十二条第一款第八项以及《信息网络传播权保护条例》第七条规定的合理使用。根据上述条款，公共文化机构可以在一定范围内对馆藏作品进行自由、无偿的复制和使用，不过，由于附加的条件十分严格，上述合理使用规则的覆盖范围十分有限。这种条件限制主要表现为以下三个方面：其一，限制上述机构从复制和提供作品中直接或间接地获取经济利益——由合理使用的本质决定的，也就意味着公共文化机构不能进一步利用数字化复制件提供衍生的、相关的有偿服务。其二，复制的目的限于陈列或保存版本的需要，复制对象限于已无法在市场上购得或者只能以明显高价购得的本馆收藏的实物作品。这就要求公共文化机构必须经过一定调查，以便确定相关作品是否无法从市场以合理的价格获得，给其带来诸多不便和不确定因素。其三，对于海量作品的数字化使用来说，现行合理使用规则的最大不足在于合法制作的数字复制件的后续使用方式受到严格限制——仅允许向馆内用户提供，不得向馆外用户开放远程访问，包括馆际之间的信息互通，这样显然无法建立真正意义上的可随时随地访问的数字图书馆。现实中，公共图书馆为了向用户开放远程访问或向用户提供其他信息服务，往往要向电子书数据库的制作者购买数字资源——一种间接的授权使用，从一个侧面反映了现行合理使用制度只能给予公共图书馆等机构的业务活动以有限的支持。

再次，演绎使用很少为"著作权的例外与限制"所涵盖。"演绎权"是法律赋予作者独占性控制的一组财产性权利。根据 2010 年修订的《著作权法》第十、第十二条，"演绎"包括改编、翻译、注释和整理，其中改编包含除其他三者之外的所有演绎方式，故演绎实际涵盖了一切通过改变已有作品的表达或者增添新的表达来产生独创性作品的行为。现行的合理使用与法定许可所允许的作品使用方式往往仅限于对作品的"复制"，不包括对复制件的演绎以及对演绎作品的后续使用。例如，2010 年修订的《著作权法》第二十二条第一款第六项和《信息网络传播权保护条例》第六条第三款规定的"学校课堂教学或者科学研究"的合理使用实际上仅限于对作品进行少量复制、翻译和网络传输，而对翻译、整理、汇编的作品进行出版发行则不受该项合理使用的庇护。这也是基于保障著作权人合法利益与实现社会公共文化福祉之间的平衡考虑，若不加严格限定，相关立法也难以满足"三步检验法"对"不影响作品的正常使用"和"不给作者合法利益造成不合理损害"这两步检验要求。

最后，合理使用的对象限定为已发表的作品，这一限定必将许多孤儿作品挡在合理使用范围之外。一方面，根据域内外文化记忆机构对馆藏孤儿作品的整理情况来看，其中存有大量客观上未经公开、直接收录的第一手采集、制作的影像、录音和文字资料，不符合"已发表"条件；另一方面，即便部分早期资料可能在某处被发表过，但使用者要加以查证仍有很大难度。

综上所述，2010 年修订的《著作权法》上的"著作权的例外与限制"存在规定内容滞后，适用缺乏弹性，对新技术、新业态、新情况的预见性和包容力不足等欠缺，致使符合著作权制度宗旨、具有极强正当性的作品使用行为因达不到法定条件而无法受到法律的庇护。学者们普遍认为，要实现合理使用的确定性与灵活性的平衡，并与技术、社会的变化相适应，就必须改变当下的封闭式立法模式，适当增加立法弹性，扩大法官的解释空间。

当然，这并不是说要将孤儿作品合法使用的目标全然托付给合理使用制度来达成，孤儿作品使用主体、使用方式和性质的多样性决定了该问题不可能在合理使用框架下得到完满的解决。由于著作权已经被定性为一种财产权，"它和所有的私权一样，只有在例外情况下才受到限制和剥夺，正如所有权只有在例外的情况下才能被征用"。无论立法者信奉的是何种法哲学，合理使用都是"例外的"，是"特殊情况"。[1] 审慎把握合理使用的适用范围与限制条件本身是理所应当的。即便是公立图书馆，如果为了节约开支而不顾市场上仍有存量图书，而选择以成本更低的方式自行复制，或者放任用户从图书馆内的终端上下载大量数字复制件后存入 U 盘后带出，也会对作品销售市场产生替代效果，挤占、掠夺属于著作权人的收益。实际上，在合理使用开放度最高的美国版权法中，图书馆与博物馆的复制使用行为是作为一种特定的"著作权例外与限制"，提至第 107 条的合理使用条款之外，由第 108 条专门规定的；该条共分为 9 款，具体而详细地规定了允许公共文化机构实施的复制行为方式和限制条件。究其原因就在于这种使用方式涉及的作品数量大，尽管公共文化机构并未借复制营利，但如果读者皆得以用复制来代替购书，显然会损害作品的销售市场。

概言之，仅仅依靠单一的规则、制度显然无法解决数字时代的孤儿作品使用难题，即便集合了现行著作权法中多种制度的合力，亦显得捉襟见肘。立法者除了需要考虑如何修订既有规则的不足，完善相关制度以外，还应当适时引入新的机制，构思一个周延的孤儿作品使用方案。

第二节　《著作权法》第三次修订进程中的"前探"与"回撤"

《著作权法》的第三次修订进程始于 2011 年、终于 2020 年，在近十年的反复斟酌中，孤儿作品使用问题的解决从大刀阔斧的制度移植，最终归于持重谨慎的按兵不动。

---

[1] 李琛 . 著作权基本理论批判 [M]. 北京 : 知识产权出版社 , 2013:203.

一、2014 年《著作权法（修订草案送审稿）》中与孤儿作品使用相关的规定

2014 年，国家版权局面向社会公开征求意见的《著作权法（修订草案送审稿）》对 2010 年修订的《著作权法》作了力度较大的修改，其中与孤儿作品使用相关的规则变化包括以下两类：一类是对既有规定的吸收、合并与修订；另一类是新规则的引入。这显示著作权行政主管部门和立法参与者对孤儿作品问题的重视，并认识到在现行规则框架下无法彻底有效地解决孤儿作品使用难题。

（一）对原有规定的修改

1.《著作权法（修订草案送审稿）》第二十七条

《著作权法（修订草案送审稿）》第二十七条基本上是对《著作权法实施条例》第十三条关于作者身份不明时由原件所有人"代位行权"规定的原样移植，唯一的变化是将作者身份确定后的权利主体范围从"作者或者其继承人"扩大为"作者或者其继承人、受遗赠人"。尽管在表述上更为准确、周延，但学界对原条款合理性和实效性方面的质疑在移植后并未得到解决。

2.《著作权法（修订草案送审稿）》第四十四条至第四十六条

《著作权法（修订草案送审稿）》第四十四条至第四十六条基本是对《计算机软件保护条例》第十六、第十七条，即未经权利人同意使用计算机软件的例外规定的移植，并增加了"获取必要的兼容性信息"而使用的例外情形。相对于其他类型著作权客体，计算机软件较少遭遇孤儿作品使用难题的困扰，因为一方面，大量商业化的计算机软件在发行时通常带有明确的权利信息，不易发生孤儿化现象；另一方面，人们对计算机软件的需求更多在于利用其功能而非为了获得具体表达，软件行业的更新迭代速度快，功能类似的、具有可替代性的软件产品较多，人们对于早期的软件通常没

有刚需。

《著作权法（修订草案送审稿）》第四十七条至第四十八条延续了原有的关于"编写教科书""报刊转载"以及"播放除视听作品以外的作品和录音制品中作品"三项法定许可，删除了"制作录音制品"的法定许可。但这三项内容只是对原有规范的吸收与整合或者局部调整，对孤儿作品使用的影响程度都与现行法相距不大。

总体而言，上述条款与孤儿作品及其使用难题的解决关系不大。

3.《著作权法（修订草案送审稿）》第四十三条

修订后的合理使用条款是《著作权法（修订草案送审稿）》中的一大亮点。该条款从以下 3 个方面对现行法规定作了不同程度的改进：其一，从技术中立性原则出发，修改了现行法的文字表述，例如删除了"报道时事新闻"的合理使用情形中对各种传统传媒的罗列，使之得以全面覆盖各种新旧传媒，对新兴传播方式和媒介具有较强的适应力。其二，在 2010 年修订的《著作权法》规定的 12 种合理使用情形之外增设一项"其他属于合理使用的情形"，作为兜底条款，突破了多年来封闭的格局，增强了合理使用应对复杂多变社会情况的灵活性，及其对新兴的、非常规的作品使用方式的包容性。其三，吸纳了《著作权法实施条例》第二十一条关于依法不经许可使用他人已发表作品，不得影响作品的正常使用，也不得损害著作权人利益的规定，将其置于第四十三条的最前部，作为通则性规定，用以检验和约束法院在司法实践中就合理使用具体情形所作的解释及其对"其他情形"的认定。

增强我国合理使用立法的开放性，赋予司法机关更大的自由裁量权限，使之能够在立法者未能预见和未加规制的"失语"处"发声"，这已是长期以来大多数学者的共识和呼吁。美国司法判例等域外实践经验显示，基于一般条款而对合理使用所作的扩大解释和认定，很可能就涵盖了孤儿作品数字化项目中的作品使用行为。商业主体和具有营利性的使用方式也不再绝对地与合理使用"无缘"，如果符合《著作权法（修订草案送审稿）》第四十三条第一款的原则规定，具备显著的公益性，且不会给权利人的合法权益造成实质损害的，就有望在诉讼中援引合理使用抗辩。

不过，修订后的合理使用条款仍不足以成为公共文化机构和商业数字图书馆经营者实施海量作品数字化过程中的侵权风险抵御机制。首先，从《著作权法（修订草案送审稿）》第四十三条第一款第八项关于"图书馆等公共文化机构复制例外"的规定来看，这种合理使用情形依然受到"使用目的和方式"的限制——仅限为保存版本而复制，对复制件进行网络传播以及在其他衍生服务中使用作品的行为均不属于此项合理使用范围，超出合理使用范围的作品使用行为仍要遵循授权使用并付酬的法则。公共文化机构在海量作品数字化过程中的境遇并未因此得到实质改进。其次，从《著作权法（修订草案送审稿）》第四十三条整体上看，新增的"一般条款"并非位于该条款内容的最前部，统领具体列举情形，而是以兜底条款的形式位于 12 项具体列举情形之后。从逻辑上说，依据兜底条款确认的合理使用情形不仅要符合"三步检验法"，而且应该与位居其前的各具体列举项保持原则上、政策导向上的一致性，这决定了通过这种方式增加的合理使用的弹性必然是有限的。鉴于《著作权法（修订草案送审稿）》对合理使用的态度整体仍趋于谨慎保守，对以未发表的孤儿作品为对象的使用行为、商业主体实施的孤儿作品使用行为以及其他主体实施的营利性孤儿作品使用行为来说，是否能够被法院认定为合理使用的"其他情形"还存在较大的不确定性，有待法案通过后在实践中形成指导性案例——当然这也仍然取决于政策考量。最后，从《著作权法（修订草案送审稿）》第四十三条的通则性规定来看，修订后的合理使用规定依然以指明作者姓名和作品名称作为一般性构成条件，这个要求对于很大一部分孤儿作品来说难以做到。应当如同《著作权法（修订草案送审稿）》第五十条第一款第二项规定，明确附加"由于技术原因无法指明"的例外。

（二）《著作权法（修订草案送审稿）》的新增规则

《著作权法（修订草案送审稿）》在解决孤儿作品使用难题方面采取的最直接举措是增加了第五十一条，旨在解决海量作品数字化过程中孤儿作品使用的授权难题，允许使用者在查找著作权人无果的情况下，在向权威的第三方机构提存使用费后，以数字化形式使用作品。[1]

《著作权法（修订草案送审稿）》规定的这项孤儿作品制度以使用者履行使用前的勤勉查找、向特定部门申请获准以及提存使用费等若干环节为基础架构，在运作机理上明显不同于北欧的"ECL"制度和美国立法提案采取的"责任限制"模式；与欧盟的"权利限制"模式有某些共性但也有明显不同（后者不要求事前提存使用费）；总体上类似于加拿大等国采取的"强制许可"制度。

《著作权法（修订草案送审稿）》第五十一条规定的孤儿作品使用许可具有"非合意性""非自愿"的特点，即使用者不是通过与作品权利人或其代理人、受托人进行自主协商达成而取得使用许可，而是向著作权主管部门指定的机构提出申请，由后者对符合条件的申请人授予许可。这是强制许可、法定许可等制度的共性特征。

但无论是在许可的取得条件还是在使用费的确定与给付方面，《著作权法（修订草案送审稿）》规定的孤儿作品制度都与强制许可相似，而不同于法定许可。其一，它要求使用者向权威机构"申请"——根据文义和体系解释方法，应当认为与"申请"相对应的，均系需要经过有关主体审

---

[1] 《著作权法（修订草案送审稿)》第五十一条规定：著作权保护期未届满的已发表作品，使用者尽力查找其权利人无果，符合下列条件之一的，可以在向国务院著作权行政管理部门指定的机构申请并提存使用费后以数字化形式使用：

(一) 著作权人身份不明的；

(二) 著作权人身份确定但无法联系的。

前款具体实施办法，由国务院著作权行政管理部门另行规定。

议后作出是否准予请求决定的事项[1]，这是强制许可的特征之一。反观法定许可，则无须经过"申请—审查—授予"等前置程序，是在法定条件成就时自动取得的。其二，《著作权法（修订草案送审稿）》第五十一条明确规定以提存使用费为许可使用的前提，这意味着使用开始前就要确定收费标准并预付到指定账户。使用费的提存也是强制许可制度的基本特征——域外立法例中，凡采取强制许可模式解决孤儿作品使用难题者，大多以使用者提存或预付使用费作为许可生效的条件。反观法定许可的使用费标准虽然也在事前就已确定，但并非由许可机构根据个案情况确定，而是由法律事先规定，费用的给付义务也发生在实际使用行为之后。

综上所言，《著作权法（修订草案送审稿）》的制定者拟采用"强制许可"模式作为解决孤儿作品使用难题的制度框架。

一般认为，著作权的强制许可是指，著作权行政主管机关根据潜在使用者的申请对符合条件者发放强制许可证，授权其以特定方式使用已发表/公开的作品的制度。[2]我国尚未建立著作权强制许可制度；类似制度仅见于《中华人民共和国专利法》第六章中的第四十八条至第五十八条。美国版权法上的强制许可制度可追溯至1909年的《版权法》，该法为了防止录音制品行业形成垄断，规定已录制并发行的音乐作品作者不得拒绝其他录音制作者关于授予机械复制权的请求。但这时的强制许可并无行政主管机关的介入，而是通过司法保障录音制作者的权利来实现的。1976年的《版权法》第115条规定了制作录音制品的强制许可，使用者可以在找不到（除戏剧音乐作品外的）音乐作品权利人的情况下，向联邦版权局提交"取得强制许可的意向通知"以取得使用资格，后又将该强制许可从实物录音制品的制作、传播延伸到数字化录音制品的网络传播。《伯尔尼公约》与《世

---

[1]　备案的对象通常是无须经过实质审查的事项，在习惯表述上一般不将"备案"与"申请"相搭配，而是表述为"办理备案"。

[2]　刘春田．知识产权法 [M]．北京：中国人民大学出版社，2014：123。

界版权公约》都规定了强制许可制度，规定发展中国家著作权行政主管机关有权向其国民颁发翻译和复制已出版作品的不可转让、非专有许可证，以帮助这些国家的国民获得更好的学习、教育和研究条件。[1]

根据《著作权法（修订草案送审稿）》第五十一条，负责受理申请、审查和接受提存的机构不是著作权行政主管机关自身，而是其指定的机构，且未明确被指定的机构是行政机关的组成部门抑或是著作权集体管理组织，也未明确这样的机构只限独家抑或可以同时指定多家（例如，根据著作权客体类型指定对应的集体管理组织）。因此，将《著作权法（修订草案送审稿）》中的孤儿作品制度的性质界定为"强制许可"不够准确，笔者姑且称为"准强制许可"。

（三）《著作权法（修订草案送审稿）》第五十一条的积极意义

该新增条款有望从以下 3 个方面实质地提高孤儿作品的利用水平。

其一，放开主体限制，使商业机构合法利用孤儿作品，实现信息检索、文本分析、数据挖掘等技术效果，开发视障人士的读本或有声读物等成为可能。

其二，解除了使用行为的非营利性与特定目的限制，为公共文化机构开展多元化业务，如馆际互借、向馆舍外的公众提供在线作品查阅等创造了可能。

其三，使用对象不再限于公共文化机构自有的馆藏，为公共文化机构之间、其与商业机构之间互通有无，合作开发文化资源奠定了契机。

总体来说，尽管《著作权法（修订草案送审稿）》第五十一条的适用范围仍有一定限制，但并不像部分学者认为的，"对于图书馆（等公共文化机构）业界毫无意义"，毕竟仅靠合理使用条款无法有效提升机构的文化服务层次、拓展业务范围、适应时代发展的需要与公众的期待。

---

[1]　《伯尔尼公约》附件第 1~6 条，《世界版权公约》第 5 条。

（四）《著作权法（修订草案送审稿）》第五十一条的不足之处

《著作权法（修订草案送审稿）》第五十一条的不足主要在于规定过于原则，缺乏可操作性，难以独立支撑起整个孤儿作品使用制度。一旦正式通过，国务院著作权行政管理部门就应当尽早研究制定出台相应的实施办法，避免此项制度陷入民间文学艺术作品的"尴尬处境"。

首先，条文中使用了一个非法律术语——"数字化形式使用"，却未予解释，有失严谨。"数字化形式使用"是仅指数字化复制，还是包括其他后续的传播和使用（例如，将数字复制件通过网络传播或者对数字化音轨进行合成混录）？毕竟在实践中，复制常常只是整个使用计划的必要中介环节，还需通过后续的其他使用行为才能最终实现作品的传播或者再利用。"数字化的复制"是限于对传统载体的作品进行复制，还是包括对数字化形式创作的作品（born-digital content）的复制？这些都亟待明确。

其次，未就"尽力查找"予以界定并指引。凡是专为孤儿作品使用而设计的制度，都将"勤勉查找""合理努力的查找"作为确认孤儿作品的基本方式以及允许使用者依法利用的前提条件。无论采取何种抽象描述，"查找"所应当达到的标准是一种主观认定，如果不加具体指引或者限制，就"可能导致过度查找或者虚假查找的两个极端"。正如权利人的行为受到成本－收益函数的决定，使用者也是一样，要求使用者不计得失地穷尽客观上一切方法和资源，不公平也不现实。反之，如果将标准设定得过低或者过分空泛，则很容易被规避，也就无法保证强制许可的适用对象是否真的都是"孤儿作品"，而认定的恣意将会导致"假阳性"的结果，损害非孤儿作品权利人的利益。强制许可制度本来就有个案审查的优势——尽管要付出相应的行政成本。通过确立基本查找范围为使用者提供指引，再由审查机关根据个案中使用者的身份性质、使用方式和性质、作品类型和性质、已知作品或权利信息等在内的相关因素加以综合判断。

最后，使用费的提存和分配缺乏可操作的机制设计。许可的期限、许可费率、提存方式、资金的管理和分配、著作权人主张取得许可费的时效以及对费率持异议时的救济、无人主张的资金处置等问题，均关系到著作权人与使用者的利益平衡，足以影响制度运行的实效。

要弥补以上不足，只能等待国务院著作权行政管理部门在实施办法中作出科学合理的机制设计，如本书第四章中所分析的，强制许可模式本身也存在若干弊病，制度设计上也需注意扬长避短。

二、《著作权法》第三次修正案在孤儿作品问题上的"回撤"

《著作权法（修订草案送审稿）》公布五年多来，立法方面一直没有实质进展。2020 年 4 月 30 日，经十三届全国人大常委会第十七次会议审议的《著作权法（修正案草案）》向社会公布并征求意见。从孤儿作品使用难题解决机制来看，《著作权法（修订草案送审稿）》一度向前迈出的"几步"，如今又"退了回去"。

所谓"迈出又退回的几步"是指国家版权局在 2014 所作的《关于〈中华人民共和国著作权法〉（修订草案送审稿）的说明》中指出的、若干项旨在"促进运用，调整授权机制和市场交易规则"的条款未被《著作权法（修订草案送审稿）》采纳，包括：其一，《著作权法（修订草案送审稿）》删除了第五十一条的"孤儿作品条款"；其二，立法者暂时放弃了"开放式的合理使用立法"尝试，删除了第四十三条第一款第十三项——"其他属于合理使用的情形"，回归封闭的法定列举模式；其三，此前就受到颇多争议的"延伸性著作权集体管理"也未得到采纳。总体而言，在与孤儿作品使用相关的规定方面，《著作权法（修订草案送审稿）》相较于 2010 年修订的《著作权法》没有任何实质性进展。这种情况也一直保留到 2020 年 11 月《著作权法（修订草案送审稿）》通过，以及 2021 年6 月《著作权法》第三次修正案生效。据此可以预见，今后一段时期内孤儿作品使用难题在我国仍得不到有效解决，公共图书馆、商业数字图书馆经营者及其他使用主体在对包含孤儿作品的海量馆藏进行数字化开发利用的时候，仍将面临授权障碍与侵权风险。

立法脚步的游移表明版权局提交的《著作权法（修订草案送审稿）》中有关孤儿作品使用难题的解决方案没能赢得利益相关各方的普遍认同。在笔者看来，一个重要的原因是与《著作权法（修订草案送审稿）》第五十一条相配套的实施办法尚未成熟。从积极的方面来看，在试错成本较高的情况下，立法者会持保守态度，将有关立法方案先行搁置，待进一步研究探讨，当问题被充分释明、利弊被充分权衡、具体实施方案比较成熟后，再上升为法律条文，这未尝不是一种稳健的做法，也会给理论研究留下深耕的空间。《著作权法》第三次修正案的对此前《著作权法（修订草案送审稿）》相关内容近乎全盘的拒绝，也并未动摇本书的分析、判断和结论，毋宁证明了本书的理论研究是"正当时"。

第三节　我国孤儿作品使用制度的再建构

一、我国孤儿作品制度的政策导向与价值内涵

如本书第三章所述，使用者对侵权风险的畏惧和放弃使用的行为选择大多不是基于其在现实中"吃亏"的经验，而是基于给定条件下的理性算计和决策的结果。改变权利人的行权成本－收益，也就改变了使用者进行算计和决策的外部条件，当使用者意识到权利人事后实施机会主义行为的空间很小时，其对于使用和投资的信心就会相应增强。

孤儿作品使用难题的根源在于现行著作权制度下权利义务关系的不自洽和结构失衡。在许多情况下，因循"授权使用"法则是合情合理的，使

用者应当事先征求权利人的同意，也不得以违反权利人意志的方式使用作品。在另一些情况下，著作权制度的金科玉律也有必要为社会整体利益而作出让步，例如要求权利人采取一定方式使自己处于"被找得到"的状态，并将其意愿传达给潜在的使用者。如果既允许权利人隐藏权利信息，又坚持先授权再使用，就会导致权利人将私权自治带来的负外部性转嫁给公众（使用者和消费者），让后者在支付许可费之外还要承担高昂的权利清算费用——这种权利义务结构是失衡的，不符合"以激励交换接触"的赋权正义观念，也有违公平、诚实信用等私法基本原则。

因此，我国在制定出台与孤儿作品使用相关的公共政策和法律规范时，应当体现以下两个方面的政策导向：

其一，提高使用者和权利人双方实施机会主义策略行为的成本。这反映在路径选择和制度设计上，一方面要缩小逃避清算和诚信清算之间的成本－收益差别，激励使用者遵循规范使用孤儿作品；另一方面要减少权利人实施机会主义挟持的利益诱因，增加事后主张权利的成本，诱导其及时公示权利并放弃对无害使用行为的追诉。

其二，激励文化记忆机构、商业主体乃至公众个人参与、投资文化遗产数字化及后续开发利用。这反映在路径选择和制度设计上，首先要将使用孤儿作品的侵权风险控制在使用者可接受的、可预期的、可控制的水平，保护诚信使用者的信赖利益；其次要考虑数字化时代作品使用方式的多样性，使用对象的规模性，使用活动兼具营利性与公益性等特点，充分回应社会需求；最后还应当综合考虑我国著作权产业发展状况、科技发展和信息化基础设施建设水平，合理确定使用者的清算义务，降低孤儿作品使用的交易成本。

二、我国孤儿作品制度的立法模式与立法体例

（一）立法模式

为孤儿作品的使用创设制度路径，最先遇到的问题是制度模式的选择。不论是"ECL"模式、"权利限制"模式、"强制许可"模式、"责任限制"模式。其本质上都是责任规则（liability rules）在著作权权利配置上的运用，不同程度上限制了著作权的排他属性，因而必须满足"三步检验法"才具备基本的正当性。[1] 如笔者先前分析的，域外立法例普遍满足三步检验法的要求，它们的差异主要体现在适用范围宽窄、使用行为的合法性与确定性高低以及权利限制的强弱等方面。前文对各种制度模式的比较法考察揭示了各种模式的基本特征和优缺点，可供立法研究参酌。

在我国著作权法第三次修订过程中，自第二稿至送审稿均含有专为解决数字环境下孤儿作品使用难题的法律条款，采取的是以"查找无果—申请核准—提存费用—许可使用"为特征的"准强制许可"模式。[2] 尽管最终姗姗来迟的第三次修正案并未吸纳这一条文——着实令人意外和遗憾，但"强制许可"和"准强制许可"模式仍不失为当前一段时期内最适合我国的孤儿作品制度模式。这主要是考虑到我国著作权法律制度生根萌芽于计划经济体制时期，其发展和运作过程带有浓厚的行政色彩，在一定程度上羁绊了著作权产业市场化的步伐，但也在客观上推动了著作权行政管理水平的提高和著作权行政执法队伍的壮大。自 2008 年国务院颁布知识产权强国战略以来，我国知识产权事业迎来了发展的黄金时期，著作权行政管理体制愈加健全，行政执法水平和理论素养不断提升，凝聚了较强的社会公信力，适合作为孤儿作品强制许可的审查和决定主体。其他几种孤儿作品制度模式是以著作权集体管理组织或者法院作为主导整个制度运行的核心，而我国著作权集体管理制度建立时间不长，其制度现状和法律规定

---

[1] 关于制度模式的比较法研究见本书第四章。

[2] 关于强制许可和准强制许可的区别见本章第二节。

还有不少不尽合理、亟待改进之处；著作权集体管理组织在全社会的声望、公信力以及在行业内的代表性仍有很大的提升余地，因此以集体管理为制度依托的 ECL 模式在一段时期内还难以有效运作。我国现行法上几种法定许可的实施也离不开相关作品的著作权集体管理组织参与，后者不仅依法担负着作品使用费的"收取—转付"媒介职能，而且理论上担负着监督社会上遍在的使用行为并维护权利人合法权益不受侵害的职能，但长期以来著作权集体管理组织在这两方面的作为表现都不尽如人意。因此，借鉴欧盟指令的"权利限制"模式，建立一项新的法定许可来化解公共图书馆等主体的作品数字化使用困境的建议，也必须直面和首先解决著作权集体管理制度自身的问题。美国立法建议稿采用的"责任限制"模式将因孤儿作品使用引发的侵权纠纷交给法院裁断，虽然对权利人的机会主义动机具有较强遏制力，但同时给权利的正当行使造成了较大负担，甚至有可能助长侵权使用，给大众造成困惑和不解，不利于社会版权文化的育成，因此在立法过程中恐怕难以得到权利人方面的支持。

（二）立法体例

从域外立法例来看，孤儿作品制度立法的体例安排主要有以下两种：一种做法是将其纳入《著作权法》中予以规定。加拿大版权法第 77 条、日本著作权法第 67 条、印度版权法第 31A 条、英国 2020 年 12 月 31 日前的版权法第 44B 条以及我国 2014 年《著作权法（修订草案送审稿）》第五十一条等，采取的就是此种体例。另一种做法是在《著作权法》以外的法律法规中对此项制度的内容加以规定。[1]

利用政策色彩较浓厚的产业促进法为"砧木"来嫁接这样一项新制度，一方面可以避免因增设局部性的新规而迫使著作权法基本框架和主体内容作系统性调整；另一方面可以根据文化创意产业内部各细分行业的特点再行制定具体、有别的实施办法，对适用范围和条件进行收放，便于在一定

---

[1] 由于法律规范调整的是作品使用行为产生的社会关系，因此也属于实质上的著作权法范畴。

行业范围内进行试点。虽然从整体来看，后一种立法体例不如前一种来得普遍，但对于在较短时期内解决我国孤儿作品使用难题不乏现实意义。毕竟《著作权法》第三次修正案历经十载斟酌酝酿方得通过，短期内无望再度修订。此外，将孤儿作品制度的功能和目标定位于助力相关文化产业发展，可以顺理成章地突破对使用主体和使用行为的公益性限制，使符合条件的个人使用和商业性使用亦得以享受这一制度带来的便利。

当然，无论置于哪部法律中，作为法律条款的制度性内容通常都比较原则、粗略，必须出台相应的实施细则和操作指南，增强制度的可操作性。例如，加拿大负责依法实施孤儿作品强制许可的版权委员会在官网上给出与该制度的运作相关的简明指示。另外，还应当考虑在有关法律法规中增加协同性规定，例如在《中华人民共和国公共图书馆法》中以示例的形式，明确公共图书馆面向社会公众免费提供"文献信息查询"的服务包括文献版权信息查询；在《著作权集体管理条例》中明确规定集体管理组织负有为使用者提供信息查询和查找方面协助的义务；等等。

三、孤儿作品"准强制许可"的适用范围

无论是对文化遗产进行数字转化，还是对数字化内容进行传播和再利用，要想最大限度地让社会大众从知识的保存、扩散、转化和创新中受益，就必须尽可能地扩大对象领域，尽可能多地覆盖不同类型、不同性质、不同来源的权利客体。

（一）是否仅限于已发表的作品

首先应当明确的是，"孤儿作品"的认定取决于两个基本要件——表达受著作权保护和权利人经查找依然无法确认身份与虽可确认身份但无法联系。可见，孤儿作品的认定与作品是否已发表无关。作品发表与否，是各国在确立孤儿作品使用方案的适用范围时所考虑的因素之一，即决定该国孤儿作品制度是仅适用于已公开的孤儿作品，还是一体适用于所有孤儿作品。

孤儿作品使用制度应当限于已发表的作品吗？主流观点持肯定态度。大陆法系的作者权法理论认为，发表权是著作人格权重要的组成部分，是作者决定是否、何时、如何将作品公之于众的权利。"作品是作者的思想、观念、情感、理想、主张、价值观的反映"，是否发表应当由作者决定，如果作者出于某种考虑而决定暂时甚至永久不公开作品，其意愿也应当得到充分尊重。[1]因此，各种"权利的例外与限制"也往往指明仅适用于已发表的作品。英美法传统上认为著作权系纯粹的财产性权利，不承认其中包含人格性的内容，立法上没有对"发表权"作出规定，但相关利益并非不受保护。因为作品在首次公开使用时必然同时行使了发表权，只要保证权利人控制作品的使用权，也就保障了他从首次公开使用中可得的经济利益。也是出于这一考虑，传承大陆法系理论传统的《伯尔尼公约》和一些大陆法系国家同样没有规定发表权。此外，在英美法上，未公开作品还被视为作者的隐私范畴加以保护。

不过，相反的观点也不无道理。首先，私人书信、日记、手稿等未公开作品也是铸就人类历史的一砖一瓦，不应一概排除在孤儿作品制度适用范围之外，应当有条件地允许人们借助这一制度去开发利用未公开作品的价值。其次，著作权制度的目标在于促进作品的创作和广泛传播，使社会公众从中受益，保护隐私并不是著作权法的任务，何况现实中也只有极少数孤儿作品与作者的隐私相关涉。最后，孤儿作品相关信息比较匮乏，仅从其自身内容以及被文化机构或个人所收藏等少量事实信息中无法判断其是否曾经公开，若要求使用者在使用以前确定或者证明作品已经公开，必

---

[1] 王迁. 著作权法 [M]. 北京：中国人民大学出版社，2015: 147.

然会增加额外的信息搜索成本。[1]

正反两种观点在域外立法中都有所反映。加拿大、日本、韩国等立法中明确规定了已发表/已出版发行的要件。欧盟《孤儿作品指令》原则上适用于已发表的作品，但它同时规定，"虽未正式发表或公开播送，但经权利人同意，由公共文化机构收藏的作品"也可适用。因为机构的属性决定了其收藏的文献资料都是面向公众开放的，既然权利人以捐赠、出售等方式自愿地将作品交给该机构收藏，也就默许了后者将自己的作品作为一种知识信息加以公开。美国孤儿作品立法建议稿和英国的孤儿作品立法都没有明示排除未公开的作品，相关判例也表明，未公开的作品可以成为合理使用的对象。

不刻意区分作品是否发表无疑有利于作品的传播和使用。实践经验和理论推断表明，要查明一件孤儿作品的版权状态如何实属不易，要判断该作品是否已经合法公开则更加困难。尤其当相关作品系使用者个人从二手市场、旧货店或者私人处取得，而非取自记忆机构馆藏时，要证明该作品已得到权利人同意而公开难度更大。

不过，基于我国著作权立法一贯谨慎、稳健的政策立场，考虑到我国

---

[1]　以加拿大版权法为例，作品和录音制品必须满足"已发行"的条件，表演和广播电视节目必须满足"已固定"，方可适用孤儿作品强制许可。如此规定就是考虑到尊重作者公开作品的意志和隐私，并保障其通过出版发行以实现经济利益。在实践中，拟使用对象不满足"已发行"要件是导致强制许可申请被驳回的重要原因——根据笔者的统计，从1989年该制度创设伊始至2018年年底，被驳回的22项申请中有半数皆因"拟使用对象非已发行作品"所致。这除了与拟使用对象系"已发行"作品这一事实不易证立有关以外，还与立法者当初对数字创作和网络传播形式预见性不足有关——该法第2.2条将"通过电子通信方式公开传播作品"明示排除在"发行"的外延之外，而根据第2.4条，通过网络向公众提供作品的行为也属于"电子通信方式公开传播"的范畴，因此实践中有申请人就YouTube上发布的视频提请强制许可，被委员会以使用对象均不符合"已发行"要件为由驳回。

的合理使用、法定许可历来仅适用于已发表的作品，将孤儿作品使用制度的适用范围限定为"已发表的作品"，不仅是著作权法体系化的必然要求，而且是出于减少不同利益团体之间意见分歧，推动相关立法和实施的现实考量。至多可以考虑在未来的实施条例中借鉴欧盟指令的做法，为图书馆等公共文化机构馆藏的"发表与否"采取较为灵活、宽松的认定标准——在无反证的情况下推定其已发表。

（二）是否适用于外国作品

东道国能否将外国作品纳入本国孤儿作品制度的适用范围，使之能够为本国使用者所利用？

目前，支持不将外国作品排除在外的肯定论者比较多。首先，与反对排除未公开作品的理由类似，在许多情况下，要确认作者的国籍和作品的最先出版国这两个事实因素并非易事，若必须排除外国作品则会给孤儿作品使用者增加信息搜索成本。其次，在跨国文化传播交流的大背景下，无论使用者是否明确意识到此类问题，其使用对象都有可能是外国作品，如果政策上"内外有别"，就会严重影响一国的孤儿作品制度的完整性。最后，根据《伯尔尼公约》的国民待遇原则，外国作品在根据东道国法律享受权利的同时，也有受制于该国著作权法的义务。换言之，东道国可以将其纳入孤儿作品制度的对象域中，与本国孤儿作品一体对待。但如果已知拟使用对象系外国作品，那么无论是查找权利人抑或审查机关的审查，操作难度都远胜于本国作品——没有专业人士、域外人士的协助恐怕难以完成。

各国在这个问题上的政策取向也有一定差异。韩国等少数国家将适用对象限定为本国作者的作品，大多数国家没有明确排除外国作品。欧盟《孤儿作品指令》原本就旨在推动欧洲文化遗产在成员国之间、依靠网络实现便捷的跨境传播与获取，因此作者与权利人的国籍、作品的首次出版国或首次公开播放国、视听作品制作者的总部或者经常居住地所在国等因素只关系到使用者应当在哪一国范围内实施查找，而不影响该作品作为孤儿作品适用该指令。

我国可以考虑将孤儿作品强制许可的适用范围限定为本国作品，具体包括：①作者是中国自然人、法人或其他组织的作品；②首先在中国境内出版的作品；③未出版但首先在中国境内公开播放的作品。无法确认作者的国籍、作品首次出版国以及首次公开播放国，但又没有相反证据的，可以作如下推定：中文作品的作者为中国人，中文出版物首次出版于国内，中文的广播电视节目首次播放于国内。同时，著作权行政主管机关要建立孤儿作品登记系统，并从制度上保证许可授予和依许可使用等信息足够公开、透明，便于公众——包括作者和权利人通过检索获悉。

（三）是否延及邻接权客体

域外立法例大多以列举外延的方式来规定制度适用的对象。对象范围不仅包括狭义的著作权客体"作品"，而且包括一部分邻接权客体，即录音制品、表演者的表演和广播电视节目信号等。例如，欧盟《孤儿作品指令》的适用对象包括：印制文字作品（例如，图书、期刊和报纸等），电影与视听作品，录音制品，以及被包含或者融合于上述作品或录音制品中的其他作品（例如，图书中收录的美术作品或摄影作品）等"版权或者邻接权客体"。[1] 加拿大版权法第 77（1）条的适用对象为"已出版发行的作品；已固定的表演；已出版发行的录音制品以及已固定的传输信号等"。根据印度版权法第 2 条的术语释义，"作品"的外延包括"文字、戏剧、音乐或者美术作品，电影，对声音的录制"；据此，该法第 31A 条所规定的孤儿作品强制许可的适用对象也包括录音制品在内的广义版权客体。

实践中，以录音、固定的表演（主要是吟唱、朗诵等）和广播信号为表现形式的信息资料不在少数；具有动态、直观、信息密度大等特点，且往往为"第一手资料"，是静态的文字、图片无法代替的。大多数域外立

---

[1] See Directive 2012/28/EU on Certain Permitted Uses of Orphan Works, article 1. 2.

法例未明确地将邻接权的客体排除在外；唯有如此，孤儿作品制度才能顾及现实中公众对不同类型文化产品的需求，实现孤儿作品立法政策的目标。当然，由于不同国家或地区版权政策的差异，孤儿作品立法关于适用对象以及限制条件的规定有所区别，事实上不可能涵盖广义著作权法上的所有权利客体。

基于以上，笔者建议应当在立法上明确表演者权、录音录像制品制作者权以及广播组织者权等邻接权的客体也同样适用于孤儿作品使用制度，或在立法作出原则性规定以后通过实施条例对适用对象的范围加以明确。至于我国著作权法中比较特殊的邻接权客体——版式设计，由于其权利保护期仅有 10 年，在这一时间范围内能够就装帧排版主张保护的正规出版图书，落入孤儿作品范畴的可能性几乎为零，因此立法上可以不予考虑。

四、对查找的规范与审查

"勤勉查找"[1] 是确认孤儿作品的前提和阻却使用行为违法性、限制侵权责任的条件。[2] 尽管孤儿作品制度设计都旨在降低使用孤儿作品的交易成本，但只要该制度以查找权利人作为孤儿作品使用的前置环节，这部分成本就是不可避免的。查找机制设计是否科学、合理，将对孤儿作品使用立法的可操作性与实效性产生重要影响。

---

[1] 当然，域外立法例并不都采用"勤勉查找"的表述，但为了叙述顺畅，在此权将"勤勉查找"作为孤儿作品使用制度中适格查找的一般性表述。

[2] 北欧模式是一个例外。在该模式下，由集体管理组织负责查找权利人，潜在使用者事前无须履行查找义务。但严格来说，延伸性集体管理并非专为解决孤儿作品问题而设，其本来旨在提供一项"全覆盖"的集中许可机制，以降低使用者搜寻作品和权利人的信息成本，从而解决技术进步带来的作品使用需求旺盛与分散许可的效率低下之间的矛盾，扩大使用者获取作品的范围并降低交易成本。只不过，该机制的特点与孤儿作品授权使用的障碍有着高度的契合性，因而成为一种现成的制度工具，所以认为"事前勤勉查找"是孤儿作品立法的"标配"也并无不妥。

（一）孤儿作品使用立法对"查找－审查"环节的安排

以"查找权利人""对查找有效性的审查确认"以及"使用作品"三个环节的先后顺序及其衔接关系为视角考察当前域外立法例，可以发现，当前主流的孤儿作品规制模式在查找环节的安排方面大致分为 3 种样态。

1. "事前查找＋事前审查"

"事前查找＋事前审查"是目前最广泛采用的孤儿作品强制许可的重要特征。在某种意义上，强制许可是对"先许可后使用"的著作权法则进行变通，以权威第三方——行政机关或其指定的机构来代替著作权人对使用者的请求作出审查和回应（是否授权），给潜在使用者一个明确的答复，使后者在着手使用作品以前就能明确使用行为的法律性质与后果。但作为代价，潜在使用者必须在事前通过查找确认作品的孤儿性质，并就查找的合理勤勉程度向审查授权机关提供证明，审查机关也要对提交材料和证据加以审查核实，从而导致整体耗时较长、成本较高。对有着大规模数字化需求的公共文化机构和数字图书馆经营者，逐一履行查找并等待审查将是不小的负担。

2. "事前查找＋事前备案"

欧盟所采取的"权利限制"模式，从本质上看，是权利人享有停止使用请求权的"法定许可"。指令不要求各国主管机关对使用者提交的材料进行实质审查，各国主管机关的职能主要是对材料进行形式审查，并将合格材料转呈到欧盟委员会内部市场协调局创设的孤儿作品网络数据库进行备案。换言之，只要个案情形满足相关法定条件——包括使用者的事前查找满足了法定的最低标准，法律就可代替权利人自动向使用者发放许可。[1]

3. "事前查找＋事后审查"

由于美国立法建议稿用以规制孤儿作品使用难题的方案是对诚信使用

---

[1]　由此而言，欧盟孤儿作品使用制度类似于"权利人可以随时叫停的法定许可"。

者的侵权责任风险予以限制，该方案虽然要求使用者也要在事前履行合理勤勉的查找，但并没有赋予版权行政主管机关事前审查的职责，而是将对查找的审查环节放置在事后可能发生的侵权诉讼中，交由法院来进行。如果使用者在使用开始前诚信地实施了合理勤勉的查找，且在首次因侵犯该作品版权而进行的民事诉讼程序中提出"孤儿作品使用者"抗辩，并在首次证据开示中提交与抗辩事由相关的证据，法院审查后认定其符合法定的"责任限制"要件的，应当对被告的侵权责任的履行形式和程度依法予以限制。

这种模式的特点在于，将对查找的审查挪至事后，与发生概率较低的权利人诉讼关联起来，从而最大限度地简化有碍使用活动及时、高效开展的前置行政手续，省却大量客观上本无须进行的审查。但由于审查的后发性，使用者在事前即使履行了勤勉查找，仍会对查找的有效性抱有疑义；换言之，在行为后果的确定性方面，无法与"事前审查"模式相比。

由于"事前查找"与"事后审查"之间的衔接不如"事前查找+事前审查"紧密——二者可能间隔数年之久，因此诚信履行了事前查找的使用者还必须妥善保存查找记录和证据，以备突发的诉讼之需。

"事后审查"的启动取决于权利人的现身和起诉，这本身就存在很大或然性，同时权利人难以监督、察觉分散、隐蔽的使用行为，难免会令使用者心存侥幸。为了遏制使用者的机会主义行为，保障权利人的知情权，在 2015 年版的孤儿作品立法建议稿中，美国联邦版权局重新引入了 2008 年删除的"使用声明"规则，要求使用者将查找过程与结果连同对拟使用作品和使用意向的简要描述一并提交到版权局"使用声明登记系统"进行备案公示，以强化时间认证和证据固定的效果，杜绝使用者事后补造、窜改查找记录的可能，也为权利人提供了一个及时了解作品使用情况的窗口。

4."事后查找"

ECL 制度以及法国"绝版书法案"确立的"推定集体管理"制度中都

采取事后查找模式。这也是 ECL 区别于其他几种解决孤儿作品使用难题的制度方案的主要特征。

首先，查找不是发生在使用开始以前，而是在实际使用以后。使用者在与集体管理组织签订一揽子使用许可后，即可以以许可协议上约定的方式使用特定类型的作品，并在规定时间（例如，一个年度结束后）将当期使用情况明细反馈给集体管理组织，后者据此向相关作品权利人支付许可费。在这个过程中，集体管理组织即可发现使用清单中是否含有不属于集体管理作品库的作品，即非会员权利人的作品。

其次，实施查找的主体是集体管理组织而非使用者，实施查找的目的不是为了向著作权人征求许可，而是为了分配集体许可所得的收益。因为如果该集体管理组织依法享有实施 ECL 的资质，那么其集体许可协议将自动延伸覆盖以非权利人作品为标的的使用行为。换言之，使用者依据一揽子许可协议而实施的作品使用行为是合法的授权使用，没有侵权之虞。

再次，查找权利人无果的法律后果是，开始计算报酬请求权的主张时效——在法定年限内，若权利人未现身主张权利的，法律通常规定该笔收益归集体管理组织取得，专门用于扶持创作、发展艺术和文化教育以及培训艺术家等公益用途，这与前三种"事前查找"模式中的查找权利人无果的后果大相径庭。

最后，ECL 制度并未给使用者课以查找义务，自然也没有设置相应的审查机制。主管机关有权对集体管理组织的运作进行监督，只不过，监督的目的是确认其是否履行了平等对待会员与非会员权利人，公平、及时分配收益等义务。

（二）对有效查找的界定

事前查找的成本是一些学者主张在数字时代引入 ECL 解决孤儿作品使用难题的主要原因。但是如本书第四章中分析的，该模式的原生社会的性质、结构、著作权产业发展状况和法律文化传统等与我国有很大差异，为了避开事前查找而引入这一模式可能弊大于利。而绝大多数国家、地区的孤儿作品制度要求使用者事前依法对权利人进行查找。对我国而言，应当更多关注的是如何在保护权利人合法权益的前提下，降低使用者在准强制许可模式下实施查找的成本。对于公共图书馆和大型数字技术服务提供商等使用者，一方面要利用其资源优势，为社会其他主体提供公共信息，创造使用便利；另一方面，要合理衡量有效查找，避免使用者因成本过高而丧失动力。

1. 建议表述为"合理努力的查找"

查找权利人是确认孤儿作品"身份"并据此实施替代性授权许可方案的重要机制。由于语言习惯和法律文化的差异，不同国家和地区对于有效查找的措辞表述存在一定差异，欧盟和美国在规范性文件和官方文件中使用勤勉查找（即"diligent search"）的提法，加拿大版权法上表述为已尽合理努力的查找（即"has made reasonable efforts to locate the owner"），日本著作权法上表述为"付出相当的努力"。我国 2014 年《著作权法（修订草案送审稿）》第五十一条所用的措辞是"尽力查找"。

有学者认为，与域外立法采用的"勤勉查找""合理努力查找"等概念相比，我国《著作权法（修订草案送审稿）》采取的"尽力查找"一词显得不够切当。[1] 正如学界广泛认同的那样，孤儿作品的认定只是一种主观认定，因为能够投入查找的理性和资源是有限的，力所能及的深度和广度也是有限的，无法以科学式的求真态度去刨根问底。[2] 而在汉语中，"尽力"有一种勉力为之、不计代价的意味，可能导致相关主体在解释与适用该法条时对使用者课以过高的查找义务。

笔者基本同意这种看法。以查找权利人无果作为认定孤儿作品、限制

[1] 邵燕. 孤儿作品著作权问题研究 [M]. 北京：法律出版社, 2017: 214-215.

[2] 持这种观点的代表人物如王迁等。王迁."孤儿作品"制度设计简论 [J]. 中国版权, 2013(1): 30.

著作权排他性的前提条件，是将权利信息缺失造成的交易成本分配给使用者，让后者为前者的不作为"买单"，是现行著作权制度下不得已的选择。过高的查找要求必然会加重使用者的成本负担。基于鼓励孤儿作品资源开发利用的目的，并考虑权利人与使用者、公众之间的利益平衡，这种查找应当是适度的、合理的。不过，笔者不认同采用"勤勉查找"来替换"尽力查找"。勤勉一词的学术色彩太浓，不符合我国立法语言的平实和直接的文风。我国可以借鉴加拿大版权法第 77 条采用的"reasonable efforts"，将其表述为"使用者（或申请人）应当尽到合理的努力"。[1]

2. 对"合理努力查找"的界定

在"权利限制""强制许可""责任限制"这三种包含"事前查找"要件的孤儿作品立法模式下，使用者是否履行了查找权利人的义务以及查找是否达到"勤勉"的程度，决定了此次查找结论——该作品是否为孤儿作品——的有效性（validity），进而决定了使用者能否取得合法使用资格或者是否具备责任限制抗辩的条件。

对有效查找标准的界定和判断是严格抑或宽松，影响着使用者的交易成本和权利人的利益。不少权利人——他们在当下的身份当然不是孤儿作品的权利人——呼吁立法者确立更为严格的查找标准，对使用者课以更高的勤勉和注意义务，权利人认为过于灵活的判断标准降低了使用者的侵权成本，是在帮助使用者掠夺"无人看守"的作品的价值。[2] 相反，使用者则希望立法者考虑查找方式的经济合理性与可操作性，认为过于烦琐、专业化的查找带来的高成本将严重阻碍有益于社会整体的作品使用活动，影响孤儿作品制度运行的实效。尤其是有着大规模数字化需求的公共文化机

---

[1]　在下文中，凡以我国孤儿作品准强制许可为语境时，皆采用"合理努力查找"的表述。

[2]　CASTLE C L, MITCHELL A E. Unhand that orphan: evolving orphan works solutions require new analysis [J].Entertainment and Sports Lawyer, 2009(27) : 21.

构，可能不得不审慎考虑使用哪些作品、放弃使用哪些作品。

当前，域外立法上对于有效查找的界定模式可以分为两类，即标准模式和规则模式。

（1）标准模式

标准模式是指立法上不明确规定应当查找的范围，只是设定抽象标准，让审查机关（法院或行政机关）在个案中对使用者的勤勉与否作出实质判断。加拿大孤儿作品强制许可制度中的"合理努力的查找"和美国孤儿作品法案所规定的"诚信的合理勤勉查找"都属于标准模式。

标准模式的优点在于，审查机关有较大的自由裁量权，可以通过解释相关概念的内涵，使对查找有效性的认定结果更加切合个案的特殊性。但其不足也很明显：首先，标准的应用成本高于规则，因为标准的应用需要审查主体对事实与标准之间的相符程度作出判断，在应用频度较高的场合采用规则要比采用标准更具有经济合理性；其次，使用者在查找时难以把握分寸，无所适从，可能为了求得稳妥而"过度勤勉"地查找。

以加拿大版权法为例。加拿大版权法第 77（1）条规定，使用者要获得强制许可必须以事先尽到"合理努力的查找而无果"为前提。以"合理努力"一词来限定查找，意在表明申请人并不是非得穷尽客观上一切可能的方式、步骤，不过，该条款没有对"合理努力"作出进一步的解释。版权委员会在实践中也未行使第 77（4）条所授予的行政立法权，制定查找规范或者"最佳实践"，这主要是为了保证版权委员会在面对多样复杂的现实情况时能有足够的裁量余地，避免受到规则刚性的束缚。同时，为了使公众在实施查找和申请许可时不至无所依从，版权委员会制定了指导性文件《孤儿作品强制许可手册》，向公众解释与孤儿作品强制许可相关的基础法律问题，其中就查找作品权利人提供了若干原则性的建议，包括开展查找通常应当以集体管理组织为起点，因为集体管理组织掌握着大量会员权利人的个人信息和作品信息，所以它们常常与外国同类集体管理组织有所联系，有可能帮助使用者查找外国作品权利人，并向公众提供了一份完整的国内集体管理组织的目录及联系方式；使用者可以进行网络检索，与作品出版者、图书馆、高校、博物馆或者教育部等文化机构取得联系；如果作者已经去世，则可以从不动产继承方面入手查找该作品可能的现任权利人。可见，加拿大孤儿作品强制许可制度在立法和执行过程中，都没有就使用者应当查找的信息来源作出明确指示。最后，版权委员会在审查实践中确立了一系列非正式的考量因素，包括申请人是个人、商业机构还是公益机构；使用行为是否具有营利性或商业性；拟使用作品或其他权利客体的类型、状态；作品及其关于作者、权利人的已知信息等。这些因素可以为审查人员和强制许可申请人提供有限的评判指引，但无法指引使用者如何去实施查找。

（2）规则模式

规则模式是指，只要使用者完成了对法律规定的信息来源的检索和查询，即可认为其满足了"勤勉"要求。欧盟《孤儿作品指令》及其成员国对指令的转化立法就属于此种模式。[1]

以英国为例。该国为了实施欧盟《孤儿作品指令》而出台了2014年《版权与表演者权（孤儿作品特定使用许可）条例》[2]，其中第4（2）条规定，"勤勉查找是指（使用者）对以下相关信息来源实施合理查找以确认权利人身份并查找其联系方式"；第4（3）条规定，使用者应当先对欧盟内部市场协调局和本国主管机关（即英国知识产权局）创设的孤儿作品登记

[1] 《孤儿作品指令》附录的内容见本书第四章第二节。应当指出的是,尽管本书将欧盟各国的转化立法归为"规则模式",但实际上像英国这般细致的国内立法是极少的,更多的欧盟国家并未或者尚未对"勤勉查找范围"作清单式的罗列,只是将《孤儿作品指令》附件的内容照搬到国内法上。例如,《奥地利著作权法》第56e(3)条规定,"恰当的查找范围至少应当覆盖2012/28/EU指令(即《孤儿作品指令》)附件所列出的那些信息来源"。

[2] The Copyright and Rights in Performances(Licensing of Orphan Works) Regulations 2014. 该条例通过后,各主要条款即被纳入英国版权法,成为1988年《版权、设计与专利法案》的新增或修订内容。

系统或数据库进行检索，查无结果时再根据该条例附件中的列表（与欧盟指令附件基本一致）展开查找。在此基础上，英国知识产权局还制定了"勤勉查找指南"，其中对条例中规定的"查询范围"所包括具体来源作了更加全面、详尽的梳理和罗列，将适用对象按照作品类型和属性划分为"已出版图书""已出版的图书内包含的静态视觉艺术作品""独立的视觉艺术作品""报纸、期刊""声音的录制""戏剧（音乐作品）""未出版静态视觉艺术作品""法人制片人的电影作品""戏剧（文字作品）""有声读物（录音）""有声读物（文字作品）""其他声音的录制""广播剧（文字作品）""个人作者制作的电影作品""未出版的电影作品和声音的录制""未出版的文字作品"等16个类别，并逐类罗列了所需查询的信息来源，例如"已出版图书"项下有86个信息来源，"报纸、期刊"项下有76个信息来源，"戏剧"项下有55个信息来源，排除重复项后，这样的信息来源总计有221个。[1]

与标准模式相比，规则模式的优势在于提高查找行为效力的可预期性，使用者只需对法定范围内的信息来源逐一实施查找，即可确保查找行为和结果的有效性。但规则在事前制定得越精确，在现实应用时越可能显得粗糙，为了与现实的变化保持一致，又必须不断地修正规则。更重要的是，过分精确而缺乏弹性的规则，可能反而增加使用者因"查找不合规"而构成侵权的风险。有学者指出，欧盟采用的列表式查找清单不仅没有切实地减轻孤儿作品使用的交易成本，而且增加了额外的成本——虽然有迹象表明某件作品系孤儿作品，但公共文化机构仍不得不依照清单完成烦

---

[1]　因为有些信息来源本身就是综合性的作品信息库，如 WATCH、欧盟孤儿作品登记系统、英国孤儿作品登记系统、出版物法定交存机构等，而像家谱、遗嘱、继承方面的信息库对各种类型作品权利人查询都适用。

琐的查找。[1]

（3）我国的选择

在许多情况下，规则与标准的界线并不十分清晰，规则的构成要件、例外或开放性兜底条款都是或者可能是一个小的标准；反之，标准中也常常包含着小的规则。本书对"规则模式"与"标准模式"的划分也是相对的。实际上，绝大多数关于勤勉查找范围的立法例就是"规则与标准的混合物"，只是二者在其中的比重不同而已。

在英国、意大利等"规则模式"立法例中[2]，尽管勤勉查找范围已被具体化为冗长的信息来源清单，但立法表述中依然提示该清单是例示性（illustrative）而非穷尽性（exhaustive）的，即不排除在个案中要求使用者就清单之外的信息来源进行查询，也不排除在一些情况下，使用者虽未实际遍查清单中的所有信息来源，但依然可以认定为其做到了勤勉查找。换言之，关于勤勉查找的规则模式立法也包含着需要审查主体加以解释和判断的一般原则。反之，被归为"标准模式"的加拿大、美国等立法（法案），也并非没有确立任何具体的规则。

规则模式与标准模式各有利弊，采取何种模式将极大影响制度整体运行的效果，政策制定者应当结合该国的孤儿作品制度的特点、著作权产业与文化产业发展状况、信息化建设水平、审查机关专业队伍建设水平等来加以考虑。

笔者认为，我国现阶段对有效查找的认定，宜采用标准模式而非规则模式，理由如下：

首先，我国立法者选择采用"准强制许可"制度作为解决孤儿作品使

---

[1]　BORGHI M, ERICKSON K, FAVALE M. With enough eyeballs all searches are diligent: mobilizing the crowd in copyright clearance for mass digitization [J]. Chicago-Kent Journal of Intellectual Property, 2016(16): 153.

[2]　意大利也与英国一样，出台了配套的法令，将欧盟指令附件的勤勉查找范围转化为具体的信息来源清单。

用难题的方案。这种制度本就不以高效率见长，甚至可以说，它是在一定程度上牺牲管理成本和运行效率来提高孤儿作品认定结果的准确性，为限制孤儿作品著作权的排他性提供了正当性基础。

其次，尽管我国孤儿作品使用立法没有将使用主体限定为公共文化机构，但是公共文化机构必然是事实上最主要的使用者。在当前以及今后一段时期内，我国公共文化机构不甚宽裕的财政状况恐怕难有显著改善——无法与商业数字图书馆经营者和欧美发达国家的公共文化机构相提并论，要求其查询一切可能的信息来源，将严重妨碍机构的文化遗产数字化进程。不妨利用审查机关的自由裁量权，给予公共文化机构更多信赖，结合作品性质、年代等因素对查找范围进行合理限制，以鼓励和推动作品的数字化保藏、传播和利用。而申请就孤儿作品进行营利性数字化使用的商业机构，一般有能力承担开展更大范围的查找或者委托专业机构查找，审查机关可以适当从严把握"合理努力"的标准。

最后，查找成本与待查信息来源的数量和查询便利度密切相关。我国目前与作品权利信息查询相关的信息系统的网络化水平和开放程度还不高，一旦采用规则模式，即明确规定必须查询的信息来源清单，反而会导致信息搜索成本过高，从而使部分使用者被迫放弃使用。欧盟学者认为，评价各成员国转化立法上勤勉查找机制的可行性如何，最重要的一点就是考察各国规定的查找范围内的具体信息来源的便利程度如何——是否均可通过网络访问，是否存在下述妨碍通过网络自由访问和查询的情况：①需要注册后才可查询；②需付费才可查询；③只向特定用户开放查询；④未开通网络查询平台（使用者必须通过走访、电话、邮件与对方取得联系后请求调取信息）。[1] 近十年来，我国在版权公共服务体系、作品登记制度

---

[1] FAVALE M, SCHROFF S BERTONI A. Requirements for diligent search in the United Kingdom, the Netherlands, and Italy [EB/OL]. (2018-02-18)[2018-02-18]. http: //diligentsearch. eu/resources.

等方面已有了长足的进步。2011年10月24日，国家版权局下发了《关于进一步规范作品登记程序等有关工作的通知》，旨在改变我国作品版权登记长期以来"多元、分散、不一致"的状态，赋予中国版权保护中心承担全国作品登记信息统计、公告和接受查询等任务，建立全国统一的作品登记信息数据库和查询信息系统。不过，作品登记终归要由权利人启动申报，他们之所以愿意投入成本办理登记，因为其预期该作品的价值将超过办理登记和权利管理的成本。尽管作品登记信息是查找权利人的最基础环节，但对于年代较早的作品、非为商业目的创作的作品、网络匿名发表的作品以及未公开的作品等对象，著作权登记无法提供有用的线索。同样，我国法定的接受出版物样本缴送的机构——国家图书馆、中国版本图书馆和国务院出版行政主管机关所能提供的也仅是经正规渠道出版发行的图书、报刊、音像制品、电子出版物的相关信息。[1] 在现实中，查找权利人的线索和信息来源还包括出版社、行业协会、集体管理组织、版权代理机构、图书馆、档案馆、人力资源管理机构、企业登记机关、公民身份信息管理机构等数据库和信息系统，其中有的尚未实现数字网络化，有的则不面向公众开放查询，如需查询须履行繁复的手续，甚至根本无法获取。

总体而言，以"合理努力查找"作为孤儿作品使用的前置环节，在实际运行过程中必将面临较多障碍和成本阻力。著作权行政主管机关很难在制度建立伊始就详尽地列出所有可能的信息来源——欧盟成员国中仍有许多至今未实现；即便列出了信息来源清单，一刀切地要求不同身份属性的使用者都按该清单实施全面查询，难度很大。

在个案中，使用者力所能及的查询深度和广度受制于许多主客观因素，查找的结论——孤儿作品身份的认定——本质上是主观的、非绝对的，道理也就在于此。因此，要求所有使用者，在任何情况下，对不同类型的作

---

[1] 此类出版物信息备案涉及的通常只是主要作品的信息，不包括从属作品，如书中插图的权利人信息。

品适用同一套"对照操作手册"（checklist）来查找作品权利人既不合理也不现实。相对而言，加拿大版权法、日本著作权法以及美国联邦版权局的立法建议更为可取[1]，即仅在立法上确立勤勉查找的基本原则、基本范围和审查时应予考量的因素，为使用者实施勤勉查找以及审查者评判查找充分性与有效性提供原则和框架。同时，鉴于标准模式在操作指引方面的不足，我国还应当从以下 3 个方面进行配套建设。

其一，著作权行政主管部门应当尽快出台行政指导性的文件（如"查找指南"），开列已知的信息来源清单，并就查询的步骤、方式提出建议，供使用者，尤其是缺乏版权知识和专业经验的使用者参考执行。

其二，应当大力推动集体管理组织、行业协会、公共图书馆、档案馆等负有作品信息保存和查询功能的机构完善其数据库和网络信息平台建设，尽可能扩大信息共享面。

其三，对列入必须查询的信息来源清单的团体、机构设定协助和答复义务。例如，在《著作权集体管理条例》第二十四条中增设一款，规定集体管理组织在接到使用者的咨询和查找帮助请求时予以答复和适当的协助。

---

[1] 美国版权局在 2015 年《孤儿作品报告》中作出这样的立法建议，如果使用者的查找满足以下要求，即可认定为"勤勉"：①查询了联邦版权局在线作品登记系统；②查询了可合理访问并可查询的任何有关作者身份和作品所有权信息的来源，包括作品使用权许可的信息；③运用了技术工具，并在合理情况下向专家（诸如职业调查员或律师）寻求协助；④查询了相关的数据库，包括在线数据库。《日本著作权法实施细则》第 7 条第 7 款规定，在申请强制许可使用孤儿作品前，使用者应当履行"相当努力的查找"，包括但不限于以作品上的署名为线索查找作者及权利人；以作品的利用者（如出版者、传播者）为线索查找作品的权利人；通过报纸、网络等向公众寻求协助；向集体管理组织查询或寻求协助；等等。王本欣. 孤儿作品使用强制许可模式的通用性与差异性：以日本和加拿大著作权法为例 [J]. 图书馆论坛, 2016(6): 52.

（三）查找遵循的基本原则

查找遵循的基本原则是特定部门法领域的基本政策，是该部门法领域"根本价值的负载者"。基本原则不仅是设计制定具体规范的"根本考虑与出发点"，而且是在特殊情况下据以排除不合宜的具体规范适用的衡平性规定。[1]

我国未来在孤儿作品准强制许可制定实施办法时，应当将诚实信用原则确立为规范使用者查找作品权利人的基本原则。法律条文可以表述为："申请人在查找著作权人的身份和联系方式时应当遵循诚实信用原则，尽到合理的努力。"

1. 诚实信用原则与孤儿作品使用制度的契合性

孤儿作品制度的根本目标是在不给权利人造成损害的前提下，降低使用孤儿作品的成本与风险，支持鼓励公众充分挖掘利用孤儿作品的价值，增进社会的文化福祉。正如本书第三章分析的，各国力图通过孤儿作品制度去解决的问题——孤儿作品使用难题，其本质是新制度经济学上交易费用理论中的挟持问题，即如果使用者在查找无果的情况下，直接不经权利人同意而使用了孤儿作品，就相当于在合约订立以前率先作出了专用性资产投资，给权利人事后实施挟持提供了筹码。预见这种可能性将严重挫伤潜在使用者对孤儿作品进行开发利用和投资此类活动的动机，风险趋避型使用者将放弃使用计划，从而导致包括孤儿作品在内的文化遗产资源被长期闲置；风险中立型使用者虽然不会放弃使用，但会同时采取一定措施来对冲或转嫁风险，从而提高了孤儿作品使用和后续创作的成本，减少了公众本可以平易价格获取的文化福利。而权利人事后机会主义行为发生的根源——信息不对称和单边依赖性在很大程度上是著作权制度环境或制度安排使然。因此，要达致孤儿作品制度的根本目标，就必须纠正权利人与使

---

[1] 徐国栋. 民法基本原则解释：诚信原则的历史、实务、法理研究 [M]. 北京：北京大学出版社, 2013: 26.

用者的权义结构失衡，弱化权利人实施机会主义行为的动机，同时保护诚信使用者的信赖利益，鼓励以各种有益于社会文化福利目标的方式去充分发掘孤儿作品的价值。

诚实信用原则可以与孤儿作品使用制度统一于这两个价值目标之下，因为当事人之间、当事人与社会整体之间的利益平衡以及交易安全、物尽其用都是诚实信用原则规制的目的与追求的效果。诚信原则作为私法基本原则的强制性及其"空筐结构"所具备的指引性与弹性，可以对集中体现于权利人查找与强制许可条款中的利益冲突起到"调节阀"的作用。[1]

从比较法上看，美国孤儿作品立法建议稿和欧盟《孤儿作品指令》都在使用者的"勤勉查找"前冠以"诚信"的限定要素。一般认为，这里的"诚信"是指使用者应当切实履行"先查找而后使用"的要求，而不是心存侥幸，投机使用，直到权利人现身维权时才为求责任限制而捏造事前查找的假象。在美国版权法学界，不少学者从"禁止懈怠""禁止反言""禁止权利滥用""反向占有取得"等衡平法或普通法原则的角度论证了未经许可使用孤儿作品行为的正当性。尽管从司法实践来看，上述原则均不足以为孤儿作品使用者提供强有力的抗辩依据，但不难看出的是，上述原则的共性在于它们均是诚实信用在英美法上的具体体现。这在一定程度上印证了本书的观点：在解决孤儿作品使用难题的语境下诠释诚实信用，绝不光是约束使用者的机会主义行为，更应该强调的是诚信对权利人机会主义动机的遏制。

经过合理努力的查找而无果是相关作品被确认为"孤儿作品"的前提条件。一旦被确认为孤儿作品，该作品的著作权排他性将受到一定限制。尽管从客观上说，有相当一部分孤儿作品的权利人事实上已不复存在，还有一部分权利人即使现身，也不会反对他人使用自己的作品；然而，不排

---

[1] 徐国栋. 民法基本原则解释：诚信原则的历史、实务、法理研究 [M]. 北京：北京大学出版社, 2013: 73, 84.

除有一部分权利人希望自主行使权利，对权利人来说，被迫承受第三方（审查机关）在许可条款中确定的权利义务是一种"不利益"。为了实现各方利益平衡，必须确保这种权利限制具有正当性——使用者已履行"合理努力的查找"依然无法确认权利人的身份或联系方式就是这种正当性的主要依据。因此，查找著作权人这一环节应当受到诚实信用原则的重点规制。

徐国栋教授指出，诚实信用是主观诚信与客观诚信的统一体，"主观诚信是客观诚信的基础，两者不可割裂。只有具备了不害人的心，才能有不害人的行"[1]。只有主观上存在尊重他人权利的意识——无论是真正的尊重还是迫于法律威慑的尊重——才能转化为客观上尽力查找的行动。如果使用者消极查找，隐瞒信息，佯称查找无果，就是在主观明知该作品很可能不是孤儿作品的情况下，滥用孤儿作品制度，规避与权利人的直接协商交易，意图以更低的代价来使用作品，其主观上存在漠视他人著作权、损人利己的恶意。对于此类使用者，可以考虑将其列入"黑名单"，限制其在一定期限内不得提交新的强制许可申请，以示惩戒。在查找过程中，"以注意避免过失"是对客观诚信的践行。如果使用者宣称查找无果，但实际上未采取必要的查找方式或者遗漏了重要的信息来源的，则可以认为其查找中存在过失，查找过程未满足"合理努力"的要求，其"孤儿作品"的结论亦不具备有效性，不应予以采纳，审查机关应当作出退回补充查找的决定。

2. 适用诚实信用原则的具体要求

使用者在查找权利人时应当遵循诚实信用原则，具体包括以下三个方面内涵。

（1）查找启动时

在使用者对拟使用作品进行权利清算时，诚实信用原则要求其不因某

---

[1]　徐国栋. 民法基本原则解释：诚信原则的历史、实务、法理研究 [M]. 北京：北京大学出版社, 2013: 85.

些作品的权利人现身可能性低或者权利人觉察作品被使用的可能性低而心存侥幸。对明显不属于合理使用或法定许可的作品使用方式，应当依法申请强制许可后再行使用。使用者对于使用对象是否受著作权保护、使用方式是否属于著作权所控制的行为、是否构成合理使用或法定许可等法律问题的判断，将对其是否申请强制许可产生直接的影响。通常，我们可以合理地推定，有能力开展大规模数字化的主体（包括公共文化机构和商业机构）应当具备较高程度的著作权法律知识，并对暂时无法确认的事实和法律问题抱有审慎的态度。当然，如果有相关证据或依据（例如，有关部门或者集体管理组织的意见）使潜在使用者有理由相信自己无须授权即可使用该作品的，虽不改变其行为的侵权性质，但在事后遭权利人起诉的情况下，法院可基于这种主观诚信，酌情减轻其赔偿责任。[1]

（2）查找过程中

其一，使用者对已知的信息、线索施以合理注意。"已知的信息和线索"既包括查找开始以前就知悉或者应当知悉的 [2]，也包括随着查找推进而知悉或者应当知悉的。美国联邦版权局前局长 Marybeth Peters 曾指出："如果某一查找环节将使用者引导向另一环节，那么使用者就必须追寻这一线索并探查相关事实。"同时，她认为："如果使用者有合理理由确信采取追寻某一线索或者采取某种措施将徒劳无益，则不应勉强其为之。譬如使用者要查找的是 20 世纪 30 年代德国摄影作品的著作权人，要求他查询当

---

[1] 应当指出的是，主流观点认为主观诚信的含义无论解读为"（错误）确信"还是"不知"，这种主观认识的对象都只能是影响行为法律效力的事实因素，而不包括法律。但笔者认为，知识产权法的技术性和复杂性超过一般的民事法律，权利的边界和行为的合法性界线都存在极大的模糊性，而不像一般财产权利那么清晰。因此，这里的主观诚信应当包括自认为行为合法、不至于损害他人权利这样的认知。

[2] 例如，作品内容中含有明显线索的（如向某人致谢），申请人未予注意并进行相应查询的，不能视为尽到合理注意。

代美国摄影作品库就是不合理的。"[1]我们可以将其言下之意转陈如下：如果申请人在查找过程中基于主观诚信，"合理地跳过"了法定基本范围中包含的某些信息来源，就应当得到审查机关的灵活处理。

其二，使用者应当对相关的信息来源尽到合理的查询义务。这里，"相关的信息来源"是指根据使用者的判断，有助于确认特定作品的著作权状态及其权利人身份、联系方式的信息来源。"合理的查询义务"意味着查询范围不只包括不受限制、开放在线访问的数据库，也包括访问便利度不高的信息来源，例如必须实名注册并付费后才能查询使用的数据库，以及需要通过线下联系来调取信息的信息来源；反之，对于一般不向公众开放的数据库以及虽可查询但会给使用者造成不合理负担的信息来源，则不在合理查询的范围内。使用者可以委托他人（如专业代理机构、律师）代为查找，但使用者应当对提交许可申请的查找记录的真实性负责，承担相应的法律后果。

其三，使用者留足了等待回应的时间。这主要是指使用者在向信息来源发出查询请求或者在公共媒体上发布公告之后，应当留有合理期间以待相关方面的回复。只有在期限内获得信息来源机构的否定回复，或者超过期限仍未得到回应的，才能推定这条路径上查找无果。

（3）查找完结后

使用者在向审查机关申请强制许可时，主观上应当确信自己已经尽到了现有条件下力所能及的查找，并确信在这样的情况下申请许可不会给作品权利人造成不合理的损害。诚实信用在此处就体现为尊重他人权利，不

---

[1] PETERS M. "Statement of Marybeth Peters: the register of copyrights before the subcommittee on courts, the internet, and intellectual property, committee on the judiciary," U. S. House of Reps., 110th congress, 2nd session, march 13, 2008. Retrieved May 13, 2008, http: //www. copyright. gov/docs/regstat031308. html. SOCIETY OF AMERICAN ARCHIVISTS. Orphan works: statement of best practices [Z]. Society of American Archivists, 2009.3.

借著作权人缺位或疏于权利管理之机牟取私利。使用者应当在申请书中对使用方式、使用行为的性质、持续时间等作出如实陈述，并提供查找记录以证明经过合理努力的查找仍然无法确认权利人的身份或者与之取得联系，以便审查机构决定是否准予许可，以及相应地确定许可期限、许可费的数额/费率与给付方式以及其他附加条件。

在（准）强制许可模式下，使用者的私人成本主要由事前的查找成本与事后的许可费构成。以谷歌、亚马逊、百度等为代表的大型网络服务商，以图书馆、档案馆为代表的公共文化机构是当前海量作品数字化及在线提供数字复制件这种使用活动的从事者，其遭遇孤儿作品的概率远远大于其他使用者，查找成本负担是一个不容回避的现实问题。然而，不尽到合理努力的查找就无从确认相关作品的孤儿属性，变通或者排除"先授权后使用"的著作权法则也就缺乏正当基础。较之其他申请人，大型网络服务商与公共文化机构在查找能力和可用资源方面具有较大优势；其查找记录、收集核实的信息及确认的查找结果，均为后来的使用者提供了参考与便利，具有重要的公共信息价值。非营利性的公共文化机构实施逐一查找和权利清算的高昂成本，或许应当从孤儿作品制度之外，乃至著作权制度之外去寻找解决对策，例如加大国家财政对公共文化机构的扶持投入力度；大力培养图书情报学、管理学和信息技术类的专业人才，为公共文化机构输送专业人才。

（四）"合理努力查找"的评判标准

1. 评判应采取客观标准

"合理努力的查找"本应是对查找者的主观认识和心理状态的评价，但是"主观只能见于客观"，实践操作中无论何种主观状态都必须通过客观外部的事实性要素来加以证明，因此审查机构在评判使用者是否尽到"合理努力"时，采取的也应当是客观标准，即在同种情况下，一般理性的使用者所能达到的查找水平。相反，如果采取主观标准，以具体使用者的注意力、认知水平和经济因素为依据作出判断，不但会增加评判结果对心理、生理方面鉴定结论的依赖程度，从而加剧举证和审查难度，而且会导致一种不合理的结果，即不同申请人均本着主观诚信对同一作品的著作权人进行查找，他们的主观素质参差不齐而且查找方式、水平差异很大，但审查机构又不得不承认他们均做到了"合理努力的查找"。当然，这并不是说，应当撇开具体使用者的特殊性；恰恰相反，应当认识到，特定使用者的身份、性质及其计划使用的方式和目的等个体化因素对于查找广度和深度皆有重要影响。只是不应过分夸大其间的差异，毕竟申请孤儿作品"准强制许可"不是日常生活中的一般民事行为，参与主体大多具有一定产业或者专业背景，或者基于特定需要（如个人查找家族历史资料等），因此对个体差异性和特殊性的考量应当建立在必要的假设和类型化基础上。

综上所述，采取客观标准的合理性在于：避免主观心理层面的证明困难；建立一般性行为标准，发挥审评标准对使用者查找行为的指引、导向功能；保护著作权人的合理期待，这种期待是建立在"客观行为反映主观心理状态"以及"查找人是具有一般理性之人"的假设之上的。

2. 评判时的主要考量因素

建议立法对一般情况下影响评判的因素予以列举，并以"其他相关因素"作为兜底，以示列举的非穷尽性。这样既有助于增强审查的公开性与结果的可预测性，也给予审查机构必要的自由裁量余地以应对特殊情况。

借鉴域外制度经验，在审评查找尽力与否时应当考量的因素包括但不限于：

（1）申请人的性质，主要是区分商业机构、公共机构或个人。

（2）使用行为的性质，主要区分营利性、非营利性或公益性。

（3）使用的目的，例如创建数据库、课堂教学、学术研究、摄制纪录片等。

（4）权利客体的类型，例如文字作品、摄影作品、视听作品等。

（5）客体的性质，主要考察作品公开与否。

（6）已知的相关信息，例如作品的年代，是否进行了自愿的登记（不限于国家行政主管机关设立的作品登记系统）。

（7）查询渠道的公开化程度如何，这主要是指信息来源是否不面向公众开放，或者需要付费才可以查询，费用是否过于高昂等。

3.是否允许在后使用者直接以前人查找无果的记录为据请求获得使用许可

允许在后使用者采用前人的查找结论来代替亲自查找能够有效地节约成本和时间，避免重复查找的浪费。欧盟《孤儿作品指令》的一个重要机制设计就是要求各国相互承认对方依该国法律查找并确认的孤儿作品，提高效率，避免重复查找造成的资源浪费和认定结果的不统一。

但也应当看到，随着时间的推移，查找的技术不断进步，相关信息不断累积，查找的结论可能发生改变。如果只因一次查找就盖棺定论，不仅对权利人不甚公平，而且可能让使用者产生"搭便车"的动机。笔者认为，原则上，申请人不应以"搭便车"代替亲自查找[1]，而应当对在先查找的路径和方法予以补充或重新核实；同时，法律可以规定对同一作品进行的先后数次查找，若相距不超过一定期限的可以直接援用前次确认的结果，无须重复查找；反之，若在先查找与当次查找相距超过法定年限的，后来者必须重新实施查找。

（五）查找记录存证

凡要求使用者事前履行查找义务的立法例，必然要求使用者记录查找的步骤、信息来源、查找结果和时间，并予以保存。

在欧盟"权利限制"模式下，查找记录和结论也是使用者获得合法使用孤儿作品资格的必要前提，使用者必须在使用开始前完成查找并将记录

---

[1] 这个表达出自美国联邦版权局 2006 年版《孤儿作品报告》第 78 页。

提交给本国行政主管部门，由后者转呈欧盟内部市场协调局设立的孤儿作品数据库备案。即便如此，许多欧盟国家还是在国内立法上对使用者课以了自行保存查找记录的义务。例如，奥地利规定查找记录的保存期限为该作品的整个使用期间外加使用结束后 7 年，英国规定查找记录保存期限为申请获得强制许可后 8 年。

在美国的"责任限制"模式中，由于没有事前审查机制，故使用者必须自己保管查找记录，以便在权利人事后起诉时用以证明自己符合责任限制的条件。为了避免因查找与诉讼相隔时间过长而难以有效地证明或证伪查找过程与结论的真实性、有效性，联邦版权局在 2015 年提出的立法建议中重新引入了 2008 年删去的"使用声明"规则，要求使用者在着手使用作品以前，将查找记录连同使用意向进行在线备案存证，供公众查询。

在加拿大的"强制许可"模式下，查找过程与结论的书面记录是申请许可时必须提交的材料之一，审查机关要对记录内容予以实质审查以确认申请人是否满足了法定的勤勉查找要求，这当然也意味着审查机关会将符合要求的查找记录存入档案加以保存。对我国来说，未来实施办法应当明确规定，与准强制许可申请有关的证据材料应当保存多长年限——在数字化条件下，长期乃至永久保存都应该不成问题。

一旦建立了官方的、可公开访问的孤儿作品数据库，任何一项经审查机关确认为合法、有效的查找记录以及相应的孤儿作品认定结论就成为一项法定事实——除非被相反证据推翻，其后的潜在使用者应当首先在该数据库中查询所欲使用的作品，一旦发现已有在先认定结论，且与结论作出的时间相隔未超过法定年限的，即可免于重复查找，直接援用该项结论向审查机关提出许可申请。但是，如果审查机关认为客观情势变更（例如，有新的数据库建成投入使用，或者与检索相关的技术发生重大革新的），即使当下距离上一次查找记录的时间未超过法定年限的，也应当补充或者重新查找。

五、许可费的给付标准与给付方式

许可费是（准）强制许可制度的另一个关键组成部分。（准）强制许可与法定许可一样属于"权利的限制"而非"例外"，因为它们仅限制著作权的排他性，所以不剥夺权利人的获酬权。实际上，从第四章对各种孤儿作品制度的介绍中可知，所有模式下都存在向复出的权利人支付报酬的机制，但在给付标准和给付方式上存在一定差异。

（一）价格机制

卡拉布雷西和梅拉米德在其合著的论文中将财产权保护模式划分为财产规则与责任规则。[1] 这一划分也成为当今分析著作权法上权利配置的基础范式。一般认为，无论是立法者、行政机关还是法院，都不具备给作品使用权定价所需的充分信息，第三方确定的价格必然与在市场有效运作的情况下、双方通过自主协商确定的价格存在差异。因此，在交易成本较低的情况下，采取财产规则作为著作权交易规则，能够确保双方通过讨价还价来使成交价格更接近标的的真实价值；只有当交易成本过高，协商无法自发开展或难以达成协议时，才转而采用责任规则，由第三方确定价格条件，以促进交易的实现。孤儿作品使用无疑属于后一种情形。在本书第四章阐述的几种孤儿作品使用立法模式中，定价机制都具有责任规则下第三方定价的特点。同时，由于许可费与作品的类型、年代、使用方式等因素密切相关，无法事先就金额或计算方式作统一规定。目前，绝大多数国家或地区的法律仅对使用费的定价作模糊规定，留给第三方较大的自由裁量空间。欧盟指令仅规定事后现身的权利人有权主张"公平补偿"（fair compensation），将具体的补偿标准交由各成员国自行确定。美国孤儿作品建议稿规定作品权利人有权在侵权之诉中主张"合理补偿"（reasonable

---

[1] Guido Calabresi, Douglas Melamed. Property rules, liability rules and inalienability: one view of the Cathedral[J]. Harvard Law Review, 1972 (1089): 85.

compensation），具体数额由法院裁定。加拿大版权法授权版权委员会根据个案情况决定许可费的金额、费率和给付方式。

值得一提的是，在 ECL 模式下，许可费定价虽然也非来自使用者与权利人之间直接协商确定，但它与其他三种模式采取的"以第三方定价代替市场定价"的做法有所不同——ECL 作为一种解决大规模许可交易成本的制度工具，并没有取消或跳过协商环节，而是由集体管理组织代替其会员与使用者（往往也是集体形式）协商确定收费价格，本质仍是市场定价。ECL 节约的交易成本主要在于信息搜索而产生的成本。当然，经过长期的适用，集体管理组织的许可协议和价格方案逐渐格式化后，协商的实质重要性以及成本也会相应降低。[1]但问题是，孤儿作品本身不具有相应的市场，将非孤儿作品的市场价格作为孤儿作品的许可费价格，显然会增加孤儿作品的使用成本。因此，从定价不能准确反映标的价值这点上说，ECL 与其他三种模式并无不同。换一个角度来看，权利限制模式与 ECL 模式的定价属于一揽子定价，而（准）强制许可模式与责任限制模式均属于逐案定价，更易于反映个案的实际情况。

（二）许可费的给付方式

需要说明的是，这里的事前事后是从使用者的立场来说的。不同模式对使用者何时履行付费义务有不同规定。

1.事前偿付：提存或预付

（准）强制许可制度的使用费给付通常发生在使用许可授予之后、许可条款生效以前。此时，鉴于权利人尚未出现，缺少给付的相对方，因而必须引入指定机构来解决款项的提存或预付。

ECL 制度中使用者的付费义务发生在作品被使用以后，具体来说，使用者根据当年的使用情况明细与集体管理组织结算年度的许可费，由集体

---

[1]　熊琦.著作权延伸性集体管理制度何为 [J].知识产权,2015(6): 21.

管理组织充当提存者与中转站，使用者在权利人现身之前就必须提存或支付许可使用费，而在权利人未现身主张报酬之前，资金由行政主管机关指定的机构负责保管。

事前偿付的优点在于大大减少了未来的不确定性，使用者只要支付了有关机关确定的或者集体协议中确定的许可费，其使用行为就具有授权使用的合法性，并且不会面临权利人复出时索取高额补偿的问题。

2. 事后偿付：应请求而给付

在权利限制模式与责任限制模式中，使用者的付费义务都发生在权利人实际现身并提出主张之后。支持事后偿付的观点认为这种方式的优点在于省却了资金提存、保管的环节，并在事实上为使用者节约了使用成本，因为大量作品权利人事实上并不会现身，或者虽然现身但不主张报酬。然而，这种模式在不确定性方面却要高于事前给付。

我国未来若采取准强制许可模式，则应当由著作权行政主管部门参照同类的非孤儿作品在相同或类似使用活动中的许可费来确定基准收费，再根据个案中的特殊因素对前述费用标准加以修正。这些因素包括但不限于：实际使用的部分在孤儿作品中所占的比重、许可制作的永久性复制件数量、许可使用的期限、被许可人的身份性质、使用行为的性质，以及被许可人在同一使用活动中支付给其他著作权人的报酬等。总体上应当使孤儿作品许可费低于正常作品的市场价。

还可以借鉴加拿大版权委员会的做法，用低费率和例外情况下的"非预付"的给付方式作为政策调节工具，来平衡使用者与权利人的利益。通过对300多份加拿大强制许可决定书的实证考察可以发现，版权委员会对于非营利性、公益性使用以及年代久远的孤儿作品倾向于适用较低费率。以单次申请包含的作品件数超过500的申请（共8次）为例，这8次申请的申请人系同一家公益档案机构。版权委员会将许可费率设定为10分/件复制件，并在许可条款中规定"免于预付"。又如，某慈善机构欲在再版的历史书中增补若干插图，其中三张照片的权利人多方查找无果。版权委员会在考虑了被许可人的公益性、使用的非营利性以及其他同类素材的权利人皆无偿允许其使用等因素的基础上，将费用定为 25 加元且无须预付。由于该国版权法上将权利人主张报酬请求权的时效限定为许可期限届满之日起 5 年，因此只要权利人未在此期限内现身主张权利，被许可人就得以免于付费。这种做法对于使用作品量较多、但财政又不甚宽裕的公益性文化机构尤有意义。

六、对复出权利人行使权利予以必要的制约

（一）对权利人行使报酬请求权设定时效

我国 2014 年《著作权法（修订草案送审稿）》未就此作出规定。王迁教授曾建议将权利人的报酬请求权时效设定为"批准使用期届满后 5 年"。[1] 这与加拿大版权法的规定一致。只要许可期限届满后逾 5 年，该实体权利即告消灭，而权利人客观上是否取得报酬，取决于其是否及时公示并行使权利。

笔者认为，立法上设定报酬请求权的消灭时效不仅合理而且必要。首先，时效的设置将让有意获得收益的权利人尽快现身公示权属，从而消除"潜水艇孤儿作品"对使用者的伏击隐患，及早稳定法律关系。其次，设定报酬请求权的消灭时效不会对权利人的利益造成实质性损害。大多数情况下，强制许可期限较短，而且每次许可都有相应的许可期限与对应的时效期间，如果权利人对强制许可的安排感到不满，可以通过公示权属，在当次许可期限届满后恢复对作品许可的自主支配；如果权利人事实上已经缺位，也无利益损害可言。[2]

---

[1]　王迁．"孤儿作品"制度设计简论 [J]. 中国版权，2013(1): 33.

[2]　陈晓屏．加拿大孤儿作品强制许可制度研究 [J]. 图书馆建设．2020(2): 39.

（二）排除和限制权利人行使停止使用请求权

基于以上理由及(准)强制许可的性质,只要使用行为未超出许可范围,原则上权利人无权主张停止使用,但使用者在核实权利人身份后应当以适当方式为其署名;许可期满后如要继续使用该作品的,应当直接向权利人请求协商。

如果强制许可设定的期限较长,期间存在权利人复出并以相同方式使用作品的可能性,作为例外,可效仿加拿大版权法,在许可条款中作如下规定:权利人可以以书面材料通知使用者停止使用,而使用者应当在接到通知后 30 日内停止使用,欲继续使用者,应当与权利人协商。

如果被许可人已经在原孤儿作品的基础上作出了实质创新,终止后续使用可能给其造成较大损失的,可仿效美国 2015 年孤儿作品立法建议稿,限制禁令的适用。

图书馆等公共文化机构以数字化方式对馆藏进行中介性使用,由于这种使用不具有表意内容导向性,即便应权利人主张将特定作品从使用对象范围中剔除,一般也不影响项目整体继续开展。更重要的是,作为传播作品媒介的使用方式,使它们能够根据权利人的要求,找到对应作品并下架处理。因此,文化记忆机构对权利人主张停止使用有着较强的抗性,但是如果使用者提交证据证明删除特定作品会造成使用项目的目的无法实现或者影响技术运行的,行政主管机关也应当作出许可期限内不停止使用的决定。

诚实信用原则对当事人的机会主义动机的约束作用是双向性的。一方面,它作用于潜在使用者的行为选择,要求其不因权利人复出并主张权利的概率低,对侵权抱有侥幸心理;对于显然不构成合理使用或者法定许可的使用方式,应当自觉地履行查找 – 申请程序,取得审查机构授予的强制许可,并按照许可条款使用孤儿作品。另一方面,在孤儿作品准强制许可制度中贯彻诚实信用原则,要求具体的机制设计有助于抑制权利人的机会主义动机,引导和促使双方合作互惠关系的建立,至少不应当使诚信使用者的合理预期受到损害。

七、对使用者课加署名和标识来源的义务

在使用孤儿作品的过程中，使用者必须在可能的情况下以适当方式指明作品的作者或权利人的身份。其言之，使用者应当在根据准强制许可制作的孤儿作品复制件上、以孤儿作品为原始素材创作的演绎作品上，以及以各种方式对孤儿作品进行公开传播、表演、展览的场合中，以足够显著的方式标明以下信息。

其一，自己对该作品（包括二次创作作品所使用的素材）不享有著作权或者该作品的著作权系属他人所有。在引起舆论哗然的"黑洞照片"事件中，视觉中国将网络上取得的作品复制件打上自己的版权标志水印后置于商业素材库中，这足以警示我们：使用者一方也存在实施机会主义行为的动机，数字技术工具和数字化的作品形式则为这种机会主义行为提供了便利。

其二，自己对该作品的使用行为是经由相关机构授予的准强制许可，而非经作品权利人或其代理人的授权而为的。声明的内容和样式可以借鉴"1949—2005 年中国大陆断版学术图书限量复制项目"中规定印制在限量发行的复制图书版权页上的声明字样，为区别字体而使用较大字并加上外框予以突出，内容为"本书由中国文字著作权协会协助取得授权，限量复制，仅供图书馆馆藏"。

其三，当下已经确认的作者和 / 或权利人的基本信息。[1]在作品被修改、演绎、汇编或者部分（通常是少量）摘录使用等非实质性再现作品的使用场合中，使用者应当对作品的标题、出处、基本内容、使用者是否对该作

---

[1]　例如，只知作者的笔名而无法确认真实身份的，标明其笔名；若能确认作者姓名却查找不到其他身份信息的，则标明其真名；只知该作品的出版发行者而不知其作者的，标明出版发行者的身份和年份等信息。

品进行了任何改编以及如何改编等信息作适当描述，或者在可能的情况下附上该作品复制件。这样做的目的是便于权利人运用检索工具查找和监督自己作品的被使用状况，进而获悉其作品正是被使用的特定对象。

署名和标志的方式和样式必然受到使用行为的特点和作品载体形式的影响，无法设定统一具体的规范。我国现行著作权法也承认这一法理。《著作权法实施条例》第十九条规定了使用者负有指明作者姓名、作品名称的义务，除非当事人以另有约定或者由于作品使用方式的特性而无法指明，最高人民法院审判案例指导中也确认了使用者应当依据法律规定和商业惯例来履行为作者署名和标注作品名称、来源的义务。[1] 因此，立法上只需笼统地规定使用者应当以特定情形下可行的、合理的方式履行署名和标注义务即可。例如，受到移动端交互界面的限制，无法在同一页面上呈现孤儿作品信息的，可以设置超链接，在关联页面上显示，但该链接必须具有足够的显著性。又如，在原创视听作品中使用孤儿音乐作品的片段作为背景乐的，可以在视频中以字幕形式履行署名和标注义务，也可以在发布该视频的同一页面下方罗列信息。

"作品的广泛流传也是作者的重要情感动力"[2]，这种符合作者利益的传播自然要求传播者将作者的身份与作品的价值贡献挂钩。在孤儿作品语境下，这一义务的重要性还体现在它有助于公众知悉该作品的"孤儿"身份和立法上为孤儿作品使用者创设的强制许可机制，便于权利人知悉自己的作品被使用的事实，及时主张权利。

然而，鉴于许多孤儿作品的权利人欠缺权利管理的意识和意愿，甚至可能已经不复存在，仅靠权利人自力监督使用者的义务履行情况并追究未

---

[1] 参见"绍兴市水利局与王巨贤、绍兴神采印刷有限公司侵犯著作权纠纷案"，最高人民法院 (2013) 民提字第 15 号民事判决书。

[2] 吴伟光. 著作权法研究：国际条约、中国立法与司法实践 [M]. 北京：清华大学出版社, 2013: 548.

恰当履行义务者的责任，收效甚微，难以激励使用者切实履行此项义务。未来我国在制定实施办法时，可以考虑由审查机构在作出许可决定后，在许可条款中载明：被许可人应当在指定限期内将具体署名和标注义务的方式提交给审查机构或其指定的集体管理组织备案，审查机构应当将此项内容一并登记在该孤儿作品的使用登记条目下，供公众查阅和监督。

在这里，使用者的诚实信用体现为对孤儿作品作者、权利人合法权益（署名权、报酬请求权等）的尊重和机会主义动机的阙如——在公开使用他人作品时为已知的作者、权利人署名，或者表明自己并非权利人，且系取得了强制许可而使用，可以在客观上印证使用者不具有僭称创作或者秘密盗用他人作品的意图。

第七章　孤儿作品使用难题之难：产业利益冲突的调和与著作权伦理困境的超脱

作品孤儿化现象与孤儿作品使用难题都是传统著作权法上权利人与使用者之间权利义务关系结构失衡的产物。这种现象，早已有之，但长期以来，孤儿作品问题并没有演变为亟待立法解决的难题，很大程度上是"著作权行使的不充分性"缓和了权义结构性失衡制造的紧张关系，即在侵权行为不会给权利人造成损害或者损害十分轻微的情况下，相对于行权的成本（例如，证明成本、诉讼费用等），权利人会选择容忍这样的侵权使用。从表面来看，容忍使用（tolerated use）的广泛存在反映的是权利人与使用者之间关系的自治，但实际上主动权依然掌握在权利人手中，一旦预计行权的收益超过成本，权利人就有了行使诉权的激励，使用者也将陷入被动处境。有些权利人本来就是出于骑墙观望的心态而对侵权行为予以容忍。[1] 近年来，在知识产权保护强化、版权意识高涨的社会氛围中，著作权纠纷和诉讼数量不断增加，权利人与使用者的关系趋向紧张，客观上

---

[1]　WU, TIM. Tolerated use [J]. Columbia Journal of Law & Arts, 2008(31): 617.

烘托出了孤儿作品使用中存在的巨大法律风险。正是这一风险将孤儿作品推向边缘化，使孤儿作品的利用成为难解之题。

在笔者看来，域外立法在保障著作权人方面的制度安排已经相当充分；在某些规制模式下，著作权人的潜在收益可能已超出其合理预期；反倒是使用者的负担依然较重，主要体现为查找成本、补偿金和停止使用的损失，无法最大限度地激励使用者以有益于社会的方式去开发利用文化资源。

"制度的产生反映的是利益集团之间建立在实力原则基础上的冲突与妥协的结果。"[1]这意味着制度并不都是按社会效率来设计的，它们往往"服务于那些具有创造新规则谈判能力的利益集团"[2]。奥尔森指出，制度决定中存在"数量悖论"：人数较少的利益集团易于达成一致，克服搭便车问题，影响统治者的社会经济政策和制度决定，最终成为强势集团；而人数较多的利益集团因"集体行动的困境"反而处于弱势地位。[3]在法律制定过程中，集中的、易于组织化的产业利益，相较于多元、分散、不易组织化的私人利益，更容易被立法反映，其结果往往使知识产权得到强化。[4]"缺席的"孤儿作品权利人显然无法为自己发声，从西方实践来看，积极参与立法政策论辩与建言，为捍卫著作权振臂高呼的大多是非孤儿作品的权利人及其集体组织——相对于使用者，权利人的利益方向更易协调，行动上更易组织，产权结构调整给个人带来的影响更为明显。总体来说，权利人的利益考量可以归纳为以下三个方面：其一，孤儿作品使用方案的

---

[1]　卢现祥,朱巧玲.新制度经济学[M].北京:北京大学出版社,2012: 273.

[2]　阿维纳什·K.迪克西特.经济政策的制定:交易成本政治学的视角[M].刘元春,译.北京:中国人民大学出版社,2004: 17.

[3]　曼瑟尔·奥尔森.集体行动的逻辑:公共物品与集团理论[M].陈郁,等译.上海:格致出版社,上海人民出版社,2019: 44-48.

[4]　田村善之.田村善之论知识产权[M].李扬,等译.北京:中国人民大学出版社,2013: 6-7, 24-25.

实施可能引发"假阳性"的副作用，导致非孤儿作品被误作孤儿作品加以使用[1]；其二，由于孤儿作品使用难题的化解，大量孤儿作品被"解禁"，在市场上对非孤儿作品形成一定的替代与竞争[2]，给非孤儿作品权利人尤其是商业机构权利人和职业艺术家造成威胁[3]；其三，市场机制失灵为集体管理组织代行许可权限、获得许可收益创造了机会。因此，上述利益主体打着"作者""著作权人"的旗号，极力主张提高勤勉查找的标准，并限制孤儿作品使用制度的适用范围。

"个人及其在自愿基础上结成的集团，为获取制度收益而'争权夺利'

---

[1] 美国版权局 2005 年孤儿作品立法调研报告中显示，摄影师、插画家、其他视觉艺术家以及来自纺织与服装产业的代表均表达了深深的顾虑，担心法案的颁行会使他们的权益容易受到有意无意的伤害，给其享有和行使作品版权造成不合理的障碍。因为通常情况下这类视觉艺术作品在发行或公开传播时并不总是能够以恰当方式附上权利信息 (如作者署名)，公众要查找权利人确实有一定难度，也有更大概率被认定为孤儿作品，从而使版权的救济受到来自立法的限制。KATZ A. The orphans, the market, and the copyright dogma: a modest solution for a grand problem [J]. Berkeley Technology Law Journal, 2012(27): 1338. 2006 年美国版权局的《孤儿作品报告》也表示，孤儿作品制度不应成为恶信使用者的庇护伞，故立法建议稿还在 "勤勉查找" 的表述前加上了 "诚信" 的定语，意在将对待事前查找敷衍了事、"走过场" 的使用者排除在 "避风港" 之外，避免法律赋予孤儿作品使用者的 "避风港" 被投机主义者滥用。

[2] 例如，法国文字作品复制权利用集体管理协会 (French Centre Français d'exploitation du droit de Copie) 坚决地主张以使用者向集体管理组织交纳补偿金作为孤儿作品使用的前提，理由是免费在线开放获取的孤儿作品将抑制商业市场上的作品需求，压低其价值，对其构成 "不公平竞争"，而使用者将得寸进尺地希望免费在线获取更多的作品。

[3] 例如，视觉艺术作品和摄影作品在权利标志、作品内容描述、查找作者或其他权利人时都存在较大难度，因此相较于文字作品，更易因查找技术条件的限制而 "被动" 沦为孤儿作品。在欧美国家孤儿作品制度的立法进程中，以摄影师为代表的视觉艺术作者往往对权利限制色彩较浓的孤儿作品使用方案报以强烈的抵触态度。

本无可非议，但是这里的关键点在于，那些最终给某个人带来好处的制度安排，很可能使其他人的'经济'选择既与预期目标、又与整体社会福利相脱节。"[1] 过高的勤勉查找标准可能引发"假阴性"的结果，导致孤儿作品无法得到确认从而被利用；过于严格的使用条件也使潜在使用者因私人收益 – 成本失衡而失去使用的激励。[2] 孤儿作品本身的低商业价值更凸显了高使用成本的不合理性：具有一定商业价值的非孤儿作品可以通过协商许可机制，以相对便捷的流程和适中的成本获得授权，为了使用年代较早、社会效益多于经济价值的孤儿作品，使用者不得不进行成本高昂的查找，投身复杂冗长的行政流程并仍要面对一定的不确定性。这无论对私人资源抑或公共资源，都是一种低效率的运用。

如果认为拔高勤勉查找的标准就是对作者和权利人负责、有助于改善他们的处遇，那最终可能事与愿违。与物权主要通过权利人的"自用"来实现其价值不同，知识产权的价值更多依赖于"他用"来实现，即权利的转让或者授权使用。对至少一部分使用者而言，他们的需求是有弹性的，一旦特定产品的使用成本过高，他们就会转而寻求其他替代品。相反，适度的勤勉查找标准意味着较低的查找和使用成本，有助于鼓励潜在使用者迈出查找的第一步。相较于放弃查找和使用，适度的勤勉查找显然增加了

[1]　卢现祥，朱巧玲. 新制度经济学 [M]. 北京：北京大学出版社，2012: 271.

[2]　例如，《加拿大版权法》第 77 条第 1 款对孤儿作品制度适用对象有"已发行"的条件限制，但该法第 2 条对"发行"的界定十分狭隘，许多能够公开获得的作品仍因不符合此项条件，或者因申请人无法提供相关证据而被驳回。截至 2019年 1 月底，版权委员会驳回的 23 项申请中，有 9 项属于这一原因。杜克大学法学院公共领域研究中心也在一份孤儿作品问题报告中指出，许多受访者表示，依据自身能力和资源，要查找到作品权利人的希望不大，同时又难以保证达到适格的勤勉查找水准。换言之，实施查找对他们而言是一种收益希望渺茫的投入，徒增无谓的浪费，因此他们一开始就不会选择通过查找权利人来获得使用作品的机会。Center for the study of the public Domain. Orphan works analysis and proposal [R]. Durham: Duke Law School, 2005.

找到作品权利人的可能性，不仅能够实现使用者的目的，而且改善了权利人的福利水平。

孤儿作品制度的目标是激励孤儿作品的开发利用，使孤儿作品蕴含的信息价值得以服务于公共文化福祉，而不是保护孤儿作品的著作权，维护著作权的排他性。要实现这一目标，必须通过激励相容的机制设计来遏制权利人的事后机会主义行为，使"挟持"对其而言不再有利可图，诱导其自动选择容忍使用者的无害性使用或者与使用者达成公平互惠的协议，保障诚信使用者的投资和收益安全。充分认识孤儿作品使用难题的实质及成因，有助于立法者形成清晰的规制思路，甄别域外立法经验背后的利益争夺和政策导向，审慎借鉴其中的合理成分，增强我国制度设计的可行性和吸引力，发挥立法的后发优势。

笔者并不主张无条件地牺牲权利人的利益，毋宁指出使用者的利益与权利人的利益应当而且可以统一于社会整体效率目标之下，也就是允许"先将蛋糕做大"，再在各方之间进行分配。何况，大多数学者认同，维护著作权的排他性、保护著作权人的垄断利益只是实现著作权制度宗旨的手段；在必要的情况下，应当让私人局部的、短期的利益向社会整体的、长远的利益作出妥协，否则赋权也就失去了正当性根据。

人的行为选择和人际关系模式是可以被诱导和塑造的。法律作为一种激励机制，通过权利、义务和责任的配置来调节个人行为的成本和收益，使个人对自己的行为负责，诱导个人选择社会最优的行为方式。[1]法律对社会关系的调整，法学对正义标准的选择，无不是对人际关系模式的策划。李琛教授语重心长地指出，"随着现代法学的技术规则不断滋长膨胀，人们过度专注于对既有规则的理解，逐渐丧失了创造者的胸襟，满足于充当规则的追随者"，对当下的主流理论和规则缺乏反思。[2]她指出，"著作

---

[1] 张维迎.信息、信任与法律[M].上海：三联书店，2003: 63.
[2] 李琛.著作权基本理论批判[M].北京：知识产权出版社，2013: 106-107.

权法许诺的理想生活是：推进社会文化的发展"。[1]这就要求法律在设计"创作者—权利人—使用者—公众"之间的人际关系模式和尺度时，不能忽视文化创作活动的传承性和互惠性的规律。

美国著名的知识产权法学者 Wendy Gordon 教授认为，从实然层面来看，"不可偷窃"（thou shalt not steal），"不掠夺他人的劳动果实"（do not reap where you havn't sown）等道德伦理观念已经借由大量司法判例和政策论辩渗透进著作权法中，对著作权法形成广泛而深刻的影响；从应然层面而言，著作权法在设计创作者与使用者、创作者与创作者之间的人际关系尺度时，不能忽视知识传承和创作活动的规律，不应不加区分地给所有未经许可的使用者冠以"盗窃他人劳动成果"或者"不劳而获"的恶名。[2]她借用近代西方社会一度存在的"拾穗"（gleaning）习惯法权利为喻，为限制著作权的扩张、反思和重新规划著作权人与使用者的关系提供了一种新的视角。

作为西方重要的社会规范渊源之一，基督教的《圣经》并未绝对禁止"不劳而获"；《摩西五经》非但没有诘难那些无害的"拾穗"行为，反而敦促拥有土地的犹太人，在丰收时遗留少量麦穗供贫民拾取。[3]在一般财产法上，未经许可侵入他人领地，或者未经许可占有、使用他人的财物，即使事实上并未造成损害结果，亦为法律所禁止；只在极少数特殊、紧迫的情况下——例如，非所有人受野兽追赶而逃窜至他人领地，或者濒

---

[1] 李琛. 著作权基本理论批判 [M]. 北京：知识产权出版社，2013: 107.

[2] GORDON W J. Harmless use: gleaning from fields of copyrighted works [J]. Fordham Law Review, 2009(77): 2419.

[3] GORDON W J. Harmless use: gleaning from fields of copyrighted works [J]. Fordham Law Review, 2009(77): 2419.

临饿死才破门而入寻找食物等，这种行为才具有可免责性。[1] 我们可以如此理解财产法的这副"吝啬嘴脸"：有体财产的稀缺性和竞争性决定了，一旦与他人分享，哪怕分量极少，也不可避免地会损害或削弱所有人对这部分财产的权益，因此财产法在本质上无法与"拾穗权"相容。[2]

但是，对于著作权等无体财产权，情况则恰好相反。著作权的客体是符号化的信息，具有天然的公共产品属性——一人消费并不减少他人消费的可能性。这决定了即使不对非所有人行使排他禁止权，也不妨碍所有人对该产品的自主利用；允许他人分享这一产品，也不必然导致所有人的权益损失。是故，在著作权语境下，应当对"不行不劳而获之事"的格言作这样的修正：如果未经许可使用他人的智力劳动成果会给创作者的利益及其后续创作的激励造成实质性损害，从而降低其在未来智力劳动成果的产出水平，使公众福利蒙受损失，那么这种行为就不具备"拾穗"的合理性与正当性，无论是在道德上还是法律上都应当予之以负面评价。通常来说，只有对原作品构成市场替代（substitutive）的作品或使用行为才会给其作

---

[1] 在英国思想家洛克（John Locke）的劳动所有权理论中，允许他人分享私有财产的条件也是十分严格的：既要求入侵者为急迫的需求所困，同时又要求财产所有人的财产有所富余，或者不加使用自然之物将很快腐败从而造成浪费。根据洛克在《政府论》中提出的观点，某人将特定的自然之物移出公共领域而据为己有，这一行为得以正当化的前提是此人已经"给他人保留了足够多且同样好的东西"。因此，仅对财产所有人施加最低限度的分享义务（也就是以前述严格条件为分享的前提）似乎也无可厚非。Gordon 教授认为，洛克所谓的"给他人保留足够多且同样好的东西"就可以被解读为允许他人"在不给财产所有人造成损害的前提下使用其财产"。

[2] 18世纪以后，随着资本主义私有财产权制度的逐渐确立，包括"拾穗权"在内的许多与绝对财产观念相抵牾的惯例权利都被法律否定了。

者与权利人造成不合理的竞争性损害；而那些不具有替代性[1]，甚至具有互补性（complementary）的新作品或者新使用方式则不会掠夺属于原作品作者、权利人的利益[2]，因而也不应受到禁止，否则就可能违背创作活动的本质和规律，压抑后来者的创新和表达自由。质言之，著作权法应当确认权利人在一定范围内负有"容忍他人'不劳而获'的义务"，也可以说，将某种前提下的"不劳而获"确认为公众的一项"权利"。[3]

有体财产权利强排他性的正当性源于财产制度的根本目标——保障所有权人对投资的合理预期，将财产的价值尽可能完整地内化为己有，防止天然稀缺的资源因过度利用而消耗殆尽。著作权设立的正当性依据则恰恰与前者相反，著作权制度的目标是制造出更多的社会正外部性，而不是将作品的价值完全内部化。换言之，个体财富积累只是著作权制度的次要目标，是推动知识文化生产、实现社会文化福利增长这一终极目标的手段。由此而言，著作权保护水平设定过低将会降低作者或权利人继续创作和投

---

[1]　例如，微量/非实质性使用和以批评原作品为目的的"戏仿"(parody)作品等均属于此类。前者由于仅使用了原作中的少量且非核心的表达，给原作造成的损害程度是十分轻微的。"轻微的损害不构成侵权，如果竞争行为对版权作品的损害程度较轻微，则该行为是'正当的'。"梁志文. 著作权合理使用的类型化 [J]. 华东政法大学学报，2012(3): 39. 而后者虽然以"模仿"为特征，大量借用原作的表达，但这种"模仿""在新作品中被改造成了讽刺与批判的工具"，是对原作思想情感的否定，且表达上其亦满足独创性的要求，因此并不会成为原作的替代物。"戏仿"让人对原作产生的厌恶、否定之情（表现为降低对原作的评价、不愿再购买等），当然会对原作的市场造成损害，但这种损害并非版权法意义上的损害，反而是表达自由、思想交流碰撞的体现。王迁. 论认定"模仿讽刺作品"构成"合理使用"的法律规则：兼评《一个馒头引发的血案》涉及的著作权问题 [J]. 科技与法律，2006(1): 23-24.

[2]　GORDON W J. On owning information: intellectual property and the restitutionary impulse [J]. Virginia Law Review, 1992(78): 191.

[3]　GORDON W J. Harmless use: gleaning from fields of copyrighted works[J]. Fordham Law Review , 2009(77): 2419.

资的激励，而保护水平设定过高会使社会整体的创造力因为缺乏文化的滋养和表达的空间而难以蓬勃生长。如何在公共利益与私人利益之间寻找微妙的平衡点，动态地维持恰当的保护水平，是著作权法学上永恒的追问。

无论如何，著作权的触手不应该伸向每一个可能的角落——这个观点逐渐获得人们的认同。正如有的学者所言，有必要在著作权法上构筑一个权利行使不充分的缓冲区，在这个区域内"追究轻微侵权者的法律责任不能为权利人带来多少额外的激励"[1]，促使那些纯粹出于经济利益而行权的权利人自愿"放弃驱赶拾穗者"，"容忍他人的无害性使用（harmless use）"，转而关注更严重的侵权行为。这也就在实质上为使用者创设了"拾穗权"，让使用者得以将无害性使用所产生的收益内化为个人所有，激励其从事此类有益于社会福利目标的行为，同时仍然保障作品权利人对创作及投资收益的合理预期，即在有证据表明使用者的行为给其造成了实际损害时，支持权利人向使用者求偿。[2]

一般来说，孤儿作品"既不正在被权利人使用"，"也不会因为被其他人使用而给权利人造成实质的利益损害"[3]；使用者和社会公众从接触与利用孤儿作品中获得的收益并非来源于权利人的现实或潜在的市场利益。也就是说，"不是对他人丰收成果的哄抢或掠夺"，"而至多是从某个被遗忘的角落拾取了麦穗"。

---

[1] 易继明，蔡元臻. 版权蟑螂现象的法律治理：网络版权市场的利益平衡机制 [J]. 法学论坛，2018(2): 8.

[2] GORDON W J. Harmless use: gleaning from fields of copyrighted works[J]. Fordham L. Rev. , 2009(77): 2426.

[3] 如美国联邦版权局局长 Maria Pallante 所言，"对真正的孤儿作品来说，在其剩余的保护期内严格恪守著作权的排他性，并不能为谁带来实际收益"，"在没有证据表明权利人仍然存在的情况下，拒绝让公众使用这些作品显然是与制度的根本目标相悖的。这样的法律难谓'良法'"。PALLANTE M A. Orphan works & mass digitization: obstacles and opportunities [J]. BERKELEY TECH. L. J. , 2012(27): 1251.

　　当前，世界正处于新一轮数字化、信息化和智能化科技革命浪潮中，大数据、云计算、人工智能、区块链等新技术不断涌现，正在或将要深刻地改变人类的生产和生活方式，给社会发展带来全局贯穿性的影响和渗透。我们有理由期待以区块链、人工智能为代表的技术创新和以众包为代表的业态发展将会在不远的将来给数字版权和文化产业带来更加广泛而深刻的影响，惠及包括孤儿作品使用在内的各个领域。

　　作品孤儿化问题和孤儿作品使用难题不是单纯的技术问题，而是人的行为选择问题。无论何种技术措施，只能作为孤儿作品使用制度的配套措施和辅助工具，从"降成本"和"提效率"两个方面来推动制度运行的不断优化。问题的解决归根结底需要依靠法律对人的行为加以引导和规划。在这个政策论辩和制度选择的过程中，或许我们首先应当思考的是如何在著作权制度宗旨下规划和塑造使用者与权利人之间的"紧张或宽容的关系模式"。

参考文献

艾瑞克·G.菲吕博顿,鲁道夫·瑞切特.新制度经济学 [M].孙经纬,译.上海:
上海财经大学出版社,2002.

白超霞."表见性"孤儿作品利用的付酬机制探析:以著作权集体管理组织为
视角 [J].中国版权,2014 (4):86–91.

保罗·戈斯汀.著作权之道:从谷登堡到数字点播机 [M].金海军,译.北京:北
京大学出版社,2008.

彼得·德霍斯.知识财产法哲学 [M].周林,译.北京:商务印书馆,2008.

布拉德·谢尔曼,莱昂内尔·本特利.现代知识产权法的演进:英国的历程
(1760—1911) [M].金海军,译.北京:北京大学出版社,2012.

陈晓屏.加拿大孤儿作品强制许可制度研究 [J].图书馆建设,2020 (2):32–39.

陈晓屏.绝版书数字化利用的著作权对策:以法国"20世纪绝版书数字化法案"
为视角 [J].出版发行研究,2019 (12):62–65.

崔国斌.知识产权法官造法批判 [J].中国法学,2006 (1):144–164.

崔国斌.否弃集体作者观:民间文艺版权难题的终结 [J].法制与社会发展,
2005 (5):67–78.

达伦·C.布拉汉姆.众包 [M].余渭深，王旭，译.重庆：重庆大学出版社，2016.

丁丽瑛，韩伟.延伸性著作权集体管理的理论基础探析 [J].中国版权，2014 (1)：25-29.

董皓.多元视角下的著作权法公共领域问题研究 [D].北京：中国政法大学，2008.

董慧娟.公共领域理论：版权法回归生态和谐之工具 [J].暨南学报 (哲学社会科学版)，2013 (7)：86-95.

董慧娟.孤儿作品的利用困境与现行规则评析 [J].中国出版，2010 (18)：36-39.

管育鹰.欧美孤儿作品问题解决方案的反思与比较：兼论我国《著作权法》相关条款的修改 [J].河北法学，2013 (6)：135-142.

何炼红，云姣.论公共文化机构对孤儿作品的合理使用 [J].知识产权，2015(10)：97-98.

胡开忠.构建我国著作权延伸性集体管理制度的思考 [J].法商研究，2013 (6)：18-25.

华喆.绝版作品数字化版权问题研究：以欧盟和法国的版权制度调整为视角 [J].电子知识产权，2018(9)：31-41.

加里·S.贝克尔.人类行为的经济分析[M].王业宇，陈琪，译.上海：格致出版社，2015.

塞瑞卿，于佳亮，马炳和.探寻孤儿作品版权问题的解决之道：欧洲 ARROW 项目的实践与启示 [J].图书馆建设，2011 (10)：37-40.

杰夫·豪.众包：大众力量缘何推动商业未来 [M].牛文静，译.北京：中信出版社，2009.

金海军.知识产权实证分析：创新、司法与公众意识[M].北京：知识产权出版社，2015.

凯文·沃巴赫.链之以法:区块链值得信任吗 [M]. 林少伟,译.上海:上海人民出版社,2019.

克里斯·安德森.长尾理论 [M]. 乔江涛,石晓燕,译.北京:中信出版社,2012.

科斯 R,阿尔钦 A,诺斯 D,等.财产权利与制度变迁:产权学派与新制度学派译文集 [M]. 刘守英,等译.上海:格致出版社,2014.

劳伦斯·莱斯格.代码 2.0:网络空间中的法律 [M]. 修订版.李旭,沈伟伟,译.北京:清华大学出版社,2018.

雷炳德.著作权法 [M]. 张恩民,译.北京:法律出版社,2005.

李琛.著作权基本理论批判 [M]. 北京:知识产权出版社,2013.

李琛.知识产权法的体系化 [M]. 北京:北京大学出版社,2005.

李华伟.民国文献数字化利用及其著作权问题:以国家图书馆馆藏为例 [J]. 图书馆建设,2010 (10):16–19.

李明德.美国知识产权法 [M]. 北京:法律出版社,2015.

李明德,管育鹰,唐广良.《著作权法》专家建议稿说明 [M]. 北京:法律出版社,2012.

理查德·A.波斯纳.论剽窃 [M]. 沈明,译.北京:北京大学出版社,2010.

理查德·A.波斯纳.法律理论的前沿 [M]. 武欣,凌斌,译.北京:中国政法大学出版社,2003.

理查德·A.波斯纳.法律与文学 [M]. 李国庆,译.北京:中国政法大学出版社,2002.

理查德·A.波斯纳.正义 / 司法的经济学 [M]. 苏力,译.北京:中国政法大学出版社,2002.

梁志文.论版权法上使用者利益的保护 [J]. 法律科学,2013(6):119.

梁志文.著作权合理使用的类型化 [J]. 华东政法大学学报,2012 (3):34–45.

林秀芹, 李晶. 构建著作权人与作品使用人共赢的著作权延伸性集体管理制度: 一个法经济学角度的审视 [J]. 政治与法律, 2013 (11): 25.

刘春田. 知识产权法 [M]. 北京: 中国人民大学出版社, 2014.

刘红婴. 法律语言学 [M]. 北京: 北京大学出版社, 2007.

刘家瑞. 论著作权法修改的市场经济导向: 兼论集体管理、法定许可与孤儿作品 [J]. 知识产权, 2016 (5): 40–51.

刘维. 中国知识产权裁判中过度财产化现象批判 [J]. 知识产权, 2018 (7): 77.

刘晓芳. 众包: 微观时代 [M]. 北京: 商务印书馆, 2011.

卢现祥, 朱巧玲. 新制度经济学 [M]. 北京: 北京大学出版社, 2012.

罗伯特·考特, 托马斯·尤伦. 法和经济学 [M]. 施少华, 姜建强, 译. 上海: 上海财经大学出版社, 2002.

吕淑萍, 张若冰. 国家图书馆公有领域图书版权筛查实践 [J]. 国家图书馆学刊, 2014 (4): 53–57.

马海群, 高思静. 孤儿作品的版权困境及解决路径 [J]. 图书情报工作, 2011 (9): 87–91.

迈克尔·盖斯特. 为了公共利益: 加拿大版权法的未来 [M]. 李静, 译. 北京: 知识产权出版社, 2008.

曼瑟尔·奥尔森. 集体行动的逻辑: 公共物品与集团理论 [M]. 陈郁, 郭宇峰, 李崇新, 译. 上海: 格致出版社, 上海人民出版社, 2019.

孟祥娟. 俄罗斯著作权法 [M]. 北京: 法律出版社, 2014.

潘霞. 我国公共图书馆孤儿作品利用的版权法适用 [J]. 图书馆, 2018 (6): 68–72.

彭双五. 试析"孤儿作品"的保护与利用 [J]. 江西社会科学, 2013 (5): 156–160.

秦珂 . "孤儿作品"版权问题对图书馆数字化建设的制约与解决之策 [J]. 情报理论与实践 , 2014(3)：41–45.

邵燕 . 孤儿作品著作权制度研究 [M]. 北京 : 法律出版社 , 2017.

束定芳 . 亚里士多德与隐喻研究 [J]. 外语研究 , 1996 (1).

苏红英 . 勤勉检索 : 数字技术环境中图书馆利用孤儿作品的前置程序 : 基于国际社会立法比较的思考 [J]. 图书馆 , 2016(6)：30–34.

苏红英 . 图书馆以默示许可方式开展在线扶贫信息服务的版权使用规则 : 结合我国立法、司法和国家图书馆实践的分析 [J]. 图书馆 , 2016 (2)：11–14.

汤妮燕 . 我国无主作品著作权保护的司法困惑与破解路径 [J]. 河北法学 , 2015 (1)：182–190.

腾讯研究院等 . 腾讯区块链方案白皮书 : 打造数字经济时代信任基石 [EB/OL]. (2017–04–30)[2018–11–01].https://trustsql. qq. com/chain_oss/ TrustSQL_ WhitePaper. Html.

田村善之 . 田村善之论知识产权 [M]. 李扬 , 许清 , 洪振豪 , 译 . 北京 : 中国人民大学出版社 , 2013.

田村善之 . 日本现代知识产权法理论 [M]. 李扬 , 许清 , 洪振豪 , 译 . 北京 : 法律出版社 , 2010.

王本欣 , 曲红 . 图书馆孤儿作品利用的法定许可制度研究 : 以著作权法第三次修改为背景 [J]. 图书情报工作 , 2013 (8)：77–82.

王迁 . "孤儿作品"制度设计简论 [J]. 中国版权 , 2013 (1)：30–33.

王迁 . 论认定"模仿讽刺作品"构成"合理使用"的法律规则 : 兼评《一个馒头引发的血案》涉及的著作权问题 [J]. 科技与法律 , 2006 (1)：18–25.

王迁 . 著作权法 [M]. 北京 : 中国人民大学出版社 , 2015.

王本欣 . 孤儿作品利用强制许可模式的通用性与差异性 : 以日本和加拿大著作

权法为例 [J]. 图书馆论坛 , 2016 (6)：50–56.

王小潞 , 徐慈华 . 影响隐喻认知的主客体因素 [J]. 外语与外语教学 , 2008 (7)：
1–5.

威廉 · M. 兰德斯 , 理查德 · A. 波斯纳 . 知识产权法的经济结构 [M]. 金海军 , 译 .
北京 : 北京大学出版社 , 2005.

吴汉东 . 美国著作权法中合理使用的 "合理性" 判断标准 [J]. 外国法译评 ,
1997 (3)：45–58.

吴汉东 . 文化多样性的主权、人权与私权问题分析 [J]. 法学研究 , 2007 (6): 3–17.

吴汉东 . 知识产权的私权与人权属性 : 以《知识产权协议》与《世界人权公约》
为对象 [J]. 法学研究 , 2003 (3)：56.

吴汉东 . 知识产权多维度学理解读 [M]. 北京 : 中国人民大学出版社 , 2015.

吴汉东 . 著作权合理使用制度研究 [M]. 修订版 . 北京 : 中国政法大学出版社 ,
2010.

吴伟光 . 著作权法研究 : 国际条约、中国立法与司法实践 [M]. 北京 : 清华大学
出版社 , 2013.

吴建伟 . 政治隐喻的说服机制与知觉过程 [J]. 华东理工大学学报 (社会科学版),
2016 (6)：122–128.

肖少启 . 我国无主作品著作权保护的路径选择与制度构建 [J]. 政治与法律 ,
2016 (8)：112–125.

谢晓尧 . "倾听权利的声音" : 知识产权侵权警告的制度机理 [J]. 知识产权 ,
2017 (12)：30–42.

新闻出版实用知识丛书编委会 . 数字出版 [M]. 重庆 : 西南师范大学出版社 ,
2017.

熊琦 . 著作权延伸性集体管理制度何为 [J]. 知识产权 , 2015 (6)：18–24+30.

熊琦 . 著作权激励机制的法律构造 [M]. 北京 : 中国人民大学出版社 , 2011.

熊琦 . 著作权法中投资者视为作者的制度安排 [J]. 法学 , 2010 (6)：79–89.

熊琦 . 著作权的法经济分析范式 : 兼评知识产权利益平衡理论 [J]. 法制与社会
    发展 , 2011 (4)：36–47.

许辉猛 . 数字图书馆建设背景下孤儿作品查找机制研究 [J]. 图书馆论坛 , 2014
    (12)：49–57.

徐国栋 . 民法基本原则解释 : 诚信原则的历史、实务、法理研究（再造版）[M].
    北京 : 北京大学出版社 , 2013.

徐思彦 . 2019 腾讯区块链方案白皮书 : 打造数字经济时代信任基石 [R]. 深圳 :
    腾讯研究院 , 2019.

杨红军 . 版权禁令救济无限制适用的反思与调适 [J]. 法商研究 , 2016 (3)：184.

易继明 , 蔡元臻 . 版权蟑螂现象的法律治理 : 网络版权市场中的利益平衡机制
    [J]. 法学论坛 , 2018 (2)：5–18.

张立 . 2017—2018 中国数字出版产业年度报告 [R]. 北京 : 中国书籍出版社 ,
    2018.

张若冰 . 中文图书"公有领域"甄别方法研究 [J]. 图书馆杂志 , 2015 (5)：41–
    45.

张维迎 . 信息、信任与法律 [M]. 上海 : 三联出版 , 2003.

赵力 . 孤儿作品合理勤勉检索规则研究 [J]. 图书馆论坛 , 2015(12): 82–87+115.

赵力 . 数字化孤儿作品法律问题研究 [D]. 武汉 : 武汉大学 , 2013.

周林彬 , 等 . 法律经济学 : 中国的理论与实践 [M]. 北京 : 北京大学出版社 ,
    2008.

周艳敏 , 宋慧献 . 版权制度下的"孤儿作品"问题 [J]. 出版发行研究 , 2009 (6)：
    66–68.

ALCHIAN A A, DEMSETZ H. Property right paradigm[J]. Journal of Economy History, 1973 (33).

ARL Statistics 2013 – 2014 [R]. Washington D. C. : Association of Research Libraries, 2014.

ARL Statistics 1975 – 1976 [R]. Washington D. C. : Association of Research Libraries, 1976.

AUFDERHEIDE P, JASZI P. Untold stories: creative consequences of the rights clearance culture for documentary filmmakers [R]. Association of Commercial Stock Image Licensors, 2004.

Australian government productivity commission. Intellectual property arrangements: productivity commission inquiry report (No. 78)[R]. Canberra: Australian Government Productivity Commission, 2016.

BALGANESH S. The uneasy case against copyright trolls [J]. Southern California Law Review, 2013 (86).

BALGANESH S. The obligatory structure of copyright law: unbundling the wrong of copying [J]. Harvard Law Review, 2012 (125).

BENSAMOUN A. The French out–of–commerce books law in the light of the European orphan works directive [J]. Queen Mary Journal of Intellectual Property, 2014 (4).

BENKLER Y. The wealth of networks [M]. New Haven: Yale University Press, 2006.

BIBB M L. Applying old theories to new problems: how adverse possession can help solve the orphan works crisis [J]. Vanderbilt Journal of Entertainment and Technology Law, 2009 (12).

BODÓ B, GERVAIS D, QUINTAIS J P. Blockchain and smart contracts: the missing link in copyright licensing?[J]. International Journal of Law and Information

Technology, 2018 (26).

BORGHI M, ERICKSON K, FAVALE M. With enough eyeballs all searches are diligent: mobilizing the crowd in copyright clearance for mass digitization [J]. Chicago–Kent Journal of Intellectual Property, 2016 (16).

BOYLE J. The second enclosure movement and the construction of the public domain[J]. Law and Contemporary Problems, 2003 (65).

BOYLE J. In ReShakespeare: the authorship of Shakespeare on trial [J]. American University Law Review, 1988 (37).

BRITO J, DOOLING B. An orphan works affirmative defense to copyright infringement actions [J]. Michigan Telecommunications and Technology Law Review, 2005 (12).

BUNCE A. British invasion: importing the United Kingdom's orphan works solution to United States copyright law [J]. Northwestern University Law Review, 2013 (108).

CALABRESI G, DOUGLAS M. Property rules, liability rules, and inalienability: in view of the cathedral[J]. Harvard Law Review, 1972 (85).

Center for the study of the public domain. Orphan works analysis and proposal [R]. Durham: Duke Law School, 2005.

CHIANGA T. Trolls and orphans[J]. Boston University Law Review, 2016 (96).

CIOLINO D S, DONELON E A . Questioning strict liability in copyright [J]. Rutgers Law Review, 2002 (54).

DAHLBERG B. The orphan works problem: preserving access to the cultural history of disadvantaged groups[J]. Southern California Review of Law and Social Justice, 2011 (20).

DE BEER J, BOUCHARD M. Canada's "Orphan Works" Regime: Unlocatable

Copyright Owners and the Copyright Board [R/OL]. （2009-12-01）[2018-03-01]. https://cb-cda. gc. ca/about-apropos/2010-11-19-newstudy. pdf.

DEBRIYN J. Shedding light on copyright trolls: an analysis of mass copyright litigation in the age of statutory damages [J]. UCLA Entertainment Law Review, 2012 (19).

FAIRFIELD J. Smart contracts, bitcoin bots, and consumer protection [J]. Washington and Lee Law Review Online, 2014 (71).

GASAWAY L N. The new access right and its impact on libraries and library users [J]. Journal of Intellectual Property Law, 2003 (10).

GINSBURG J C. Copyright and control over new technologies of dissemination [J]. Columbia Law Review, 2003 (101).

GINSBURG J C. From having copies to experiencing works: the development of an access right in U. S. copyright law [J]. Journal of Copyright Society U. S. A., 2003 (50).

GLORIOSO A. Google books: an orphan works solution? [J]. Hofstra Law Review, 2010 (38).

GOLDENFEIN J, HUNTER D. Blockchains, orphan works, and the public domain[J]. Columbia Journal of Law & the Arts, 2017 (41).

GORDON W J. Harmless use: gleaning from fields of copyrighted works [J]. Fordham Law Review, 2009 (77).

GORDON W J. A property right in self-expression: equality and individualism in the natural law of intellectual property[J]. Yale Law Journal, 1993 (102).

GORDON W J. On owning information: intellectual property and the restitutionary impulse [J]. Virginia Law Review, 1992 (78).

GORDON W J. Toward a jurisprudence of benefits: the norms of copyright and the problem of private censorship [J]. University of Chicago Law Review, 1990 (57).

GOWER A. Gower's review of intellectual property[R]. London: HM Treasury, 2006.

HANSEN D R, HASHIMOTO K, HINZE G. Solving the orphan works problem for the United States [J]. Columbia Journal of Law & the Arts, 2013 (37).

HATHCOCK A M. Confining cultural expression: how the historical principles behind modern copyright law perpetuate cultural exclusion [J]. American University Journal of Gender, Social Policy and the Law, 2017 (25).

HETCHER S. The immorality of strict liability in copyright [J]. Marquette Intellectual Property Law Review, 2013 (17).

HICKEY K J. Consent, user reliance, and fair use [J]. Yale Journal of Law & Technology, 2014 (16).

HUANG O. U. S. copyright office orphan works inquiry: finding homes for the orphans [J]. Berkeley Technology Law Journal, 2006 (21).

Intellectual Property Office of UK. Orphan works impact assessment (final) [R/OL]. ﹙2012-06﹚ [2019-04-05]. http://www. ipo. gov. uk/consult-ia-bis1063-20120702.

KATZ A. The orphans, the market, and the copyright dogma: a modest solution for a grand problem [J]. Berkeley Technology Law Journal, 2012 (27).

LAFOND J R. Personal jurisdiction and joinder in mass copyright troll litigation [J]. Maryland Law Review Endnotes, 2012 (71).

LEE E. Warming up to user-generated content[J]. University of Illinois Law Review, 2008.

LESSIG L. Free Culture: The nature and future of creativity[M]. New York: Penguin Press, 2004.

LEVAL P N. Toward a fair use standard[J]. Harvard Law Review, 1990 (103).

LITMAN J. The public domain[J]. Emory Law Journal, 1990 (39).

LOREN L P. Abandoning the orphans: an open access approach to hostage works [J]. Berkeley Technology Law Journal, 2012 (27).

LU B. The orphan works copyright issue: suggestions for international response [J]. Journal of the Copyright Society of the USA, 2013 (60).

MATTINGLY F X. If you don't use it, you lose it: what the U. S. could learn from France's law on out-of-commerce books of the 20th century [J]. Indiana International & Comparative Law Review, 2017 (27).

MAZZONE J. Copyfraud[J]. New York University Law Review, 2006 (81).

MCCAUSLAND S. Googling the archives: ideas from the Google books settlement on solving orphan works issues in digital access projects [J]. Journal of Law, Technology and Society, 2009 (6).

MEEKS K M. Adverse possession of orphan works [J].Loyola of Los Angeles Entertainment Law Review, 2013 (33).

MENELL P S. In search of copyright, s lost ark: interpreting the right to distribute in the internet age [J]. Journal of the Copyright Society of the USA, 2011 (59).

NOVECK B S. Peer to patent: collective intelligence, open review, and patent reform [J]. Harvard Journal of Law & Technology, 2006 (20).

PALLANTE M. Orphan works, extended collective licensing and other current issues [J]. Columbia Journal of Law & the Arts, 2010 (34): 30.

PICKER R C. From edison to the broadcast flag: mechanisms of consent and refusal and the propertiszation of copyright[J]. University of Chicago Law Review, 2003 (70).

POMERANTZ A L. Obtaining copyright licenses by prescriptive easement: a solution to the orphan works problem [J]. Jurimetrics J. , 2010 (50).

POSNER R A. Wealth maximization revisited[J]. Journal of Law, Ethics & Public Policy, 1985 (2).

POSNER R A. Law and economic is moral[J]. Law Review, Valparaiso University Law Review, 1990 (24).

RANDALL M. Pragmatic plagiarism: authorship, profit and power [M]. Toronto: University of Toronto Press, 2001.

REESE A. Innocent infringement in U. S. copyright law: a history [J]. Columbia Journal of Law & the Arts, 2007 (30).

Register of Copyrights. Orphan works and mass digitization: a report of the register of copyrights[R]. Washington: U. S. Copyright Office, 2015.

Register of Copyrights. Report on orphan works[R]. Washington: U. S. Copyright Office, 2006.

Register of Copyrights. Report on copyright and digital distance education [R]. Washington: U. S. Copyright Office, 1999.

RIIS T, SCHOVSBO J. Extended collective licenses and the nordic experience: it's a hybrid but is it a volvo or a lemon? [J]. Columbia Journal of Law & the Arts, 2010 (33).

ROTHMAN J E. The questionable use of custom in intellectual property [J]. Virginia Law Review, 2007 (93).

SAGE J. Revenue streams and safe harbors: how water law suggests a solution to copyright's orphan works problem[J]. Boston University Journal of Science & Technology Law, 2010 (16).

SAG M. Orphan works as grist for the data mill [J]. Berkeley Technology Law Journal, 2012 (27).

SAMUELSON P. Is copyright reform possible? [J]. Harvard Law Review, 2013 (126).

SHERMAN D B. Cost and resource allocation under the orphan works act of 2006: would the act reduce transaction costs, allocate orphan works efficiently, and serve the goals of copyright law? [J]. Virginia Journal of Law & Technology, 2007 (12).

SINCLAIR K. Liability for copyright infringement—handling innocence in a strict-liability context [J]. California Law Review, 1970 (58).

SOBEL B L W. Artificial intelligence's fair use crisis [J]. Columbia Journal of Law & the Arts, 2017 (41).

SPRIGMAN C. Reformalizing copyright [J]. Stanford Law Review, 2004 (57).

TADELIS S. Game theory: an introduction [M]. New Jersey: Princeton University Press, 2013.

TEHRANIAN J. Infringement nation [M]. New York: Oxford Press, 2011.

TRYGGVADÓTTIR R. Facilitating transactions and lawful availability of works of authorship: online access to the cultural heritage and extended collective licenses [J]. Columbia Journal of Law & the Arts, 2018 (41).

TUSHNET R. Fair use unfinished business [J]. Chicago-Kent Journal of Intellectual Property, 2016 (2).

URBAN J M. How fair use can help solve the orphan works problem [J]. Berkeley Technology Law Journal, 2012 (27).

VAN GOMPEL S. Copyright formalities in the internet age: filters of protection or facilitators of licensing [J]. Berkeley Technology Law Journal, 2013 (28).

VAN GOMPEL S. The orphan works chimera and how to defeat it: a view from across the atlantic [J]. Berkeley Technology Law Journal, 2012 (27).

VARIAN H R. Copyright term extension and orphan works [J]. Industrial and Corporate Change, Oxford University Press, 2006 (15).

VUOPALA A. Assessment of the orphan works issue and costs for rights clearance[R]. European Commission DG Information Society and Media Unit E4 Access to Information, 2010.

WERBACH K D, CORNELL N. Contracts ex machina [J]. Duke Law Journal, 2017 (67).

WOODMANSEE M. The genius and the copyright: economic and legal considerations of the emergence of the "author" [J]. Eighteenth Century Studies, 1984 (17).

WRIGHT S. A feminist exploration of the legal protection of art[J]. Canadian Journal of Women and the Law, 1994 (7).

WU T. Tolerated use [J]. Columbia Journal of Law & Arts, 2008 (31).

后　记

　　本书是由我的博士论文修改而成。2016年，我辞去工作来到鹭岛求学；四年后，我带着厦门大学对学子的谆谆教诲和深情厚谊重新步入高校的工作岗位。回首求学历程，不由感慨时光如梭。我很庆幸自己选择并坚持走过了这一程，也备加珍惜和感恩那些鼓励、陪伴和扶持我一直走下来的人。

　　衷心感谢我的恩师丁丽瑛教授。她一直相信我的潜力，给予我宝贵的深造机会，在科研工作上给予我指点和提携，在生活中对我关怀备至，在治学、从教、为人、处事方面为我树立了毕生努力的楷模。本书历经数稿以至于完成，其间承蒙恩师不断的鼓励和鞭策，自始至终、不厌其烦的悉心指导。

　　感谢厦门大学法学院民商法学博士点的蒋月教授、何丽新教授、徐国栋教授、夏雅丽教授在论文开题、预答辩期间，对我的论文写作和完善提供的犀利中肯的批评和富有启发性的建议。老师们在日常每一次的讲座、授课和课业点评中倾注的智慧，更是让我受益不尽。在学期间，我还有幸聆听了厦门大学法学院宋芳青教授、郭春镇教授、徐崇利教授、李兰英教授、陈晓明教授、刘连泰教授、张榕教授、刘志云教授以及知识产权学院林秀芹教授等多位老师的授课和讲座，极大地开拓了我的学术视野。感谢教学

341

秘书刘巧英老师、康小宁老师、黄小红老师，她们工作耐心细致，对学生的求助有求必应。感谢陈静颖、周平奇、黄罕敏、冯小川、廖丽环、褚瑞刚、余文清、江耀伟、杜志勇等同窗小伙伴，以及杜宣、尹卫民、彭媛媛、邱文娟、池源、高喻聪、王净、钟皓珺、余俊缘、余坤辉等众多兄弟姐妹给我的无私帮助和分享。

还要感谢福建江夏学院为教师科研创造的优渥条件。本书最终能够付梓，得益于校科研处和法学院的领导、同事的指点、建议和帮助。

最后，谨以此书献给我的爱人、我们的父母和女儿。他们毫无保留的爱让我可以抛开顾虑走我选择的路，做我喜欢的事。

二〇二二年秋
于福建江夏学院政法楼